U0448090

高能量状态

Practical Optimism

【美】苏·瓦尔玛 著
(Sue Varma, M.D.)

谢为伊　王佳莹 译

中信出版集团 | 北京

图书在版编目（CIP）数据

高能量状态/（美）苏·瓦尔玛著；谢为伊，王佳莹译.--北京：中信出版社，2024.9
书名原文：Practical Optimism
ISBN 978-7-5217-6667-7

Ⅰ.①高⋯ Ⅱ.①苏⋯ ②谢⋯ ③王⋯ Ⅲ.①心理学 Ⅳ.①B84

中国国家版本馆 CIP 数据核字 (2024) 第 112273 号

PRACTICAL OPTIMISM
Copyright ©2024 by Sue Varma, M.D.
Simplified Chinese translation copyright ©2024 by CITIC Press Corporation
ALL RIGHTS RESERVED
本书仅限中国大陆地区发行销售

高能量状态
著者： ［美］苏·瓦尔玛
译者： 谢为伊　王佳莹
出版发行：中信出版集团股份有限公司
（北京市朝阳区东三环北路 27 号嘉铭中心　邮编 100020）
承印者： 河北鹏润印刷有限公司

开本：880mm×1230mm 1/32　印张：11.75　字数：282 千字
版次：2024 年 9 月第 1 版　印次：2024 年 9 月第 1 次印刷
京权图字：01-2024-1966　书号：ISBN 978-7-5217-6667-7
定价：59.00 元

版权所有·侵权必究
如有印刷、装订问题，本公司负责调换。
服务热线：400-600-8099
投稿邮箱：author@citicpub.com

致我的患者——
你们追求美好生活的勇气和决心激励着我。你们是我最伟大的老师。

致你们——读者,我的朋友,以及实用乐观主义同伴——
我希望这本书能成为你们每天补充能量的源泉。

致我的家人——
你们的爱和信任注满了我的杯子,让我有能力为他人倾注。

致那些沙滩上的脚印——
我自己的实用乐观主义之旅——这教会了我,杯子是一半满还是一半空并不重要,它总是可以重新装满的。

本书推荐

钱庄钱笑笑

KnowYourself 创始人

在这个时代，如何保护好自己的能量，使自己达到"高能量状态"，是所有正在好好生活的人都会关心的话题。美国资深心理治疗师苏·瓦尔玛博士在这本《高能量状态》中提供了一个有效的心理学工具——实用乐观主义行动框架，用实用乐观主义的心态和方法，帮你走出不良情绪，看见事实，同时培养自我价值感和自我效能感，建立稳定的内核和能够滋养你的关系，在不断累积的正反馈中活出你的生命力。

姜振宇

微反应科学研究院院长，高维知行实验室创始人

这是一本可以帮助你的书，让你的精神世界变得更强大。每个人都逃不掉社会带来的压力，想要生活状态更好，就需要建立一套高能量的核心算法，包括内控情绪、知行合一、社交连接等等。读完这本书你会知道，你的强大内核可以征服任何压力，实现自我平衡，达到"物来顺应，此心不动"的高级境界。

李睿秋 Lachel

公众号"L 先生说"创始人,《打开心智》作者

如何克服压力、抑郁和焦虑?关键就在于让自己保持高能量状态,用强大的内核去战胜它们。心理治疗师苏·瓦尔玛用她丰富的临床经验构建了一个实用乐观主义行动框架,帮助我们形成更健康的生活习惯和心态,从根源上未雨绸缪,提高心理免疫力,避免负面情绪的侵袭。如果你总是受困于压力和焦虑,相信这本书能帮到你。

张唯雅(姥姥)

运动生活方式自媒体 fit4life 创始人,

播客 fitgirl weekly chat & Study Room 主播

《高能量状态》是我在去参加人生第一场"大铁"比赛的飞机上看完的。这场比赛,我需要在河里游泳 3.8 千米,骑 180 千米自行车,再跑一个全程马拉松,全程 226 千米。可想而知,在去比赛的飞机上,形单影只的我,可能是人生仅次于高考,最需要鼓励和能量的时刻了。这本书为我做了重要的心理调试和

建设:"用钢笔书写目标,用铅笔书写道路""情绪像大块食物一样,是需要咀嚼才能被消化吸收的"。这些充满能量和智慧的话,让我在飞机上数度哽咽,打开笔记本记了很多很久。这些话也最终支撑着我,顺利完成了人生第一场"大铁",实现了我的梦想!所以在此,我想把这本书推荐给每一个此时此刻需要更多能量、希望度过人生艰难和关键时刻的人。共勉!

陈柳明(明仔和二毛子)

百联挚高基金投资合伙人、时尚职场生活博主

作为资深"斜杠"青年,常年在投资人和内容创作者的身份里切换,我一直被问"如何每天保持高能量",这本书的作者给出了无与伦比的答案。她根据自己作为心理治疗师的专业知识,提炼出了实用乐观主义行动框架,把保持高能量状态这件事变得明确、易执行且可持续。我在读这本书的过程中常常能感到共鸣,强烈推荐给渴望构建高能量生活的朋友们。

小辉

播客《搞钱女孩》创始人、主播

这是一本针对容易抑郁、内耗的当代人"入世修行"的实操宝典,通过实用乐观主义八大支柱的拆解,让认知行为学丝滑地融入日常生活。最根本的疗愈,不是依靠外力或灌鸡汤,而是激活内在的自我调节能力,重新找到自我效能感和自我价值感。

目录 CONTENTS

- XI　>>　译者序
- XV　>>　致读者

- 001　>>　引子
- 019　>>　第一章　用实用乐观主义实现高能量状态
  - 021　实用乐观主义者是后天培养的
  - 024　实用乐观主义能减少悲观情绪吗？
  - 028　乐观和悲观可以并存
  - 030　从萎靡到高能量状态
  - 033　在不完美的世界活出你的生命力

- 045　>>　第二章　人生目标：不要总是寻找生活的意义，你可以创造它
  - 049　带着目标去生活
  - 056　目标感更强会怎样
  - 059　重新认识目标
  - 071　目标要坚定，道路要灵活

073 >> 第三章　处理情绪：让情绪为你所用

　　078　看得见的情绪只是冰山一角
　　079　情绪的积极作用
　　083　未经处理的情绪的破坏性
　　091　处理情绪四步法：命名、认领、驯服、重构
　　105　平衡的智慧

107 >> 第四章　解决问题：很多人和事不值得你投入精力

　　110　定义自己解决问题的角色
　　115　解决问题之前，先重构你的认知
　　120　5R 策略
　　131　如何通过协作解决问题
　　133　你真正的困扰到底是什么？
　　137　行动不一定有效，但不行动一定无效

139 >> 第五章　自我价值感：拥有稳定的内核

　　142　何谓自我价值感
　　146　影响自我价值感的关键因素
　　151　GRACE：培养自我价值感
　　153　感恩美好
　　157　承认现实
　　164　接受不完美
　　168　自我关怀

- 175　共情他人
- 177　通向治愈之路

181 >> 第六章　自我效能感：相信才能抵达

- 187　揭秘自我效能感
- 191　形成自我效能感的四种途径
- 192　建立自我效能感的三大障碍
- 201　经验 = 能力
- 209　正向设想
- 210　创造正向反馈循环

215 >> 第七章　活在当下：夺回我们的注意力

- 223　我们的猴子心
- 226　夺回我们的注意力：三大认知陷阱
- 232　培养当下时刻的觉知
- 235　克服心理疲劳
- 239　感恩的力量
- 241　找到你的心流
- 243　去大自然中，保持敬畏
- 245　夺回你的时间
- 250　此时此刻，星光灿烂

251 >> 第八章　人际关系：和可以滋养你的人待在一起

255　我们为何孤独？

260　依恋：我们最早的关系

269　友谊的四种类型

274　如何有效建立联系？

291　先和自己做朋友

295　滋养你的关系将改变一切

297　第九章　培养健康习惯：让理想生活自然发生

305　从意图到自动化

306　意图

309　细化

313　问责

317　喂饱好狼，饿死坏狼

329　统一你的目标与内在价值观

331　建立奖励机制

334　心理健康的 4M

345　高能量状态

349 >> 后　记

译者序

王佳莹

本书作者苏·瓦尔玛是一位美国资深心理治疗师。她职业生涯的开始是在纽约市一家医院担任实习生，并在"9·11"恐怖袭击后参与心理救援工作。后来，她成为世贸中心心理健康项目（WTCMHP）的首任医疗总监和精神科主治医师。作者在个人生活中也面临过挑战，包括自己的健康问题和家人生病的困境，这些经历促使她深入探索如何保持更好的生活状态。经过多年的理论研究和丰富的工作经验积累，她提出了实用乐观主义行动框架，这是一种结合了积极心态和实际行动的有效方法，治愈了许多向她寻求帮助的人。

我在大学里做心理学教师，给学生们上心理健康课和做心理咨询。看到那些"碎掉"的年轻人，他们因对过去耿耿于怀而抑郁，因担心未来而焦虑；他们努力而紧绷，无法放松地享受快乐时光；他们小心翼翼却难以走进亲密关系；他们白天若无其事，夜里辗转反侧；他们明明做得很好，却不停地自贬自责；他们困惑、迷茫、恐惧又不知所措……和苏·瓦尔玛医生一样，我想帮助他们渡过难关，但仅仅这样还不够，他们值得拥有超过他们想象的更灿烂的生活，而这灿烂应该是更持久、更稳固的。看到实用乐观主义八大支柱的时候，我想我应该在课上把这些内容讲出来，这的确可以帮到他们。

　　本书提供的并不是单一的理论，而是一个可以让人身心健康、提升总体幸福感的系统方法。把这些技巧看作自我关怀的终极形式，可以帮助我们实时处理问题，使那些困境不至于成为无法控制的慢性压力源。八大支柱包括人生目标、处理情绪、解决问题、自我价值感、自我效能感、活在当下、人际关系和培养健康习惯。每一个章节都包含循证研究、启发性案例、清晰的阐释、一些自我探索的题目，以及非常明确、可操作的实践指南！在心理咨询的受训中，心理咨询师被要求大部分时刻保持中立客观，引导和促进来访者寻找自己的道路，也就是说心理咨询师一般不会直接回答应该怎么办、做哪个选择。但我非常能理解有些人有些时候就是想要一个痛快："你别在那儿吧啦吧啦，就告诉我该怎么做吧！"现在我或许有了一个新选项——推荐阅读《高能量状态》，因为这里有非常多科学、靠谱且可行的实践指南。这本书也可以作为一本健康生活的枕边书，放在触手可及之处，一旦出现情绪问题，就去看"处理情绪"那一章，忙忙碌碌、难以为继时就去翻看"活在当下"。

　　翻译这本书时，我的孩子一岁半，我需要每晚在他睡着后争分夺秒地工作到半夜。然而哄睡任务艰巨，常常要持续一个多小时，好不容易睡着了也会夜醒大哭。我一边口干舌燥地唱着重复了二十几遍的哄睡曲，一边焦急地想为什么还不睡？我是不是要交不上稿了？每天睡眠这么少会不会猝死？……然后我就看到了"情绪处理"那一章妮可的故事，和每个新手妈妈都需要面对的困境。我命名自己的情绪，用健康应对的4C方法，带着自我关怀的态度面对自己，在黑暗的房间里，我摸着小孩柔软的肚子，和他一起呼吸，我放松下来，享受和孩子一起入睡的美妙时光。我也意识到自己因不能常伴孩子而感到内疚，我想要做一个每天哄孩子睡觉的"好妈妈"。我和家人联系，向他们寻求帮助。我开始找到一种新的平衡。作为一个心理咨询师，我的工作和生活中有非常多的感受和思考的成分，这本书给我最大的帮助是实用乐观主义实践，从"再想想吧"到"做了再说"，让我觉得自己更有能量，也让我的工作和生活有了许多新变化。

这本书的原文中反复出现一个单词"flourish"，代表着作者心目中的理想的人生状态。积极心理学之父马丁·塞利格曼有一部代表作 Flourish，中文版的书名是《持续的幸福》。而清华大学的彭凯平教授将这个词翻译为"心花怒放"。在积极心理学中，"flourish"对应的中文说法为"心盛"，指人拥有高度的心理健康和高水平的幸福感，能以积极态度对待生活，心理和社会功能完好，是个体心理幸福感、社会幸福感和情绪幸福感的结合，是三者的全面繁荣。非常有趣的是，这与我们现在在社交媒体上经常看到的"高能量状态"这个词有共通之处。高能量状态意味着我们能在生活中充分体验到意义感、快乐、自我接纳和掌控感，不纠结、不内耗、不自我批评；它意味着接受挑战，不断成长，拥有高质量的人际关系；它创造的是一种快乐和有目标的生活，它会增强积极的一面，同时减少消极的一面；它让我们感受到自我价值，知道我们正在为自己和他人做着有意义的事情。我和另一位译者谢为伊老师还有中信出版社的编辑经过充分讨论后，决定在本书中将"flourish"翻译为高能量状态。

希望看到这本书的你，不仅能渡过难关，还能拥有丰盛、灿烂、高能量的人生。

致 读 者

实用乐观主义原则远不止帮助我们减少或承受压力这么简单。实用乐观主义是一种安全、平和的自我价值感，使我们对自己更有信心，帮助我们施展与生俱来的力量和才能，并构建一个充满意义、目标、连接和快乐的人生，从而实现属于我们自己的高能量状态。

我希望这本书对你来说非常有用。然而，请记住，本书并不是一本关于心理健康障碍及其治疗方法的指南。尽管书中讨论了自杀、悲伤、焦虑、抑郁、丧失、围产期障碍、职业倦怠、疫情损失、歧视和偏见、社会和政治不确定性、创伤、长寿、慢性疾病、锻炼、睡眠、习惯养成、职场健康、人际关系、伴侣动力等主题，还有其他在不同层面讨论到的问题，但这本书的目的并不是对这些主题进行详尽或全面的讨论。

本书中的案例都是混合使用，以确保隐私性并反映各种不同的经历，它们被用来阐述实用乐观主义每一个支柱的要点。有些案例可能比其他案例更让人感同身受。我非常感激我的患者，我从他们那里学到了很多，我深深地尊敬他们。我也感激所有有名和无名的先驱，他们的工作、研究、见解和理念多年来一直影响并启发了我的思考，也塑造了这本书。我们对健康和幸福的科学理解是不断发展的。我利用目前已知的知识进行了阐述，也期待当更多新知识产生后为实用乐观主义带来的演变和应用。

本书中的案例都是浓缩的，并不能完整反映心理健康治疗的过程。无论一本书多么有帮助，都不能替代经验丰富、受过合格训练的心理健康专业人员仔细全面的评估和检查。没有什么可以替代心理治疗工作（无论是团体、家庭、夫妻还是个人），也没有什么可以替代经过深思熟虑、谨慎地结合药物或其他治疗方式进行的个性化的治疗计划。进步常常在过程中发生，而过程随着时间的推移而展开。

尽管这本书的主旨是通过建立实用乐观主义实现高能量状态，但在现实生活中，有一些障碍可能会使实用乐观主义的建立（无论是从理念上还是实践上）变得难以实现。这些障碍包括种族主义、歧视、偏见、性别主义、虐待、忽视、不公平、壁垒、医疗保障差异、系统缺陷或系统破裂等等。本书的信息、积极的前景、具体的小贴士和策略，都不是为了最小化或否定任何人的生活经历。实用乐观主义的意义在于，在充分考虑你自己独特的环境、背景、经历、目标和资源的情况下，找出最适合你的方法。有时我们并不总是清楚自己需要什么。实用乐观主义帮助你弄清楚你需要什么，然后帮助你得到它，无论是时间、观点、认可、具体知识、休息、自我安慰、感到被他人理解、物质资源还是其他东西。实用乐观主义的目标是帮助提醒你的选择，并扩大你的选择范围、技能和心态，使你在考虑多种可能性和选项时感到自己有能量。如果你发现事情没有按照既定的时间表或清晰地发展，或者不符合你的期望，不要灰心。本书的目标是想告诉你实用乐观主义是如何在我的生活中起作用的，我也全心全意地希望它能帮助你的生活。

基于你的生活经历，讨论的一些主题可能会触发痛苦的情绪。如果你觉得某个主题过于刺激，你可以跳过；如果你感觉很好，可以在那个章节多停留一会儿。

要记住，许多人生转折或其他重要生活变化和选择也可能带来挣扎和挑战，这是完全正常的。例如，在"处理情绪：让情绪为你所用"一章中，我们讨论了怀孕、分娩和成为母亲。这些生活阶段伴随的转变可能会带来意想不到的感觉——从紧张和不知所措到悲伤和焦虑（除了美好的时刻）。即使你的生活变化是你非常欢迎的，但如果这些感觉持续存在，干扰了你的日常生活，或影响了你的功能，我也建议你寻求帮助。我通常告诉年轻的妈妈和那些支持年轻妈妈的人，围产期情绪和焦虑障碍很常见，也是可以治疗的。

无论你的生活状况如何，如果你在挣扎，请寻求帮助。

引 子

我利落地挂起白大褂,脱掉手术服,换上病号服。在神经科的检查台前,我心里默默记下此刻我有多冷、多么脆弱。我想这有助于我和病人建立联系。

作为一名住院医生,我每周都要在这家医院度过无数个小时,但我从未在这里看过病。最近我感到双腿无力,确切地说是膝盖发软,于是我约了医院最好的一位神经科医生。一开始,我只是在走路或运动的时候腿软,但随着一两周经常这样之后,我濒临崩溃。在给病人做检查时,我会靠着墙或者干脆坐下,但愿病人认为这样的我看起来很有亲和力,而不是柔弱。

当我开始持续头痛后,我知道我必须去看医生了。我是不是得了吉兰–巴雷综合征(一种罕见的自身免疫病)?还是多发性硬化?如果说学医12年给了我什么,那就是一份详尽到让人抓狂的可能性诊断清单。

在换上病号服之前,我一直在回答那些我通常会问病人的问题。

"有压力吗?"医生问我,但她看了我一眼就有了答案:我这破破烂烂的白大褂已经墨迹斑斑,口袋里鼓鼓囊囊,塞满了出院单、心电图报告、蛋白棒,还有迷你版医疗手册。

"看来这些事让你忙得不可开交。"她说。事实确实如此，但远不止这些。当我正处于人生中最忙碌的工作状态时，我的妈妈被确诊乳腺癌三期，医生建议她做手术，然后做放疗和化疗。但因为潜在的心脏问题（她做过四重心脏搭桥手术），她的心脏无法承受化疗导致的毒性。我不在我上班的医院，就在她住院的医院，我带她看了一个又一个专家，不断寻找可以挽救她的治疗方案。

"是的，"我说，"有些压力。"

"我们会做一些检查。"她说，然后把我带到了另一个房间。

医生说她要在我的腿上扎几针，做肌电图（EMG）来看看我肌肉的电活动（对神经刺激的反应）。经过针刺和等待，她告诉了我结果。

"你身体挺好的。"她说。

"我不好。"很明显我身体不好，我甚至都站不起来了。"我有这么多症状。"

"抱歉，但在你的各项检查和测试中，我没发现任何神经系统的异常。"她说。

离开时，我感到既轻松又沮丧。如果我没有神经系统的问题，那我的问题出在哪儿呢？

我似乎又回到了原点。我的身体问题反映了我的生活状况——我无法承受我所经历的一切，这种隐喻对我来说并不陌生。有时候，身体能表达头脑无法表达的东西。但我没有时间去进行太多的内心戏。我只需要一如既往地挺过去。

我不相信巧合，我只相信同步性。我承认，我那时已经开始绝望了。然而不久之后，当我听到一位客座讲师在讲座中提到认知行为疗法时，我认为这是一个信号。

迄今为止，我的医学教育主要集中在精神药理学和精神分析两个方面，我从中获益良多。但我对认知行为疗法却情有独钟：这是一种主动的、系统的、有效的、以循证为基础的心理健康疗法，大家可以用它来实时解决问题。对问题进行洞察，然后给出切实可行的解决方案，这个概念让我着迷。

两年前，我在做精神科住院医生的第一年，有人建议我们自己进行心理治疗（尽管这种治疗不是必需的）。许多同事立刻报名了，其中大部分人找的是精神分析师。我却很不情愿。项目组既不帮我们付治疗费，也不给我们时间。医学院的学费和纽约的生活成本都很高，而住院医生的工作占据了我的大部分时间。我仅有的一点闲暇时间都留给了家人和自我关怀：健身，见朋友，看电影或去百老汇看剧。我甚至还参演了一部剧（嗯，是的，一部外外百老汇音乐剧）。虽然我确信精神病学和精神分析的力量——毕竟我以此为生——但我希望我的生活中至少有一小部分时间不用提到治疗。一想到要花本来就不多的金钱和时间去回忆我的父母是如何对不起我的，我就觉得不太有吸引力。当然，的确有一次，我的父母把我们一家从舒适的纽约郊区生活中连根拔起，跑到他们在印度的家乡住了两年。那里的电源很不稳定（意思是：在超过40摄氏度的高温下，风扇时好时坏），厕所也是蹲坑（我试着用过，但很快就放弃了，一直到回美国）。在印度的第一天早上，我们一觉醒来，发现房子里的水淹到了脚踝，我爸爸赶紧拉开阳台上下水道的盖子，导致上万只凶猛的蟑螂蜂拥而至，我用一把干草做的扫帚疯狂拍打它们。

不过，这个印度蟑螂惨案现在已经成了我们家的经典故事。在我周末出城看望父母的时候，每当谈起这件事，我们都会哄堂大笑。难道我想把每周为数不多的空余时间花在用扫帚拍打陈年往事上吗？于是，我把"治疗"这事一拖再拖，又一拖再拖……

现在，生活终于把我逼到了墙角。我需要审视生活和工作中发生的事情，从中找到平静和目标，并解决我无法解释的躯体症状。讲座结束后，我请主讲人帮我介绍一位心理治疗师。我是一位终于准备好接受心理治疗的心理治疗师。

经过短短几个月的治疗并学习了如何实践认知行为疗法后，我感到比以往任何时候都更有力量。随着我将所学内容应用于工作压力的处理和应对母亲的健康危机，这种感觉变得更强烈了。这些都是我可以依赖的技术。而奇怪的身体症状呢？它们突然之间……消失了。

我已经学会在我的健康问题变成疾病之前照顾自己。但作为一名从业者，我想深入研究。我想了解怎样管理压力才不会让它升级为躯体症状。我还想利用这些方法来帮助我的病人。

我的实用乐观主义之路

2001年9月10日，我还是纽约市一家医院的实习生。第二天，也就是2001年9月11日，我的世界，以及所有人的世界，永远改变了。突然间，我开始负责照顾我的纽约同胞——救援、恢复和支援人员，而我们都在美国本土发生的最大规模的恐怖袭击之后，试图搞清楚生活的意义。

我全身心投入创伤治疗培训中，这样我就能成为我所照顾的病人需要的精神科医生。几年后，我的工作最终让我成为世贸中心心理健康项目（WTCMHP）的首任医疗总监和精神科主治医生，该项目位于纽约大学医学中心／贝尔维尤医院的世贸中心医疗中心。在我身边发生这一切的同时，我还在照顾一位重病患者——我的母亲正在接受心脏病和癌症治疗。

担任医疗总监一职是一个变革性的挑战，也让我在职业上有了独特的视角。作为当时医院里唯一一个同时负责普通患者和急救人员项目的精神科医生，我遇到了在压力和创伤连续谱系上不同点位的人。我注意到，其中一些人在那个恐怖的日子里遭遇了很多危及生命的风险，但从未达到心理障碍的标准。这个问题开始在我脑海中回荡：人们是如何在巨大的挑战面前生存下来，甚至还能保持高能量状态的呢？我们是如何最大程度地利用我们所能控制的事物，让自己免受压力之苦的呢？

尽管认知行为疗法可以帮助人们应对压力、焦虑和抑郁，但我们能否从一开始就预防这些症状的发生呢？如果医生不仅能帮助他们的患者从功能失常状态转变为正常状态——这本身就是一个重要而值得称赞的成就——而且还能让他们迈出额外的一步，从功能正常状态转变为最佳状态，那不是更好吗？

作为一名医生，我发现自己进入了未知的领域。但是，作为一个因不明原因的腿部无力而被针扎来扎去的病人，以及作为一个带着母亲去看病的女儿，我从自己的亲身经历中感到，许多病人所接受的治疗似乎缺少了一些东西，至少，从我站在检查台两边的视角来看是这样。

过了好几年我才能准确描述，我所接受的西医和精神病学训练教给我的是所谓的"缺陷模型"（deficits model）——修复破碎之处并专注于病理和症状。与此相反，优势模型（strenghs-based model）倾向于最大限度地发挥我们的优势、资源和有利条件，这不仅有助于康复，还能帮助我们超越正常状态。当我们关注一个人的优点时，我们就更有可能把最好的一面发掘出来。

当我不断总结工作经验并通过文献寻找答案时，所有的启示都将我引向乐观主义。但这在实际工作中又能转化成什么呢？是否有一种可以将缺陷模型（我已经训练有素）与优势模型（我下定决心学习）结合起来，从而帮助人们——无论是不是乐观主义者——不仅具有复原力，而且保持高能量状态的方法？复原力很重要，但能活出生命力更好。

高能量语录：

▶ 高能量状态不仅仅是在逆境中反弹，而且能勇于直面逆境，在逆境中茁壮成长。

我在职业生涯的下一阶段——先是担任世贸中心心理健康项目的医疗总监，后来成为私人执业医生——将专注于向那些在逆境中成功的人学习。在下面的章节中，我们将更详细地探讨实用乐观主义框架的基础，但可以说，实用乐观主义框架是我多方面的工作经验汇聚而来的。在与"9·11"事件幸存者、悲痛的家庭和急救人员，以及数百名病人（包括家庭暴力幸存者、无家可归的妇女、监狱中的服刑人员和其他处于痛苦处境的人）的接触中，我得以窥见日常生活的艰难，也让我看到了在情绪上保持稳定所需的勇气和毅力，尤其是在面对情绪困扰时。

此外，我还担任医学杂志撰稿人、媒体顾问和咨询师，关注范畴涉及大规模枪击事件、自然灾害、疫情期间的育儿问题等，这让我有机会通过广播、电视、社交媒体和公开演讲与公众互动。我看到人们渴望获得清晰、实用、富有同情心的信息，去正确理解悲剧和应对悲剧。我做了一个减少心理健康问题污名化的媒体项目，引起了观众的强烈反响，这进一步坚定了我的信念，即我们必须让自己和我们爱的人更容易获得帮助。此外，过去 20 年里在教授医学生、住院医生和正在接受培训的治疗师方面的经验，使我认识到临床医生可能受益于更全面的健康习惯、情绪调节和应对技巧的培训，这样我们的患者不仅可以在生病时来找我们，而且也可以在想要促进他们的健康和福祉时寻求我们的帮助。我们也需要学会如何保持健康，成为最好的自己，这样才能更好地为他人提供帮助。我试图将这些理解与多年来从发表的数百篇研究文献中提炼出的最科学的内容结合起来，形成一个切实可行、具体易懂、易于学习的框架。

创建实用乐观主义框架有着深远的意义，因此，当我意识到我努力寻找的洞察力模型一直就在眼前时，我有多么惊讶。

实用乐观主义的化身

如果你让我的父亲，一位成功的纽约精神科医生，讲述他在印度的早期成长经历，他会说他在出生时已经拥有足够的必需品——爱、善意和很多书！但任何看到他早期生活的人都可能会说，他出生时几乎一无所有。尽管他出身贫寒，但我的父亲度过了一个生机勃勃而又丰富多彩的童年，比如充满了异域风情的骆驼骑行、季风舞会、沙漠之夜、烛光家庭晚餐、篝火旁讲鬼故事（那时还没有电，只有防风煤油灯），以及与他的五个兄弟姐妹还有父母一起在星空下欢度屋顶睡衣派对，等等。每当我们谈到这些，爸爸的脸上一直带着回味的笑容。"在重要的事情上，我们从未贫穷，比如爱、教育、笑声和愿景。"

"爸爸，你的愿景是什么？""生活简单，思想高尚。"

"还有什么，爸爸？"我像任何一位优秀的心理医生一样追问。"你看到万物的美好，你让一切事物变得更好，发生在你身上的一切都是最好的安排。"

我父亲并不否认他曾面临困境。他说他在五年级时考试不及格，不得不留级。不管是玩具、家具还是电器，他都是凑合着用坏掉的，或者兄弟姐妹玩同一个玩具。他第一次申请医学院时没有被录取。但这些挑战都是学习坚韧和解决问题的基础：小学时不放弃；和兄弟姐妹一起自己做玩具，把绳子缝在球上做足球，用树枝做球门，用木片做球拍；成为修理或制作临时电器和家具的能手，比如有一次，他用图钉、包装带和黑色塑料垃圾袋为我的卧室装上了遮光窗帘，让我的母亲懊恼不已。至于申请医学院，他坚持不懈，第二年被省级医学院录取了——这是印度人口最多的邦中唯一的一所医学院（当时），申请人数众多（每年约4000人），录取率是印度最低的（只有约80个名额）。我父亲承认，有很多比他聪明的孩子都没有被录取。

这种生活态度用积极阳光都不足以形容，也远不止一两次挫折后的反弹。这是一种专注的、有意识的、经过时间考验的、在战壕里的乐观主义和坚韧不拔的态度——一种在生活的碎片之中拼凑而成的精神力量。这就是高能量状态。

"爸爸,你生来就是这样的吗?""不是,但我有什么选择呢?哭是一天,笑也是一天。"他大笑着告诉我,他经常这样笑,眼睛里闪烁着调皮而又朴实的光芒。

关于他的心态,我认为他确实有选择。我也有。你也有。实用乐观主义帮助我找到了这种可能性,这种选择的尊严,并一次又一次帮助了我和我的病人。这就是我想与你们分享的内容。

实用乐观主义概述

实用乐观主义是独特的心态、技能和行动的组合,它能为你提供基于循证研究的工具和技巧,帮助你更快地实现你的职业、财务、健康、个人和人际关系目标,并保持对未来目标的动力,无论你走在人生道路的哪个阶段。

实用乐观主义的力量来自将许多人认为对立的两种观念融合起来。"乐观主义"的部分是要培养一种心态,即坚定地认为自己和他人都有无限积极的潜力。"实用"的部分是指实施关键的行为技能,让你在所有可能的行动方案中选择最合理、最理性的路径。这还意味着实用乐观主义是一种实践——是的,乐观主义是可以学习和实践的,这与学习和练习任何你喜欢的事物没有什么不同,比如乐器、工作技能、语言或者运动。实用乐观主义是具体的,随着时间的流逝会变得越来越自然。

在本书中,我们将逐章深入探讨我提炼出的原则和方法,即我所说的实用乐观主义八大支柱：

支柱 1——人生目标。确定并投身于能为你提供能量和鼓舞的真实目标。

支柱 2——处理情绪。深入了解你的情绪智慧和觉知。

支柱 3——解决问题。将直觉、逻辑和情绪调节融为一体，成为问题解决的高手。

支柱 4——自我价值感。挑战消极想法和行为，运用自我关怀的态度培养稳定的自我价值感。

支柱 5——自我效能感。对你的能力建立信心，然后不断提高能力。

支柱 6——活在当下。消除杂念，远离忧虑，夺回真正属于你的时间。

支柱 7——人际关系。与自己和他人建立真正的关系，减少孤独感，培养归属感和连接。

支柱 8——培养健康习惯。利用实用乐观主义和其他有科学依据的方法，创建和保持新习惯。

实用乐观主义的基本原则基于多年的科学研究，包括治疗抑郁和焦虑、应对困扰以及处理日常压力和挑战的方法。这些原则将最佳实践和循证疗法与正念、困扰应对技巧、锻炼等方法整合起来，组成了一种活出最好人生的多学科方法模型。这套模型经过了我和我的病人的真正检验，同时也植根于科学家、研究者、作家和从业者多年的理论研究。我很感激能站在他们的肩膀上。在我的职业生涯和本书写作过程中，我孜孜不倦地研究了他们的成果。他们共同提供了一种智慧生活的态度，帮助你在狂风暴雨中泰然自若，在风平浪静时勇往直前。

这些支柱也可以作为一个八步行动计划——从有一个愿景、目标、想法或意图（人生目标）开始，到将其变为现实（培养健康习惯），再到驾驭其中可能出现的种种情况；从情绪处理到解决问题；从获得自我效能感到培养能够理解并支持你的人际关系；等等。无论你想换个工作、重返学校、组建家庭、保持健康，还是追求对你来说重要的人生道路，实用乐观主义都可以帮助你确立愿景，唤起投入的勇气，拥有坚韧的毅力，获取充分的支持，制订行动计划，然后自动执行该计划，在面对障碍时坚定不移。

这个时代必须掌握的心理技能

当我询问各个年龄段的病人有什么心事时，他们都会告诉我，他们不仅要应对日常工作和生活的压力，还要经受疫情压力、气候压力、政治压力以及财务压力。过去几年，全球性事件对我们所有人都构成了挑战。现在，我们比以往任何时候都更加希望从前一段压力中走出来，拥有保护和维护我们的健康、幸福和复原力的技能。请看几个有说服力的发现：

- 根据每年一度的"美国压力调查"[1]，美国人感觉受到他们无法控制的多种压力的困扰，包括政治分歧、经济低迷、种族隔离和对暴力的担忧。调查参与者报告了与情绪困

---

[1] 详情请参阅美国心理学会新闻稿《美国压力报告（2022）：担忧未来，饱受通胀困扰》，https://www.apa.org/news/press/releases/stress/2022/concerned-future-inflation。更具体的内容请搜索美国心理学会新闻稿《2022年10月美国的压力顶线数据》。https://www.apa.org/news/press/releases/stress/2022/october-2022-topline-data.pdf。

扰相关的明显身体症状，包括头痛、疲劳、失眠和紧张。

- 盖洛普公司发布的《2019年全球情绪报告》，涵盖了对全球140个国家超过15万名受访者的采访结果。报告发现，55%的美国人表示他们"每天都有很多压力"，而在全球范围内这个数据只有35%。(根据这个报告，美国人的压力、忧虑和愤怒情绪已经加剧，而这是在新冠疫情造成社会孤立、失业、经济压力、失去亲人和其他压力之前的调查，更不用说疫情可能带来的潜在的长期后果了。)

- 根据世界卫生组织（WHO）的数据，世界上每四个人中就有一人会在一生中的某个阶段受到精神或神经疾病的影响，其中女性患精神疾病的风险是男性的2~4倍，部分原因是她们需要在家庭内外兼顾的角色越来越多。

- 1999—2014年，抗抑郁药物的用量增加了65%。研究人员发现，12岁以上的美国人中有1/8在调查前的一个月内服用过抗抑郁药物。①

- 尽管治疗方法很多，但世卫组织仍然指出，抑郁症是全球导致健康问题和残疾的首要原因。

- 研究发现，抑郁症会增加早逝的风险。一项大型长期研究表明，至少有一次重度抑郁发作与死亡率的增加相关，对

---

① 抗抑郁药物使用量增加可能与多种因素有关，有些是积极因素，有些是消极因素。它可能意味着人们意识的提高：越来越多的人得到诊断和治疗，围绕心理健康问题的污名化和隐蔽性也在减少（积极因素）。它也可能意味着抑郁症发病率的上升，甚至可能是过度诊断（消极因素）。目前还很难明确抑郁症发病率上升的根本原因。但显而易见的是，人们正处于煎熬和痛苦之中，他们需要帮助——需要精神科医生和训练有素的行为健康专家进行更好的评估，需要更多的心理健康服务，需要更好的应对技巧和更好的人际关系。对我来说，所有这些都证明了一个像实用乐观主义这样可以赋能的框架的重要性。

于男性和女性都一样。有抑郁症病史的人因任何原因死亡的风险都会增加50%,患者的预计寿命平均会缩短10~12年。
- 证据表明,当前人际关系的质量正变得越来越糟糕。越来越多的人说,他们的生活中没有真正的知己。

本书能为你带来什么

你有没有想过这些:
- 我是否可以做一些稍微不一样的事情,这样我就会更快乐?
- 我的目标是什么?怎样实现它们?什么才能让我真正感到满足?
- 有些日子,我觉得自己只是在走过场。
- 危机一个接一个,我怎样才能保持平稳?
- 我的生活正处于转型期(新学校,新工作,初为父母,恢复单身,开始一段认真的感情,空巢期,开始照顾他人,等等),我不知所措。我需要提升自己的应对技能。
- 我想为世界上的不公和苦难做点什么,但很难保持动力,甚至不知道从哪儿开始。

如果你对其中任何一句话有同感,但愿你能让实用乐观主义帮到你。每个人都会在不同的时点出于不同的原因变得实用乐观主义。你可以根据自己的步调和需要来定制它,无论你是在困难时期应对情绪,想在人际关系或工作中找到更有效的方法,寻求生活中一些根本性的改变,渴望更多地享受生活,还是想成为最好的自己，并踌躇满志地为世界做出最大的贡献。八大支柱中的技巧对那些萎靡不振的人来说是变革性的。他们并没有特定的心理障碍，而只是对自己的生活不满意。把这些技巧看作自我关怀的终极形式，帮助我们实时处理问题，这样就会使它们不至于成为无法控制的慢性压力源。

我还鼓励你掌握运动、睡眠、营养和其他能最大程度保持心理健康的方法。在阅读本书的同时，我希望你思考一下：我可以学习哪些新技能并加以运用呢？

如果你正承受着巨大的压力，这本书仍然会对你有所帮助。不过，考虑获得额外的心理健康支持和治疗也没有什么坏处。

你能为实用乐观主义带来独特的优势。也许你擅长解决问题，但难以时时刻刻都全神贯注。或者你充满热情，目标明确，却忽略了保持健康习惯。我鼓励你通读每一章，从中汲取对你有益的东西。实用乐观主义既可以是一面镜子，也可以是一扇窗户：让你有机会反思和洞察自己的心路历程，也可以向外看，寻找能够帮助你尽情享受人生的想法、策略和技能。

我告诉我的病人，如果可能，最好在生活比较平静的时候学习新的应对技能，这些技能就像船上的救生圈一样，存放在甲板上，当大风大浪来临时随时可以使用。慢慢吸收这些观念，耐心实践这些工具。我们所学的任何技能都需要实践才能变成我们的一部分并发挥真正的作用。如果你的经历与我相似，你的日常生活中会有很多机会来实践实用乐观主义。它就在这里等你。

总而言之，实用乐观主义的路径和实践因人而异。我欢迎你踏上这段旅程，我将继续与你一起，活在每一天，迈出每一步。

金缮

回首往事，我意识到自己的一生都在接受实用乐观主义的熏陶。我父亲让我了解到八大支柱的好处，他是我最早的研究案例。我在成长过程中并不知道这有什么特别之处。我只是看到父母都被一种使命感所驱使：为他人服务——他们的原生家庭，他们的病人（对于爸爸）、学生和同事（对于妈妈），他们的孩子，以及彼此——无论疾病还是健康。

父亲是印度北部第一批接受培训的儿童精神科医生之一，也是儿童权益的倡导者。他在美国完成了精神病学培训，在纽约的事业蒸蒸日上，但他定期回到印度，义务教授医生、教师、社会工作者和儿童保育员如何照顾有身体或学习障碍、注意力缺陷或行为问题的儿童。这些儿童在那时被视为社区的负担，会受到严厉的惩罚或被送走。这是一项极具挑战性的工作，只有那些能够独力解决问题的人才能胜任。

虽然机智、创造力、灵活性和思维的开放性似乎是父亲的默认设置，但我发现他每天都在努力发掘自己的内在资源。当他遇到挑战和障碍时，他会处理自己的情绪，从而保持冷静、耐心和愉快。在这个需要多任务处理又充满干扰的时代，他是个不折不扣的老古董。他掌握了一种可以活在当下的奇妙能力：一次只做一件事。他的病人知道他会全身心地关注他们，因为他会倾听、记住并跟进对他们来说重要的事情——那些他们甚至不记得自己分享过的事情——通过一个电话、一张卡片、一次拜访或一封电子邮件。

他从未忘记家人的生日、纪念日，从不吝惜给予也大方接受与他人一起时产生的积极能量。他是鸡尾酒会上最受欢迎的客人,但他不喝鸡尾酒(他不喝酒);他是医学院校友聊天群里的红人,并在50年后与温哥华岛、海德堡和乌代布尔的医学界老同事们重新取得了联系。从我记事起,他每天都坚持健康的生活习惯——冥想、瑜伽、力量训练、日常散步等等,这是他长寿的部分原因。同样重要的是,他的一生都非常健康。他不仅在年过八旬时仍能照顾好自己,还继续照顾着我们所有人。每次我见到他,他都会为我切水果和做蔬菜沙拉!

在困难时期,当母亲的癌症让我几乎趴在地上时,我的父亲运用了实用乐观主义八大支柱的所有技巧,他专注于当下,保持情感联结,能够面对残酷的真相,并无微不至地照顾我的母亲。母亲是一位著名的教育家,她意志坚定、能力卓越,拥有4个学士学位、4个硕士学位和1个博士学位,在印度取得的成就引起了国家的关注,也为美国的教育和儿童心理健康领域做出了重大贡献。她最终接受了痛苦的现实,告别了人世。

我从父亲那里学到,乐观主义就是一个乐观主义者所做的事情。这种积极与务实的结合构成了实用乐观主义的基石。

在我父亲的客厅里,摆放着他从日本带回来的一件精美瓷器。当我还是个孩子的时候,他就告诉我,金缮(Kintsugi)是日本的一种艺术形式,用破碎的瓷片创造出美丽的器物。把破碎的东西重新拼凑在一起,并在修复过程中使其焕发超越原件的光彩,这种想法让我着迷。我现在意识到,这正是实用乐观主义的精髓所在。当我还是一名精神科实习医生的时候,我就知道,当我面对那些描述自己"破碎"的病人时,我对仅仅帮助他们把生活碎片拼凑起来没那么感兴趣。"好些了,但还不算好"是不够的。我想和他们一起，帮助他们创造出比他们敢于希望的更持久、更灿烂的生活。实用乐观主义让你有能力运用耐心、实用性、创造力、机智、技巧和爱，处理你的生活中的不完美、裂缝以及所有的起起伏伏，涂上细木工的金色胶水，把你的生活创造成更加精美、更加坚固的艺术品。

这本书是我的心血之作，是我多年来实践经验的浓缩，这些实践帮助很多病人过上了更健康、更快乐的生活。它基于循证研究和事实，有清晰的要点和实用的行动步骤。在人生最艰难的时期，实用乐观主义不仅帮助我渡过难关，还帮助我高能量地生活。在我 20 年的职业生涯中，它改变了我的病人的生活，也改变了我的生活。我相信它也能改变你的生活。

>> 第一章

用实用乐观主义
实现高能量状态

悲观主义者抱怨风向，乐观主义者期待风向改变，现实主义者（实用乐观主义者）调整风帆。

——威廉·亚瑟·沃德

当病人第一次来我的办公室时,他们都有一个问题想要解决。有些人可能正在经历人生的至暗时刻,另一些人则在生而为人所要经历的考验与创伤的浪潮中喘不过气来。无论哪一种,只是告诉他们想想好的一面,并不会产生效果。他们可能会客气地点点头(或者不客气地点点头),然后再也不回来了——因为我低估了他们所面对的事情的严重性。这不是乐观,而是否认。

这正是实用乐观主义的优势所在。它融合了乐观主义者所擅长的坚韧积极的态度,但并不否认过于乐观的人有时也会陷入困境——在坚韧积极之外,实用乐观主义还包含了积极主动的生活步骤,这些步骤促进我们达到高能量状态。务实的乐观主义者直面并修复破损之处,但他们不会止步于此。他们会不断加以改进。

实用乐观主义心态结合了肯定感、能动感和信念感,即我们可以为自己和他人的生活带来积极的变化,同时又能清醒地接纳——甚至是欣赏——存在的根本不确定性和不可知性。无论你是用它来应对最严酷的现实,还是更好地应对日常生活中的挑战,实用乐观主义都能激发你与生俱来的韧性,并提升它的强度。

实用乐观主义者是后天培养的

我不确定自己是不是天生的乐观主义者，但我努力让自己像乐观主义者一样思考和行动。所谓乐观主义者，通常是指倾向于积极看待某一特定情况并预期会有好结果的人。鉴于乐观主义者对事物的积极心态，我们甚至会把乐观主义者想象成天性开朗的人。虽然乐观主义者可能天生更容易体验积极感受，因为他们对情况的解释更大而化之，但他们不会"仅仅因为"而快乐，或者"无论如何"都很快乐。乐观主义者的情绪会随着生活和周遭世界的变化而起伏，就像其他人一样。但是，乐观主义者之所以能够体验到更多的幸福感和快乐，以及总体上的好心情，是他们的态度造成的，具体来说，是他们关注情况的哪些方面以及他们对周围发生的事情的理解。乐观主义者倾向于关注特定情况下的积极一面，专注于自己可以控制的部分，这让他们在应对生活中的挑战时更加自信。他们还倾向于尽人事、听天命。此外，当他们感觉受到攻击时，他们能积极主动地采取关键的应对策略（而不是羞愧或责备），这不仅使他们能够比悲观主义者更好地承受压力，还能在身处逆境或遭受挫折时恢复到更高的情绪原点。他们自然而然就能获得这些高价值的心理资源。乐观主义者会在失败面前坚持不懈，并经常从更开放、更灵活、更充满希望的角度看问题。所有这些都使得他们能够在面对潜在困难时保持恒心和积极心态。

你可能会问，他们为什么能够自然而然地做到这一点呢？通过研究，我了解到乐观不仅仅是一个感觉良好的概念。乐观在大脑中有着神经基础。增强大脑左半球的活动与促进乐观、冷静、能动性以及积极的思考和行为有关。虽然大脑的左右两个半球共同作用才创造了我们对自己和世界的完美体验，但了解每个脑半球的特定作用有助于我们在生活中寻求更好的前景和结果。例如，右脑（大脑中负责检查环境中威胁和危险信号的区域）活动的增强与悲观、抑郁、被动和逃避有关。实用乐观主义的八大支柱中的每一根支柱以及相关的应用练习都能在神经生理层面增强我们的乐观情绪，从而形成那些乐观主义者拥有的积极主动、充满希望的心态。而且无论我们有什么样的天性或倾向，我们都可以学习并实践乐观主义。乐观主义者可能是天生的，但实用乐观主义者却是后天培养的。

乐观主义者也更长寿、更健康，从压力、伤害和疾病中恢复得更快，睡眠时间更长，睡眠质量更高。2019年9月，同行评审刊物《美国医学会杂志网络公开》（*JAMA Network Open*）发布的一篇报告指出，乐观主义不仅与降低心血管风险有关，还能减少各种原因导致的死亡。作者是在综合超过15项不同的研究、超过20万人的研究结果后得出这一结论的。一项汇集了83项乐观情绪研究的元分析表明，乐观情绪对免疫功能、心血管健康、癌症、怀孕、身体症状和疼痛等有正面的积极效果。

此外，乐观主义者更成功，他们的收入和工作满意度更高，有更好的健康习惯（有更好的饮食习惯，坚持参加体育锻炼，吸烟的可能性更小），有更稳定的人际关系，生活满意度更高，更重要的是，他们更快乐。

但一个令人惊讶的事实是，研究表明，虽然乐观情绪在某种程度上是遗传的，但一个人的乐观倾向只有25%是遗传的。就我们的心理健康而言，基因可能预示着我们的命运，但基因本身并不能决定我们的命运。

因此，你生来是否乐观……并不重要。

越来越多的研究正在探讨如何将乐观主义视作一种干预方式而不仅仅是一种特质，不管它是否天生。其中一些干预方式要求我们设想未来的积极结果，例如，只要我们努力就能得偿所愿，那么生活会是什么模样？

虽然我很喜欢那些能提升情绪、增强希望的练习，但其效果只是暂时的。要想获得持久改变，我们不仅要改变对世界的看法，还要改变与世界互动的方式。

事实上，乐观主义者也能从实用乐观主义中受益。如前所述，不切实际的乐观主义者会陷入困境。他们可能是"鸵鸟效应"的高手：把头埋进沙子，忽略那些让人不舒服或者与他们信念相悖的信息，假装一切（或将会）相安无事。或者，他们可能利用这种乐观心态来推卸责任——例如，做一些高风险的事，不去做体检，或者低估风险却高估自己应对风险的能力。

实用乐观主义不仅仅鼓励我们设想积极的结果，它还会使我们具备实现这些目标的心态、技能以及行动力；即便这些不是我们与生俱来的能力，但我们仍然可以运用这些能力，尤其在面对挑战和逆境时。

实用乐观主义能减少悲观情绪吗？

积极心理学和乐观主义研究领域的先驱马丁·塞利格曼博士发现，乐观主义者和悲观主义者经历的负性生活事件的数量大致相同，但悲观主义者在负性思维方面有 3 个 P：个人化的（personal）、弥漫性的（pervasive）、永久性的（permanent）。当坏事发生在他们身上时，他们往往会为此自责（个人化的），认为他们生活的方方面面都岌岌可危（弥漫性的），并将这件坏事视作永远的损失（永久性的）。我想再加上第四个 P：消极的（passive）。

在这里，遗传也是故事的一部分。2011 年，加州大学洛杉矶分校的研究人员发现，乐观主义与催产素受体基因（即 OXTR 基因）有关，而且该基因还与拥有良好的心理资源有关。这些资源是什么呢？加州大学洛杉矶分校的研究人员将其定义为乐观、掌控能力、控制感、能动性以及自我价值。

催产素通常被称为一种和拥抱以及感情纽带有关的激素，在母亲与婴儿建立连接、分娩和母乳喂养，以及性行为期间都会分泌。不过，催产素也是大脑中的一种神经递质，在应对压力时也会增加，并与同理心、信任感、关系建立以及享受他人陪伴等亲社会技能有关。此外，催产素还被认为与关键的心理资源有关，这些心理资源可以将暂时的失望和沮丧与长期抑郁区分开。

研究发现，催产素受体基因有多种变体。携带 A（腺嘌呤）变异基因（无论是一个还是两个拷贝）的人更有可能对压力敏感，社交能力更低，精神健康状况更差。

我不开玩笑。悲观主义的陷阱对健康不利。悲观主义者往往对过去耿耿于怀，因此更容易患上抑郁症。他们也会担心未来，从而更容易患上焦虑症。无论哪种情况，他们都很少活在当下，这让他们很难完全放松进而享受快乐时光，在日常生活中也会遵循那些老旧、过时或无益的脚本，从而在自我表达和问题解决方面苦苦挣扎。

那些表现出悲观主义特征的人可能有一些共同点。消极的信念有时候可能会阻碍他们建立亲密而相互信任的人际关系，或者由于各种原因，经常感到受伤或被拒绝，可能觉得亲密关系让人疲惫不堪。他们可能会用非常高的（有时候很武断或者不切实际的）标准来要求自己和他人，这使得他们很难肯定自己和他人取得的积极成果。他们的大脑和身体处在高水平的压力激素中，会导致炎症加重、血管受损、动脉粥样硬化，并增加患抑郁症、脑卒中、心脏病、血管性痴呆等各类疾病的风险。

但好消息是，你的催产素受体基因并不是你情绪复原力的唯一决定因素。大多数人都可以通过一些认知技能训练来增强保护性心理资源，从而缓解压力并达到高能量状态。加州大学洛杉矶分校的研究人员建议研究参与者通过认知行为疗法来使用这些心理资源，以应对压力、抑郁和焦虑。

高能量小贴士——什么是认知行为疗法？

认知行为疗法（CBT）是一种经过大量研究论证的支持性心理治疗方法，对于治疗抑郁症、焦虑症、药物滥用、婚姻问题、进食障碍以及严重的心理健康障碍等多种问题都有效。[1]认知行为疗法虽然是根据患者的过去来了解病情，但它关注的是改善患者现在的功能和生活质量，其效果已经得到医学证明。

认知行为疗法的前提假设是，我们对人、事件、未来、世界甚至我们自己的解释很重要，而心理问题往往是由错误的思维、不良或无益的行为模式（我们有时称那些基于旧有的、过时的或是扭曲的思维方式为"脚本"）以及持续的负性情绪造成的。当这些想法与现实不符时，就会导致思想扭曲、胡思乱想和过度担忧，最终导致功能受损——进入焦虑和抑郁状态。

学会识别这些无益的思维模式，并用更准确、更现实、更合乎逻辑的思维方式来挑战它们，有助于我们增强自我掌控感。与治疗师合作探究 CBT 技术的患者将通过做"家庭作业"的方式来建立和测试治疗中讨论的内容。他们会逐步扩展自己的应对技能，使之包含各种积极主动的技巧，包括放松、自我表达、重新与他人接触和参与活动，而不是回避。他们可能会使用思想日志——这种练习会促使我们发现并挑战扭曲的思维、痛苦的情绪、不良的行为模式以及触发不良情绪和行为的事件。而担忧日记可以帮助我们意识到烦恼的周期性。事实上，我们担心的许多情况并没有我们想的那样糟糕，我们处理这些情况的能力往往比我们自己认

---

[1] 阿伦·贝克博士在认知疗法和认知行为疗法领域的研究成果享誉全球。这种疗法目前被广泛运用于治疗各类心理健康障碍。认知行为疗法融合了以认知和行为为基础的元素，以行为主义和行为心理学为基础，它不仅是一种疗法的名称，现在还是所有以认知为基础的心理疗法的总称——包括但不限于理性情绪行为疗法、认知疗法、接纳与承诺疗法以及 EMDR（眼动脱敏与再加工）。阿尔伯特·艾利斯、伯尔赫斯·弗雷德里克·斯金纳、约瑟夫·沃尔普、克莱尔·威克斯以及该领域的其他许多巨匠的作品，都对我们理解这些疗法起到了重要作用。认知疗法的起源可以追溯到古代哲学，包括斯多葛主义。

为的要强得多。

从精神病学到免疫学、心脏病学和外科医学，几乎所有医学领域的研究人员都在关注乐观主义。实用乐观主义的八大支柱以多个领域的循证方法和最佳实践为基础，包括内科、精神病学、神经科学、行为和积极心理学、社会科学、积极精神病学、神经生物学、瑜伽和正念，甚至哲学。这些方法旨在帮助你建立心理储备，并作为你需要时能信赖的技能。把它们想象成情绪减震器，缓冲你生活中不可避免的减速带和坑坑洼洼（有时是巨大的）的影响。

乐观和悲观可以并存

多数人都会有乐观和悲观两种特质。人们对生活中的某些方面感觉乐观，而对另一些方面感觉悲观，有时会同时感到乐观和悲观。例如，如果你是团队里唯一一位努力工作的人，而你的奖金取决于团队的整体表现，你可能会对自己与同事的工作前景感到悲观，但对自己的生活却有很高的自我效能感。这并不意味着你是一个悲观主义者——你只是一个和现实接轨的人。

一句话：乐观和悲观可以共存。这就是为什么当你感到恐惧和疑惑的同时，还愿意相信和期待好的结果，这是完全正常的。关键是，你要能够接受恐惧和疑惑，同时保持一种建设性的态度，运用强大的应对技能，尽最大努力在你生活中的某些领域做出积极的改变。

也许你对"两匹狼"的寓言故事并不陌生。这个故事有不同的版本，但在我知道的一个版本中，一位切罗基（位于美国大雾山东南的印第安人部落）长老在教他的孙子如何生活。他对孙子说："我的内心正在进行一场斗争，这是一场在两匹狼之间进行的可怕的战斗。其中一匹是坏狼——它是愤怒、嫉妒、悲伤、悔恨、贪婪、傲慢、自怜、内疚、怨恨、自卑、说谎、妄自尊大和自负。另一匹是好狼——它是快乐、平和、爱、希望、宁静、谦逊、善良、仁慈、共情、慷慨、真理、恻隐之心和信仰。在你的内心也进行着同样的斗争，每个人的内心都是如此。"

他的孙子想了一会儿，然后问爷爷："哪匹狼会赢呢？"

长老的回答很简洁："你供养的那只。"

这是一个关于个人责任与个人潜能之间的联系的故事。根据发表在《心理学与老龄化》(Psychology and Aging)杂志上的一项关于乐观主义和悲观主义在乳腺癌康复中的作用的研究，比起当一个乐观主义者，不做悲观主义者更重要。这是一个重要的发现，因为正如我们所说的，实际上，悲观主义和乐观主义路径常常是共存的，选择哪条路，就像供养哪匹狼一样，取决于你自己。

从萎靡到高能量状态

"两匹狼"的寓言同样适用于当今社会。我们可以在很多方面更好地照顾自己和他人。

健康不仅仅是没有疾病。世界卫生组织将心理健康定义为一种幸福的状态,在这种状态下,个人能够认识到自己的能力,能够应对正常的生活压力,能够富有成效地工作,能够为他们所在的社区做出贡献。

我们远远没能做到这一点,这导致了一种悲观主义文化。2023年,美国国民的幸福指数排在世界第19位。众所周知,许多人实现并保持最佳身心健康状态的概率很低。有可能导致疾病的社会因素包括贫穷和歧视带来的所有后果:有限的教育、就业、医疗和产前护理的机会,并且与犯罪、暴力、心理健康障碍、药物滥用和死亡率的关联度更高。与这些问题相关的慢性压力削弱了我们做出正确决策、制定目标和解决问题的能力。

2020年以后,我们看到,孤独感、自杀率、镇静剂使用量在同时上升——这种现象在新冠疫情前就出现了。难以想象的大流行事件和压力,使得人类大家庭在医疗、情感、社会和经济方面遭受的痛苦不断升级。2022年美国进行的一项压力调查显示,有65%~80%的人因经济和金融的不确定性、政治纷争和战乱、健康等因素而感到压力过大。

抑郁症和心理健康障碍是导致全球性疾病的首要因素,每年使美国损失约2500亿美元。在美国,患有心理疾病的成年人有半数以上(54.7%)没有接受治疗。

那些因心理健康问题寻求帮助的人可能会发现，虽然心理健康治疗改变了许多人的生活，拯救了许多人的生命，但药物治疗并不总是有效。我们知道的是，在治疗过程中得到的启发能伴随我们多年，并给我们的生活甚至大脑回路带来持久的改变，即创造新的学习模式，促进思维重组和行为矫正。这就是为什么我给病人开药往往是和心理治疗一同进行的。

对我来说，心理治疗的精髓在于我获得了可以终身受用的技能：更强的自我觉察、自我关怀和情绪调节能力，灵活多样的应对策略，以及对世界更协调的认知和正念觉知。虽然没有一本书可以取代治疗过程中的个性化工作和医患建立起的治疗同盟，但我相信，每个人都应该学习这些关键的生活技能。只要勤加练习，这些技能就能以积极的方式改变我们对自己、他人和世界的看法，从而取得积极的效果。这些关键的心理资源可以帮助我们与目标建立联系，处理情绪，解决问题，从此时此刻的觉察中获益，并磨炼我们的人际交往技能，从而成为我们缓解压力的蓄水池和积极情绪与应对技能的源泉。这就是实用乐观主义的核心。

实用乐观主义的优点在于它是主动的而非被动的。实用乐观主义者不会说："让我们等待坏事发生，然后把它变为好事，这样我们就大功告成了。"想想你曾受过的一次伤，比如胳膊骨折。石膏可以帮助骨头愈合，但当石膏被取下后，你的手臂还能发挥最大功能吗？这还需要更多的努力。治疗心理疾病也是这样，治疗可以促进愈合，但不会自动带来健康。这意味着你好些了，但还没完全好。虽然每五个人中就有一个可能被确诊心理疾病，但所有人都有潜力去创造有意义、有掌控感、有乐趣、有目标的生活。对每个人来说，实现高能量状态取决于多种因素，包括健康、支持系统、治疗团队、生活方式，以及对人生的展望等。

我们当中有太多的人处于"萎靡"（专业人士用来描述心理健康水平低的术语）状态，或者勉强维持一种"凑合"的心理状态，但我们的目标应该是高能量状态或是心理健康状态的顶峰。

萎靡状态也会带来一系列代价，包括心血管问题、旷工增加、工作效率降低、生活质量下降，以及焦虑和抑郁风险增加。萎靡状态虽然没有达到心理健康障碍的程度，但仍会抑制我们发挥最佳功能，我们会感觉无聊、空虚、墨守成规、停滞不前，而我们往往会忽视这些感受。

而高能量状态又是什么样的呢？高能量状态意味着我们能在生活中充分体验到意义感、快乐、自我接纳和掌控感。它意味着接受挑战，不断成长，并在我们的人际关系中反映出来。高能量状态创造的是一种快乐和有目标的生活，它会增强积极的一面，同时减少消极的一面。它让我们感受到自我价值，知道我们正在为自己和他人做着有意义的事情。这就是在供养那匹"好狼"。高能量状态和复原力，以及实践这两者的具体步骤，正是实用乐观主义的精髓所在。

显然，作为一个社会人，我们需要在许多方面调整我们的策略，但见效最快的是多管齐下实现心理健康，提升总体幸福感，包括尽己所能制定一个方便灵活的健康实践方法。习得实用乐观主义是为了帮助弥合疾病与健康之间的差距，并形成可以为任何人服务的技术，无论你需要的是危急时刻的应对机制，促成高能量状态的燃料，还是让你的生活更上一层楼的路径。

在不完美的世界活出你的生命力

实用乐观主义的八大支柱是建立在循证研究的基础之上的，它通过有效的压力管理和应对技巧来解决和减少焦虑和抑郁症状。它可以帮助你应对压力和艰难时刻，让低谷变得平缓一些，让你能从容应对，并努力避免再次陷入低谷。

但避免再次陷入低谷只是等式的一部分。实用乐观主义将结合优势模型与传统西医的缺陷模型，通过健康实践满足你的健康需求，让你不仅能减少不适，还能帮助你释放自然优势和才能，构建充满意义、目标、快乐和连接的生活。

作为一名实用乐观主义者，你将训练自己不沉溺于逆境或"给杂草浇水"的心态，从而避开抑郁和焦虑的关键风险因素——思维反刍。相反，你会养成更健康的习惯，让生活充满各种可能。

实用乐观主义为你提供自我觉察的工具，不仅可以消除你生活中不好的地方，还能培养出更富有成效的思维模式、更富有同理心的情绪反应和更有效的行为策略。它还能激发你的目标感。这不是神奇的思维，而是植根于最佳实践的一套具体哲学和技能。

实用乐观主义者是足智多谋、实事求是、深思熟虑的问题解决者。他们就像厨师一样，为使工作顺利进行而准备好所需的配料和工具，在考虑成熟后再着手解决问题。他们能够准确地解读情况需要，知道自己和他人需要什么。他们既充满自信，又有自知之明，努力学习自己需要的东西，以便过上更好的生活。

实用乐观主义者具有很强的感染力。他们像磁铁一样吸引优秀人才和成功机会。他们不会等待机会的出现，而是主动创造光明：在日常事件中积极发现闪光点，寻找扭转乾坤的方法，也会锦上添花。他们有勇气放弃那些不利于自己或不利于他人成长的机会，无论这些机会多么诱人。他们懂得如何释放自己的能量，知道如何将自己的精力用在最需要、最有价值的地方。他们拥有难能可贵的价值：在不完美的世界中充实而快乐地生活的内在资源。

练习 从了解自己开始

下面的练习旨在通过友好的生活"自拍照"来帮助你充分利用实用乐观主义的八大支柱，了解生活中哪些方面做得很好，哪些方面做得还可以，哪些方面可能没有你想要的那么好。通过不带评价的反思，我们可以更清楚地了解我们需要将精力集中在哪里。

你现在可能需要花一点时间开始记日记或笔记，用以记录你的实用乐观主义实践，你可以在其中写下你的想法，如果你愿意，还可以记录本次练习和后续练习的答案，记录过程中的感悟，并追踪你的进度。请记住，此练习并不是为了提供诊断[1]。把它看作一次与自己一起进行的低压静坐，以评估生活中需要你关注的领域，找出不平衡的根源，并了解你

---

[1] 本练习的目的是让大家注意到自己的实际乐观程度，并不意味着取代专业临床医生进行的心理健康评估。

在实用乐观主义各个领域的感受。

对于下面的每个陈述,如果对你来说大部分时候是正确的,请写"是";如果你的答案在大部分时候是否定的,请写"否"。答案没有对错之分。把这个练习当作一个安静反思的机会,一个关注你内心需求和真相的礼物。

1. 我很少感到无聊。
2. 早上我通常很乐观而积极,因为我对接下来的一天充满期待。
3. 我对生活的感觉是:精力充沛、满足和充实,并且至少在一项活动中能达到心流的状态,或者说全身心投入。
4. 我对生活有方向感,对未来充满期待。
5. 我觉得我正在以自己的方式做出贡献。
6. 我善于自省,能够说出并识别自己的感受。
7. 我通常可以指出强烈的积极或消极情绪的触发因素或前因。
8. 即使我的负面情绪让我感到不舒服,我也可以排解和接受它们,而不会自我毁灭或使用不健康的应对机制。
9. 我能够向家人、朋友和同事恰当地表达自己的感受。
10. 我没有太多无从解释的病症,也就是说,医生对我进行全面检查后认为我现有的症状(如头痛、心悸、虚弱、疲劳等)并非只源于压力。
11. 当我处理一个问题时,我能够很轻易地提出几个可行的解决方案。

12. 一旦我有了解决方案和选项，我就能缩小范围并轻松做出许多决定。
13. 通过以健康的方式调节我的情绪，我能够从挫折和失望中恢复过来，从而不影响我的日常工作或人际关系。
14. 当我无法改变让我心烦意乱的情况时，我会想办法改变我对它的态度。这种视角的转变使我能够重新构思原本会让我不愉快的情况，并将其转化为一种更能忍受的（甚至可能更愉快的）体验。
15. 我会坚持到底，直到完成任务——我相信，有志者事竟成。
16. 当我犯错时，我不会太自责，也不会花时间去想我"应该"做什么。
17. 看到别人取得成功，我会感到非常高兴，而且我很容易在该表扬的时候给予表扬。口头表扬和公开承认他人的成功对我来说轻而易举。
18. 我不会责怪自己或他人，也不会内化他人的不良行为，或对他人的不良行为耿耿于怀。
19. 我以一种受人尊重的方式为自己辩护，因为我觉得我应该有一席之地，或者说我值得拥有一席之地。
20. 我得到了我需要的自我照顾，不觉得我需要别人的允许或批准才能休息。
21. 我知道自己有哪些技能，并对自己的技能充满信心。
22. 如果我对某件事感觉一般，或者如果我为自己设定了一个新目标，我会感到自己有能力并且有信心学习必要的技能，以便实现目标或完成活动，甚至取得成功。

23. 我不会让恐惧、担忧或遗憾阻碍我追求梦想或目标，而是选择将挫折和挑战视为学习机会，并积极主动地再次尝试。
24. 当我想做成一件事时，我不怕向榜样和导师寻求反馈意见或建议。
25. 我觉得我可以控制我所处的环境，包括在痛苦或面对挑战时调节自己情绪的能力。
26. 我限制自己分心和受干扰——我会定期关闭社交媒体，将手机调成静音模式，并限定回复信息的时间。我不愿意多任务处理事情和匆忙了事。
27. 我不会因为害怕错过而沮丧，能够沉浸在自己选择的活动中以及面前的人群中。
28. 我很少将自己和别人比较。
29. 我不会为过去的遗憾而心情沉重。
30. 我不会因为对未来的担忧而心力交瘁。
31. 我对我的友谊/重要关系的质量和数量感到满意。我感到生活中重要的人理解我，并且我可以依靠他们。
32. 我可以在享受他人陪伴与有意义的独处之间取得平衡。
33. 我会有意结交和维持新的友谊（尤其是在我感到孤独时），并且可以轻松地做到这一点。
34. 我能够在自我安慰和依赖他人获得情感慰藉之间取得平衡。

35. 在人际关系里，我会积极主动地解决冲突并为他人提供支持和情感慰藉。别人会把我当作情感慰藉的源泉。
36. 我计划（或已经在想办法）实现我的许多健康目标，定期运动就是其中之一。
37. 我尽己所能去获得所需的医疗护理和健康检查。
38. 我尝试有意识地设定新目标，并培养实现这些目标所需的习惯。
39. 我尝试以开放的态度去习得新事物。
40. 我会腾出时间静下来思考。

虽然我建议阅读本书的全部内容，但事先了解哪些内容需要你多加关注会有助于你的阅读。为此，以上练习中的每一条都会对应特定的实用乐观主义支柱，如下所示：

1~5——人生目标

6~10——处理情绪

11~15——解决问题

16~20——自我价值感

21~25——自我效能感

26~30——活在当下

31~35——人际关系

36~40——培养健康习惯

这么做只是为了帮助你在接近八大支柱时了解你感兴趣的任何特定领域。你可能会发现某些领域你做得很好，但你可能忽略了其他领域。或者，你可能会发现自己在某个领域表现突出（比如，你在工作中表现出色，但工作太忙），而在另一个领域表现不佳（比如与家人和朋友的关系）。这些支柱协同作用，你擅长的领域将帮助你应对需要调整的领域。

每个人，无论多么能干，都有弱点和盲点。我知道我就是这样。因此，即使你觉得自己已经"掌握"了某个特定领域，我也希望你能按照我的建议完整阅读本书。在阅读和练习的过程中，你可以根据需要经常返回上面这个练习，以衡量自己对正在探索的核心思想的感受。

许多人可能会觉得这些说法过于远大和理想化，尤其是在面临压力时。这样想是完全正常的。如果你无法理解其中的一些说法，也不用担心！

实用乐观主义不是速成课程或权宜之计，而是一种相当稳定和健康的生活方式，并且你可以根据自己的需求进行个性化定制。如果这些问题勾起了你一探究竟的好奇心，不如考虑与心理健康专业人士一起在个性化的环境中进行探索，我希望你会发现实用乐观主义对你的探索之旅有所帮助。

我建议你按顺序阅读本书，因为这些支柱确实是相辅相成的，从考虑你的人生目标开始，到练习帮助你培养实现人生目标的健康习惯结束——中间的支柱充当支撑点的角色，用来培养情感意识、解决问题的能力、健康的自我价值感，熟练掌握你需要和想要的技能，形成对生活奇迹的稳定认识以及强烈的归属感。如果你觉得自己必须跳到某一支柱上看看，那就跳吧，但记得回来看看其他支柱，因为它们共同支撑着你这座独特而美丽的大厦。

如果你陷入困境或遇到困难，你也可以重温特定的支柱。问问自己："我现在需要哪根支柱？"如果情绪很差，"处理情绪"这一支柱能帮到你。如果遇到困难，你可以翻开"解决问题"一章来复习。不要灰心。寻找生活中的优势领域。每个人都有自己的优势。

实用乐观主义的八大支柱

八大支柱都在这里！先看看引子中对 8 个支柱的概述。然后，我们将进行深入了解。

支柱 1：人生目标

深思熟虑、有意识的思考可以解决绝大多数问题，包括"我的人生目标是什么"这个老生常谈的问题。我们将探讨如何与你的人生目标建立联系，并提出真正的目标来激发和激励你。我会让你知道一个实用乐观主义者都知道的秘密：你不必总是寻找生活的意义，你可以创造它。

支柱 2：处理情绪

巧妙地识别、表达和释放情绪可以提升能量、心情、记忆力、注意力和整体健康。当谈到强烈的情绪时，我们将讨论如何命名它们、认领它们和驯服它们！你将深入了解你的情绪智慧和觉知，学习如何应对痛苦或消极情绪，最大限度地发挥积极情绪，并且（最重要的是）让它们为你服务，而不是与你作对。

支柱 3：解决问题

我将向你介绍情绪调节和解决现实问题的 5 个 R，帮助你将直觉和逻辑结合起来，成为问题解决大师，化障碍为机遇，积极主动地解决问题，做出更好的决定……并学会放手——因为并不是每一件事、每一个人都值得你投入精力。

支柱 4：自我价值感

我将向你展示如何挑战消极、自我毁灭的想法和行为，并利用自我关怀来培养健康的自我价值感，无论生活如何起伏，这种自我价值感都能保持稳定。结果就是更幸福、更真实、更充实的人生。

支柱 5：自我效能感

实用乐观主义者知道如何从"我想这样做"到"我做到了"。我们将探讨为什么你的自信与你的实际能力同样重要（即便不是最重要），以及如何建立对自己能力的信心并加以改进。

支柱 6：活在当下

在这里，我们将探索专注的力量，以减少精神混乱，消除忧虑和干扰，放下思维反刍和对过去的遗憾，以及与比较对抗。我们将学习必要的工具，夺回真正属于你的时间，与技术和社交媒体建立更健康的关系，远离抑郁和焦虑。

支柱 7：人际关系

在这里，我将和大家分享如何与自己和他人建立真正的关系，以减少孤独感,建立新的友谊,巩固现有的关系,并在与所爱之人和工作的联系中培养归属感、更多的快乐和满足感(提示:情感协调是秘诀)。

支柱 8:培养健康习惯

我们将深入探讨为什么乐观主义者更健康、更长寿,以及如何利用实用乐观主义建立新习惯。我将与大家分享心理健康的 4 个 M——掌控(mastery)、运动(movement)、有意义的接触(meaningful engagement)以及正念(mindfulness)——作为疾病治疗和预防的科学支持习惯,以及为什么习惯的养成是长寿的秘诀。

在接下来的章节中,我们将逐一深入探讨实用乐观主义的八大支柱。我将向你介绍一些患者(作为合成案例,他们的真实姓名和可被识别的信息均已更改),他们使用这些原则改变了自己的人生观和生活:山姆,一位担心自己的黄金时代已过、婚姻陷入困境而疲惫不堪的高管;妮可,一位在工作和家庭抉择中苦苦挣扎的职场妈妈;莉娜,在工作中理应获得一席之地,却苦于无法说出自己的需求;雪莉,来找我时自称被创伤"击垮";还有其他人。我将与大家分享更多关于自己的故事,我一直在努力调和我的法则——我对家庭、社会和病人的责任——以及我的感受,我感到我也应该得到关怀,这种关怀应该和我给别人的关怀一样多。在这个过程中,你将学会如何把实用乐观主义变成你生活中的常规练习。

实用乐观主义是一种态度、一个选择、一次练习,我每天都在为之努力。有时只需要 5 分钟的"锻炼",有时则需要更长时间。但我知道，这是一块值得锻炼的肌肉。虽然将实用乐观主义训练融入我的医学实践已是我对许多病人的治疗计划不可或缺的一部分，但它也改变了我自己的生活。它帮助我抓住机会，克服困难，坚持不懈，并享受我曾以为不可能的成功。愿实用乐观主义照亮你的世界。

在你阅读本书各章节并练习八大支柱时，请注意本书中的所有内容都不过是些建议：如果它们对你不起作用，请移步。如果它们对你有启发，请尝试一下！随着时间的推移，你可能会发现某些支柱更能引起你的共鸣。我非常希望这本书能成为你的指南和参考。也许其他人会受到你的例子的启发。改变世界只需要一个人，我希望这个人就是你，我的实用乐观主义朋友！

>> 第二章

人生目标：
不要总是寻找生活的意义，
你可以创造它

> 如果一个人不知道自己驶向何方，那么任何风都不是顺风。
>
> ——塞涅卡

本章会简要讨论自杀问题。如果你觉得这个话题太刺激，可以跳过。本章主要讨论"人生目标"的作用，也讨论当我们觉得没有目标时会发生什么。

山姆是一位47岁的营销主管，在妻子的坚持下来找我。他常常对妻子和孩子们发脾气，而他妻子对此深恶痛绝。在很多方面，他的表现与此类似。

当我问他是什么让他感到快乐，是什么让他每天早上从床上爬起来时，他说："瓦尔玛博士，我觉得我迷失了方向。我工作时间很长，而且很累，每天光通勤时间就有两个半小时。但我并没有得到应有的认可。我觉得自己的人生只是走过场，只是将更多的钱放进公司的口袋里。这可不是我对47岁的自己的设想。"

我问山姆在家里是否也感到同样的沮丧。他回答说："我比较烦躁，我太太抱怨我疏远她。她睡得比我早，我想部分原因是为了躲着我。有时候我会在书房睡。我想不起来上次我们的约会之夜是什么时候了，也想不起来我玩得很开心是什么时候了。而且我们有三个孩子，一天下来我们都很疲惫。"

尽管山姆很疲惫，也有倦怠的迹象，但还是有一些事情在困扰着他："有一个更年轻、更有魅力的同事很在意我。我不想出轨。我爱我的太太，但说实话，我对她太熟了。我和这个女同事一起喝过几次酒，都是和其他同事一起，我也喝多了。"

山姆的话提供了他生活中需要解决的多个问题的线索，其中包括我经常听到的一种内心挣扎：他感到自己失去了目标感。

追求意义、目标、深度或者方向是人类的普遍渴望。这是神话、宗教经文和通俗文学中的一个主题——证明我们中的许多人并非生来就知道自己的人生目标。如果你觉得自己没有明确的人生目标，请放心，你不是个例。

山姆也失去了享受快乐和乐趣的机会。快乐加上目标，会让人能量满满——这是实用乐观主义者的关键目标。即使你所做的事情是有价值的和有意义的，无论是工作、养育孩子、照顾所爱的人，还是参加社区服务，以牺牲快乐为代价来追求目标可能会让你感觉在做苦差事。毫无目的地追求快乐最终会让人觉得有些肤浅。山姆的处境——两者都缺乏——会导致萎靡不振，甚至痛苦。如果这种状态持续下去，会使人失去希望和能动性。当这种情况发生的时候，抑郁症就是一种真正的风险。

我注意到，当目标和快乐变得暗淡时，人们才会来找我谈谈。我想这也是我最终不得不接受心理治疗的原因。在为他人服务的过程中，我有无数个目标。但我没有接受过太多关于如何寻找快乐的训练。我擅长给予，但不善于获取我需要的东西，好让我继续给予。

同时拥有目标和快乐是什么感觉？那就是当我们在享受人际关系带来的快乐时，我们会想方设法让工作变得有意义（可能是通过角色重塑——稍后详述），并开展能让我们感受到心流状态的活动。

"心流"这个概念是米哈里·契克森米哈赖在1975年提出的，它指的是人们在即使没有任何外部奖励（例如金钱或名誉）的情况下为了愉悦而投入活动的体验。心流意味着深度投入、沉浸在既带来乐趣又充满挑战的事物中。在这里，觉知和行动相遇：我们全神贯注、警觉、精力充沛——其他一切似乎都不重要。我们的技能水平和任务的挑战难度几乎完全匹配。这感觉就像是掌控力和融入的终极状态——你在学习，在成长，在享受。心流的感觉就像是目标与快乐的完美结合。

过上有意义的、快乐的、心流般的生活的关键在于有目的地追求它们。我将分享如何通过一个具体的三步计划来制定你的个人目标路线图，我称之为"重燃目标的三条途径"。这三步计划可精简为一个简便（且恰当）的缩写——AIM（详情请参阅本章"重新认识目标"小节）。

带着目标去生活

我把"目标"定义为一种对自己想做的事情变得非常有意愿且深思熟虑的方式。目标是让你清晨起床的动力。它激发你、激励你并积极推动你。当你对有益于他人的事情感到兴奋,并且追求该目标也有益于你的健康和幸福时,那就是你知道自己有目标感的时候。

当我们有目的地生活时,其他事情就会水到渠成。这让你更容易做出决定(这符合我的目标吗?),遇到自己不喜欢的事也能坚定地说"不"——这对很多人来说都是很难做到的。目标是抵御嫉妒、比较和错失恐惧症的缓冲器。目标是我们的第一支柱,因为它既是规划你人生的愿景板,也是将你打造成实用乐观主义者的框架。

缺乏目标会通过各种方式体现出来。就像山姆一样,我们可能会觉得自己碌碌无为。不确定性、怀疑和烦躁可能是我们每天都要面对的问题。分心或逃避——比如山姆被异性同事吸引或他的酗酒倾向——都可能是缺乏目标的信号,加上缺乏快乐,就会在某些与我们核心价值观相左的行为中表现得尤为明显。

对于我的病人,我会倾听关键短语,比如"我曾经对我正在做的事情感到兴奋,但我不再学习/成长/享受它/感到满足了……"或是"我在逃避或拖延……我感到迷茫、无聊、愤世嫉俗、经常恼怒、不被赏识"。

有时,这些说法是表明抑郁或者工作倦怠的一系列症状的一部分(尤其是愤世嫉俗、缺乏自我效能感、恐惧工作以及身心疲惫),因此有必要仔细评估。对山姆来说,他的工作是压力源之一。他担心各方面的情况都不会朝着好的方向发展。这些因素，以及它们开始损害他的机能和生活质量的方式，都表明他可能得了抑郁症。

山姆坦言，有那么一瞬间，他甚至怀疑自己活着的目的——不知道没有他，他的家人是否会过得更好。他告诉我，他并没有主动想过或计划结束自己的生命，也从未走到那一步。在他向我保证他没有伤害自己的意图或计划后，我对这些想法提出了更深入的问题（并将在我们合作的整个过程中继续评估和监测这些具体问题，准备根据需要采取适当的治疗来解决这些问题）。

科学界仍在努力提高我们早期发现和预防自杀的能力，[1]尤其因为自杀的一个核心特征就是冲动。我对山姆做了全面的风险评估，就像我对任何病人所做的那样。虽然我评估山姆的自杀风险很低，但我也知道他需要改变生活中的某些事情才能保持这种状态。风险水平之间的界限有时会发生变化，并且可能会让人产生一种无价值感，觉得自己是别人的负担。我知道，作为抑郁症的一部分，严重的内疚感和羞耻感会占据上风，加重患者的无助感和绝望感。当风险水平发生变化时，制订明确的计划至关重要，山姆和我讨论了一个计划。

当我问山姆一年前或更久之前是否有过这种感觉时，他说："完全没有，我其实一直期待着50岁的到来。"他低下头，眼泪

---

[1] 你所了解的有关山姆的内容是他的故事的浓缩版本。我有必要选择他的案例和治疗中与本章要求相关的方面。本章重点关注的是我们的生活中建立或创造目标、快乐、心流状态或者意义的重要性。每个人的旅程都是独一无二的。我无意建议或试图全面讨论抑郁症、职业倦怠、婚姻问题、员工心理健康和职场动力、自杀风险因素或现有的心理健康和医疗方法（鉴于医疗保健和整个社会的差异性，我也不认为这些方法适用于所有人）。重要的是，你要和你的心理医生讨论你所担心的特定问题。

在眼眶里打转。山姆很沮丧,从他告诉我的情况来看,他觉得自己没有人生目标。我担心这很快就会变成绝望,从而导致他的心理健康状况进一步恶化。

抑郁和无目标感是很难区分开来的。一个人可以一边做着有意义的工作一边与抑郁症做斗争,这表明,你不能只靠目标来摆脱抑郁症这种疾病。反过来,抑郁症会让你失去目标感。缺乏目标会让人感到沮丧。而有目标却没有快乐,会让人觉得生活空虚,缺乏意义或实质性。这就是为什么我采用全人疗法(whole-person approach),包括彻底的医疗检查和风险评估,以及在必要时进行药物治疗和生活方式干预。

我说这些并不是要吓唬你们,而是要强调不要忽略这些感受的重要性。培养意义感或目标感对心理健康至关重要,可以保护我们免受心理健康症状的困扰,或者与其他循证治疗方法相结合,至少可以减轻心理健康症状的负担,并在必要时帮助我们稳定情绪,同时与治疗师一起解决心理健康障碍问题。

不过,一般来说,在没有其他警告信号的情况下,不满、持续拖延、停滞不前或倦怠感会告诉我,我的病人需要重新致力于他们的目标,看看是否有方法让他们在这样做的时候获得更多乐趣。这可能像父母在孩子的学校里做志愿者一样微妙,以此来更多地参与孩子的生活。我曾见过这种"目的-快乐组合"以筹款的形式出现,然后是共进晚餐。或者某个人的工作占用了晚上和周末的时间,他决定通过周六在社区公园做志愿者来收回自己的时间并回馈社会。有时候努力不必很多,只需要解决下面这个关键问题就行:

- ✓ 我怎样才能通过自己与生俱来的才能和兴趣为他人带来价值,

同时也能投资自己,让我的生活更加快乐?

有时,我们渴望找到生活的目标,渴望尝试新事物和更深层次的东西,或者渴望以一种有意义的方式做出贡献,好让我们的世界变得更加美好和光明。

外部力量也在发挥作用。我们会看到人们在做鼓舞人心的事情。也许我们的新老板树立了一个将目标与职业结合的榜样。世界性大事件也会激励我们采取行动。对很多人来说,新冠疫情改变了他们的人生目标和重点排序。

家庭和文化根源会影响我们的目标。我的父母在美国的事业蒸蒸日上,但他们始终认为,他们的目标、工作以及他们应该服务的社区都在印度。对于印度教教徒来说,"达摩"一词源于梵文,意思是对正义的信仰,包括伦理、宗教、道德行为以及人们认为正确的生活方式等。教规号召我们践行这种正道。只有这样,我们才能实现自己的人生目标。我的父母相信每个人都有自己的规条。我家的规条就是学习谦卑和为他人服务。我的父母认为,回馈世界,寻找广泛的需求,并寻求用符合自己天生的兴趣、才能和喜好的方式来满足这些需求,会让他们充满活力,也给周围的人带来生机。

在印度,他俩把儿童的心理健康放在首位,通过优势模型在学校系统中提供学习障碍评估和治疗。在该模型中,无论儿童是否有残疾或障碍,他们都可以通过融合教育而非单独教育的方式获得平等的学业、教育和文化熏陶机会。考虑到之前印度的孩子们经历过的严重的侮辱和歧视,这是一项革命性的举措。

当我们回到纽约以后,为了填补我们离开印度后的空白,我母亲成立了印度文化学院,她在那里向社区的孩子们教授印地语、印度文化和印度戏剧。她写了一篇关于双语儿童优势的研究论文，并认为强烈的身份认同感、社区意识和归属感对孩子的自尊心很重要。她的研究所将这些理念结合起来，用以改善社区儿童的生活。她继续担任纽约市校本支援小组的督导，并与学生进行教育测试以评估他们的学习需求。她还主张使用儿童的母语进行教育测试。在我十几岁的时候，她鼓励我教比我年龄稍小的孩子，因为我在印度吸收过印度文化和历史，可以流利地用印地语说、读、写。从那以后，我做过很多工作，包括零售业、食品服务、教育、医疗保健和社区组织等。父母的言传身教和我早年为他人福祉而工作的记忆帮助我在工作中找到了意义和满足感，因为我知道我正在为我所服务的人带来安慰和帮助。

也许阅读本文能让你了解与你的目标相关的生活影响因素。本章后面的自我评估问题将帮助你进行更深入的探索。

关于目标的三个误解

我认为有三种误解会让我们在追求目标的过程中迷失方向。

误解1：目标应该通过我们的工作来实现。
正解1：目标不仅仅是薪水。

目标可以来自生活的很多方面，包括爱好、兴趣和人际关系。如果你的目标感通过你的工作就可以实现，那固然很好。但如果你的工作环境发生了变化（或者你变了——稍后详述），你的目标感就会受到打击。

虽然山姆是因为和妻子的关系才来找我的，但他的麻烦始于工作压力和职业倦怠，这影响了他的自尊。山姆的父母都是希腊人，他们为了孩子不辞辛苦地工作，山姆是家里第一个获得研究生学位的人，他经常被提醒不要"浪费"这个学位。"工作满意度并不在我父母的考虑范围内。他们考虑的是为下一代的生活铺平道路，并为他们提供前几代人没有的机会：'去上学，找到好的、稳定的工作，保住这份工作'。"山姆的自我价值和身份认同很大程度上来自他的工作。当工作不顺利时，就会影响他的家庭生活。他开始对自己的工作状况感到无助和绝望，然后开始质疑自我价值。

记住，你的目标是可转移的，并不依赖你的薪水，这一点可以帮助你在工作发生变动时不会失去目标。当我们从各种途径，包括我们的人际关系（与我们的伴侣、孩子、朋友和同事）以及我们的爱好和情绪中寻求意义和目标时，我们就会增加达到高能量状态的机会。

因此，如果像我们中的许多人一样，你的工作"仅仅是一份工作"，请不要担心。目标不一定要有报酬。[1]

误解2：目标意味着做一些"大"和"重要"的事情（或者应该得到他人的认可、支持）。
正解2：我们的目标不一定要远大、光鲜或得到任何人的认可。

你的目标不一定要光鲜亮丽，也不一定要在社交媒体上引起

---

[1] 也就是说，不要因为工作有报酬就认为工作不能带来乐趣或目标感。米哈里·契克森米哈赖在1975年出版的《超越无聊和焦虑》一书中写道，我们已经习惯于认为"一个人必须做的事情不可能是令人愉快的"。因此，我们学会把工作和闲暇区分开：前者是我们在大多数时候不得不做的事情，而这违背了我们的意愿；后者是我们喜欢做的事情，尽管它毫无用处。因此，我们对工作感到无聊和沮丧，在闲暇时又感到内疚。

轰动。它不需要跟上琼斯（或者卡戴珊一家）的步伐。不需要与别人认为你应该做的事情保持一致。

为了养家糊口，山姆一直在做他必须做的事情，尽管只是广种薄收。每当他考虑自己创业时，这个想法很快就会被他的父母和关系紧密的大家庭否决："他们不希望我像他们一样挣扎。"

他问道："我想要一些不同的东西，这是不是在放纵自己呢？我之所以这样做是为了让我的家人幸福，但效果却恰恰相反。"

你的目标是由你来构思和实现的，只要你认为它很重要就够了。

误解 3：真正的目标会持续一生。
正解 3：我们的目标感可能会随着时间的推移而有所改变。

目标就像人一样，也会变化和成长。从印度回来后，我母亲将她的目标感融入我们在美国的生活，创办了印度文化学院，在公立学校系统中担任教育评估员，并通过她和我父亲创建的一个组织为南亚教师提供支持。将她的目标与我们在纽约的生活重新结合起来，使她完成了许多新的善行。

你 18 岁时的目标与你 80 岁时的目标肯定不一样。这很正常。发表在《心理学与老龄化》期刊上的一项纵向研究对 63 岁以上的人进行了调查，结果表明，虽然人的性格在一生中只会逐渐发生变化，但当你年迈时，你的性格与童年时会有着明显不同。

意识到你不断变化的需求可以帮助你更好地实现自己的目标。我喜欢把这一过程想象成软件更新。我经常看到有人陷入困境，认为自己失去了目标感。实际上是他们所坚持的目标已经不再适合他们了。

目标感更强会怎样

有目标的生活可以改善我们生活的方方面面,从个人健康到我们的教育、事业和社区成功等等。

在《柳叶刀》上发表的一项研究中,在平均八年半的随访期内,表现出意义感和目标感的参与者的死亡可能性比那些幸福感最低的参与者要低 30%。

2013 年发表在《行为医学杂志》上的一项研究表明,在衡量人生目标的 6 分制量表中,每增加 1 分,患有心脏病的成年人在两年内心脏病发作的风险就会降低 27%。而根据《心身医学研究杂志》的研究,对老年人来说,生活目标每增加 1 分,就意味着患脑卒中的风险降低 22%。研究还表明,利他主义会减少身体上的疼痛。

目标感会延长你的寿命!你是否知道每周至少做两小时的义工可以延年益寿并且改善心理健康?根据发表在《美国预防医学杂志》上的一项研究,在一项名为"健康与退休研究"的大型、多样化、前瞻性且具有全国代表性的抽样调查中,近 1.3 万名 50 岁以上的参与者中,那些每年为了改善他人而志愿服务 100 小时及以上的参与者与那些没有做志愿服务的人相比,其死亡风险降低了 44%,而且他们的积极情绪更高,目标感更强,更乐观,绝望、抑郁和孤独感更少。

让青少年参与志愿服务也有益于他们的健康。发表在《美国医学会小儿科学期刊》上的一项随机对照研究表明,每周做志愿者的青少年(在这项研究中,他们帮助小学生做作业、美术、手工、烹饪和体育运动）可以降低患心血管疾病的风险，具体来说，可以减少炎症、降低胆固醇并减少肥胖患病率。研究表明，提供支持甚至比接受支持更有助于降低我们的死亡率（虽然我认为两者对于我们的福祉和人际关系同样重要）。

拥有更大的愿景和世界观可以帮助我们应对生活中不可避免的起起落落。有目标的人尿液中与压力有关的皮质醇激素和肾上腺素含量较低，这表明有目标压力水平就低。有目标感还能帮助我们避免抑郁、焦虑、悲观和工作倦怠，让我们更充分地体验快乐和愉悦。拥有目标感的人睡眠质量更佳、患痴呆的风险更低，也更有可能采取预防性保健措施（例如注射流感疫苗、乳房X光检查和结肠镜检查）。

压力会引起细胞层面的变化，有时过度的压力会造成身体损害，从而使你的生理年龄大于你的实际年龄（例如你今年50岁，但你的健康状况却像是六七十岁）。我们知道生物衰老的标志之一就是端粒的缩短，基因的端盖会随着年龄的增长而自然缩短。端粒缩短也可能是由心理压力导致衰老的信号。但一项针对参加冥想的高压状态下的母亲进行的研究表明，她们通过冥想练习防止了端粒的缩短，她们的冥想练习与支持、更新或帮助她们认同目标感有关！正如我们将在第三章中看到的，冥想不仅仅是安静地坐着、理清思绪，它还可以是一个有助于指导我们行动的反思过程。

有了目标感，就能养成更好的教育和工作习惯。例如，如果引导学生将教育与生活联系起来，那么他们更有可能在自己认为枯燥或困难的课程上更加努力。我在16岁时报名参加了一个具有挑战性的医学预科课程，同时全职工作来支付学费，我可以证明，我的目标感是我接受教育的动力。

目标也有利于企业。根据盖洛普的美国职场状况报告，从长远来看，那些把目标放在利润之上的企业往往会为员工带来更多乐趣，经济上也更成功。有目标感的企业能够为员工创造更具吸引力的环境，这意味着健康的心理、更高的生产力、更繁荣、更长的职业寿命，以及更少的缺勤和"出勤主义"（员工照常上班但无法提高工作效率或经常犯错）。

目标感对个人有利，对集体也有利。我们以目标为导向的行动使我们更接近我们的服务对象。研究人员发现，如果医务工作者被告知勤洗手有助于防止病人感染疾病，那么他们养成良好的洗手习惯的意愿比起告诉他们洗手仅仅对他们自己有好处高出45%。

把个人习惯与以服务为导向的目标联系起来可以激发更好的行为。有目标，并且是一个具有利他倾向的目标，与整体幸福感的提高紧密相关。正如我从早期工作中学到的，当我们根据如何造福他人来重新安排我们的日常工作或行为时，一天中许多看似平淡无奇的事都会焕发出光彩，这真是令人惊叹。

因此，考虑到"目标"对健康的益处，让我们踏上重燃"目标"的三条途径。

重新认识目标

AIM（目标/瞄准），既是名词也是动词。这是一个你拥有的东西，这也是你要做的事情。作为名词，它描述了你的意图、目标、目的或期望；作为动词，它与选择方向、目标或者目的有关。目标很适合用来定义人生：我们的所思所行决定了我们的为人。它适合用来概括我们对目标的追求，这种追求是由我们的感受、思考、决定和行为塑造的。"找到目标"意味着要问："我想去哪里？如何到达那里？"

在我的三个途径中，AIM 代表：

承认（acknowledge）：承认你的人生决定，包括那些让你走到现在的决定。虽然你可能会感到遗憾和不满，但也要反思这些决定教会了你什么，以及它们是如何让你为此时此刻做好准备的。当你承认自己所处的位置时，你就会释放出重要的心理资源，从这里前往你想去的地方，尽管有时伴随着以旧换新的矛盾或悲伤。

识别（identify）：识别哪些事是可行的，哪些是不可行的，哪些能给你带来意义和快乐，以及需要做什么才能为你的生活增添更多的意义和快乐。

前进（move forward）：采取积极的措施让自己感到有意义，比如，挖掘过去的想法，咨询你的导师、榜样和朋友，庆祝自己的每一步，以及体验自己轨迹转变的快乐和热忱。

了解了自己的目标，你就能慎重考虑自己要做什么。目标让你为自己过去的选择负责："我选择了这条路，而不是另一条。"

了解你的目标意味着你认识到，目标并不总是沿着一条直线前进。我们认识的一些最有趣、最有智慧的人，都是一路上历尽曲折的人，他们将这些弯弯绕绕视为美好旅程的一部分。目标让你充分利用这些曲折，从中吸取教训，选择新的轨迹，并放弃那些不再适合你的轨迹。

当你阅读每个部分并完成下面的自我评估时，我希望你会感到你的"重燃"路径变得更加清晰。

途径1：承认已发生的一切

大多数人的生活都很忙碌，以至于个人发展被搁置一旁。山姆刚开始工作时，他付出了200%的努力，但也因此筋疲力尽。他的职位上升得很快，但他错失了家庭生活、爱好和自己的娱乐时间，而这些本可以让他焕发活力，增加生活的维度和快乐。山姆既缺乏快乐，又缺失目标，他很痛苦，但他现在意识到他也让他的家人变得很痛苦。他扮演着殉道者的角色，在一份没有回报的工作中拼尽全力。他的妻子反驳道："我从没想到你会让自己不快乐。我以为这就是你想要的。"山姆意识到，他也以为这就是他想要的，但其实这远远不能让他满意。

山姆的突破点在于获得自己生活的主动权。他不再责怪工作和家庭，而是承认："这是我做出的选择，有一段时间我很为我的选择开心，我很庆幸我做了这样的选择。我从这份工作中收获颇丰。"山姆开始感激他的努力工作和职业所带来的机会、经验、专业影响力和稳定的经济状况。但他也开始承认自己失去了什么：与家人和朋友一起创造回忆并庆祝进步与成功。他需要哀悼这些损失，对它们进行盘点并继续前行。

承认已经发生的事情并不是要责备自己或者试图"弥补"。有时候，没有人应该受到责备。有时我们无法挽回什么。我们只能吸取教训，并有意识地思考何去何从。

· 高能量思维 ·

- ✓ 在我的生活中，是否有一些情况需要我承担更多责任？
- ✓ 我对目前的处境有什么贡献？
- ✓ 是什么情况让我选择了现在的道路？（比如：这是我当时想要的，但现在已经不是了；这是我当时拥有或能够负担得起的唯一选择；我的家人希望我这样做；这是当时最好的选择。）
- ✓ 尽管我不想继续留在这里，但我想知道走现在的路是否会给我带来一些好处，甚至是一些我可以感激的人或者机会？
- ✓ 为了改变我的生活，我需要接受什么？

高能量小贴士——目标与职业倦怠

你可能忙于追求成就，以至于生活的其他方面都受到了影响。山姆的故事告诉我们，即使是目标驱动的成就也需要付出代价。

就像我们的身体一样，生活中某些方面的肌肉过度发达（肥大）会导致其他方面的能力发展不足或被忽视（萎缩）。随着时间的推移，这种失衡会产生问题。有时，我们对自己的目标——工作和服务——投入过多，而对我们的快乐投入不够。

当我们的工作以及我们的家庭生活中面临的大事让我们倍感繁重时，这可能意味着各种各样的情况。它可能预示着我们需要重新建立目标（看到我们已经在做的事情的价值），也可能预示着我们职业倦怠的开始，如果不加以解决，可能会导致萎靡不振，甚至抑郁。

职业倦怠意味着能量被耗光、筋疲力尽、愤世嫉俗、工作消极，以及低效率和低生产力。

虽然了解哪些东西能给你的生活带来目标、意义和快乐，可以让你免于职业倦怠，但没有人可以避免它。你可以有很强烈的目标感，在工作中感受到深深的满足甚至快乐，但仍然很容易出现职业倦怠。如果存在以下你无法控制的因素，职业倦怠就会产生，例如：琐碎的工作、繁文缛节或官僚主义占用了你大量的时间；不断出现令人沮丧的阻碍；歧视；无休止的超负荷工作；不公，缺乏支持，得不到认可、重视或者相应的报酬；其他阻碍你从事有意义的工作的因素，或者使得你有意义的工作无法持续下去的因素。如果不对这些因素加以控制，就会导致悲观和抑郁。这里有一个很好的例子：美国的医疗保健系统本已不堪重负，新冠疫情所带来的无尽压力使得医务工作者产生了职业倦怠。

在适当的情况下，经常与自己、家人和工作地点保持连接非常重要。虽然防止职业倦怠有时需要做较大的系统性调整，但同时，在较小范围内，感觉自己的努力得到认可、重视和赞赏就像涓涓细流，起的作用更长久。积极寻找成长和增值的机会（在生活的多个领域），让自己的价值得到他人和自己的承认，这一点也很重要。无论是在工作中、在社区中还是在日常生活中，感到自己的努力被认可和赞赏对于预防职业倦怠至关重要。此外，我们也要寻找机会认可别人的努力，并在适当的时机让他们知道他们在工作和家庭中产生的积极影响。在后面的"支柱"中，你会发现一些策略和自我关怀练习，可以帮助你减轻过多的义务（详见第五章），并放慢脚步，享受当下（详见第七章），你还会看到我个人最喜欢的自我照顾的内容（详见第九章）。

途径 2：识别生活中真正重要的事

我的病人常常惊讶地发现，我们会在治疗过程中研究他们生活中许多方面如何相互影响。当山姆这样做的时候，他被自己所看到的多米诺骨牌效应吓了一跳。他对工作的不满造成了家里的紧张气氛，反之亦然，两者都（进一步）增强了他对女同事的吸引力。漫长的通勤时间让他没有时间去放松娱乐，这让女同事和夜晚的酒变得更加诱人。他没有抽出时间来关注自己的健康，这进一步消耗了他的精力。随着知天命之年的临近，他更加感到自己的黄金期已过。虽然山姆对自己稳定的经济保障感到欣慰，但他惊愕地发现自己在生活的其他多个领域都举步维艰。

遗憾是美好生活的一部分，在我看来，美好的生活应该至少包括一两个遗憾。我这么说只是半开玩笑。毕竟，如果你没有遗憾，你还真的活过吗？我们都是根据当时所拥有的知识和工具做出当时最好的决定。

因此，请好好想想以下问题：

- ✓ 我的家庭或者文化背景是否影响了我的目标感?
- ✓ 我目前所走的路还适合我吗?我需要/想要做出改变吗?这种改变是什么样子?(比如:放弃一段不健康的关系,放弃你已经不再适合的角色或者不合时宜的期望,放弃投身于其他关系。)
- ✓ 根据我现在所了解的,这次我会选择哪条路?
- ✓ 改变目标会让我冒什么风险,或者意味着放弃什么?
- ✓ 我可能会收获或学到什么?
- ✓ 接下来我需要什么帮助吗?
- ✓ 想象一下,如果这里有一个天平,我的人生目标在其中一个秤盘上,而我的生活乐趣在另一个秤盘上,这个天平是平衡的,还是向其中一边倾斜?
- ✓ 我喜欢哪些活动?对什么活动感到兴奋?对什么活动感到满足,或者觉得什么活动值得去做?我上一次做这些活动是什么时候?
- ✓ 我想为谁服务或者回报谁?
- ✓ 我在何时何地(和/或者与谁)体验到心流状态?这种状态的产生与学习有关,还是与成长或灵感有关?(注意:让你醍醐灌顶的人物也许在世,也许不在世,可能是虚构的人物,也可能是历史人物。)为什么这些地方、活动或者人物会启发你呢?

如果你正在为这些问题苦恼,请深呼吸并休息一下,然后按照自己的节奏返回手头的工作。

高能量语录：

▶ 你可以表达感激之情，即使是对你不再想要的东西，或者为失去你曾经选择的东西而悲伤。悲伤和感激可以共存。

▶ 你可以选择一条不同于你目前所构建的生活道路。

▶ 你可以选择一条与你周围的人不同的路，或者一条除了你之外没人能理解的路。

▶ 你可以同时享受人生的快乐和意义——为他人服务不必以牺牲自己的幸福为代价。

▶ 你可以慢慢来，没关系。

途径 3：继续前进

一旦山姆对自己的处境、感受和需求有了更清晰的认识，我们就会考虑他可以做些什么来给他的生活带来更大的意义感和满足感。

由于山姆的自我意识很大程度上受其职业的影响，因此他希望首先积极主动地尝试在当前的工作中创造一种使命感。虽然获得相应合理的报酬仍然是山姆首要考虑的因素，但他还有一个重要的考虑因素：他希望他的工作能给别人带来帮助并能产生影响。他向老板打听如何管理那些关注可持续发展、教育或健康信息的品牌，或者如何管理与他的价值观能产生共鸣的慈善机构。

当他看到自己参与的项目在为世界做贡献时,山姆的使命感开始凝聚在那些有意义的事情上。他开始关注自己的行为如何对他人产生积极的影响,这有助于扭转他之前只关注别人的行为如何影响自己的倾向。

当山姆有了目标感时,他的态度开始发生转变。他暴躁的情绪减轻了。他不再因为没有人为他的努力喝彩而感到不满。当"更年轻、更新鲜"的人以他一半的薪水加入公司时,不再担心别人会怎么揣测他还能创造什么价值。当我们讨论他对衰老的看法如何困扰他寻找人生目标时,他的态度发生了变化。当他有意识地努力做到更加友善和耐心、赞扬他人,并让自己作为导师去指导那些曾被他视为竞争对手的更年轻、资历较浅的客户经理时,他因帮助培养年轻同事而受到认可。

我还与山姆一起合作,帮助他在家里过上更有意义的生活,改善他与妻子的沟通,增进他们之间的亲密程度,并扩大他的朋友圈。所有这些行动都在山姆的快乐桶里增加了积极的存款,而苦差事抽屉里的存款则没有丝毫增加!我们还努力帮助他创造放松、学习和锻炼的时间。当他感到休息得更好时,他就能更多地参与孩子们的活动。他开始在孩子们的学校做志愿者并在他们的运动队里帮忙。

通过致力于这个过程并一步一个脚印,山姆朝着过上更有目标感、更快乐的生活迈进了一大步。快乐就是在工作中与同事共进午餐、与妻子共度约会之夜、与孩子们嬉戏玩乐。

你采取的行动都来自内在——就像山姆挑战自己对衰老的负面假设或者调整自己的易怒情绪一样。有些是外部因素——比如山姆要求工作符合他的目标感,能更好地照顾自己的身体以便有更多的时间陪伴家人，对家人更有耐心，以及寻找在工作中的指导方法。

你的下一步是制订一个"目标行动"计划。这是"目标"中可以操作的部分。目标属于你，但也取决于你。你会做些什么来促进你的人生目标吗？如果负面的事情发生，你将从中学些什么，做出何种决定，或者做些什么，从而使其产生积极的意义？

不要强迫自己立即弄清楚自己的目标。在人生的旅途中你常常会发现各种线索。开始吧！以下是一些点子。试着每天花几分钟时间，开展一两项促进目标感的活动。我希望它们能帮助你探索多种方式，通过好奇心、学习、服务、联系、运动和亲近大自然来寻找意义和快乐。以下仅举几例。

培养好奇心。 通过书籍、纪录片、博客、期刊或文章培养你的好奇心。你可以保存一份朋友推荐的清单。跟踪自己阅读和查看的内容——哪些兴趣点会不断出现呢？

通过自选挑战去寻找更多的心流。 好奇心和少量的挑战能让我们兴致满满，消除自满情绪，并成为萎靡不振和职业倦怠的解药。去报名参加课程或者培训，提高一门语言或者一项运动的水平。

尝试一个"行为激活"的小窍门。 如果你不确定选择什么目标，那就本末倒置一下，让有目的的行动引领你实现目标。在你的日程表中加入你认为可以激发和培养动力、能量、意义和兴趣的活动，即使当下你还不习惯。比如，你是否有兴趣在夏天出国游玩，但不知道从哪儿开始？在研究各种选择的同时，报一些语言课程，这会有助于你到达目的地后的沟通。这一小步行动可以让你为以后做更多的准备。

心怀敬畏。提醒自己，我们是更大事物的一部分，这有助于我们和愿望连接，为我们所处的生命之网做贡献。试试"活在当下：夺回我们的注意力"一章的练习，尤其是"品味"和"敬畏"这两点。

找个导师，成为导师。问三个熟悉你的人，他们认为你最擅长做什么。有时我们需要他人的帮助才能保持对自己目标的专注。请几位关心你的朋友帮助你保持好的状态。前面你列出的能激励你的人，是什么样的思维模式或者行动能让你更接近他们所代表的理想自我？你的哪些能力和激情可以造福他人？

通过重塑角色寻找更多的意义。也许你需要和你的领导商量一下，看能否增加一些感觉新鲜的工作——这个过程叫作"任务设计"。你可以将一些职责移交给别人，或者换一个让你更有成就感的部门。有时，你也可以换一种方式来看待或从事同样的工作。也许你可以承担一个对你来说很有趣、有意义或符合你的价值观的公司倡议、项目或者社会角色；或是提醒你自己，你的工作已经为他人提供了哪些帮助（这一过程叫作"认知重构"）。你还可以试试做一些网上测试来确定自己的优势。

一起寻找目标。你可以加入网络小组、扶轮社、团体小组或读书俱乐部，也可以自己主持或创建一个组织。

化痛苦为目标。你的痛苦是否让你改变了你的思维方式或产生了新的见解，以至于让你想帮助他人？我认识一些人，他们极端的生活体验让他们不得不重新应对丧亲、创伤和困难，而与他人分享他们的教训成为他们疗愈之旅的重要组成部分。我们知道利他主义对那些经历过严重创伤的人有疗愈作用。我的许多位病人都提过，由于他们自身的经历、丧亲、考验以及成功的过往，他们对悲伤辅导、康复治疗和心理治疗很感兴趣,比如帮助他人治疗身体伤害或者治疗物质使用障碍(substance use disorder)。如果你觉得帮助别人很难,尤其在你痛苦的时候,那也没关系。当你觉得准备好了,请明白,你帮助别人这件事不需要大动干戈或者消耗你很多的精力。在世贸双子楼心理健康计划中,我的许多病人也只是陪着那些经历事故的人看病就诊。他们的陪伴便是对同胞最大的帮助。

开始进行"有目标的运动"。 这是真的!运动能帮助我们产生更多的目标,而有了目标就会促进我们运动和行动(参见本章"高能量小贴士——目标与运动")。每周至少抽出三天时间运动。记录运动如何影响你的情绪、记忆力、注意力和动力。看看它是否能帮助你在生活中的其他方面制定目标。

开启你的快乐练习。 撇开那些拖累你的事,多做那些让你为之振奋的事。这就需要你寻求一些帮助,也许是向你的同事,也许是向你的伴侣或其他人。目标就是重新找回那些对我们来说重要的东西,比如,通过自我照顾、娱乐、减少干扰(包括多任务处理或分心的习惯)来找回你的时间和注意力。你可以放慢脚步,通过欣赏你所从事的任务的细微差别和价值,以及你对周围世界的影响来增加你的目标(详细内容请参见第七章)。沉浸在大自然中能让我重新焕发活力和快乐。在忙碌的日子里,我的快乐练习可以很简单,比如早上出门喝杯咖啡,或者在会议间隙吃顿午餐,用笔记本电脑在户外工作,或者把室外环境带进办公室,在办公桌上放一盆绿植或鲜花。在日记中记录你的重要时间节点,留意情绪的高峰和低谷,密切关注给你带来最多快乐的环境和活动,这些都能揭示出目标可能的来源。

· 高能量思维 ·

- √ 设想一下你一年、五年和十年后的生活。在这些里程碑式的时间点上,对你来说有意义的、美好的生活会是什么样子?
- √ 什么事物能让你热爱到愿意无偿贡献的程度?(实际上你不必无偿,但这有助于你进行头脑风暴。)
- √ 这个世界需要什么,或者它现在需要用到什么?

高能量小·贴士——目标与运动

运动对目标的促进作用让我深深着迷,并为其折服。我经常告诉我的病人,把运动当成一种天然的抗抑郁药。一旦开始运动,他们就会相信我说的话。

运动是治疗拖延症的良药,也是有助于目标实现的催化剂。反之,有了目标就会主动加强体育锻炼。通常来说,那些体育锻炼多的人目标感更强!

运动提供了结构、意义和成就感,并提高了我们的自我价值感和能力。它能增强情绪、记忆力、注意力、信息处理能力和创造力,使我们对各种可能性更加开放。通过增强我们的动力,它创造了一个良性循环:帮助我们完成既定任务,增强我们对目标的承诺,从而强化我们的目标。一个额外好处是:运动和目标感都有助于延年益寿。

目标要坚定，道路要灵活

奥地利著名精神病学家维克多·弗兰克尔在他的《活出生命的意义》一书中谈到了人生目标的重要性："那些在生活中看不到任何意义、没有目标、没有目的的人有祸了。他很快就会迷失方向。"

虽然我们大多数人永远不会像弗兰克尔那样经历集中营的可怕苦难，但拥有目标感是保障我们的健康、幸福和人际关系的重要因素。哲学家丹尼尔·丹尼特曾说过："找到比你更重要的东西，并为之奉献一生。"

我希望这一章能让你走上一条有趣的道路，去寻找滋养你心灵的东西，确认或重振你的目标，并将你和快乐源泉联系起来，滋养你的目标。以这种方式掌控自己的现在和未来，是实用乐观主义的精髓所在。

研究表明，我们需要一种目标感才能活得长久、健康、有意义。让你对目标的追求成为激励你和滋养你的一种方式。相信当你找到并感受到那种特殊的能量涌动、那种心灵满足的光芒时，你会知道的，这种感觉真是无与伦比。

>> 第三章

处理情绪：
让情绪为你所用

一切与人有关的都是可以谈论的，一切可以谈论的都是可以处理的。

——弗雷德·罗杰斯

"宝宝睡觉时你就睡是个不错的建议……"妮可在几年前的第一次治疗中告诉我,"但是这可能是一个从来没见过宝宝的人说的话。"

我笑了。如果我的病人知道我与他们的经历能产生多大的共鸣就好了。

妮可是一个可以一边流泪一边眼中光芒闪烁的人。她第一次来找我是在她的第一个孩子出生后,当时她陷入了焦虑和抑郁。我们谈到了向母亲身份的转变——在生下第一个孩子后,她的身份和身体都发生了变化;她对这一切始料未及、毫无准备,对孩子强烈的爱、担心和牵挂让她心事重重,根本无法做到"宝宝睡觉时你就睡"。

我们的合作持续到她的第二个孩子1岁时,那时妮可已经有能力持续应用她在治疗中学到的技能,我们双方都认为是时候结束治疗了。但我们也说好,如果日后有需要,她可以再联系我。

当时妮可的状态很好,她已经准备好"重新投入到工作和友情中去"。一段时间后我收到了她的一条信息,说她在几个月前生了第三个孩子。"我们需要谈谈。"她说。

现在,妮可是一个有三个孩子的职场妈妈,最大的一个还不到 6 岁。最近，她把 8 个月大的艾玛送到了日托所，并在休完产假后重返全职工作岗位。

她告诉我："我感到不知所措，但这与产后抑郁不同。现在我知道是什么困扰着我，但我仍然不知道该怎么办。我体会到一种沉重感，就像一头大象坐在我的胸口。"

妮可说，有两个孩子时，她和丈夫每天都要在学校、运动和陪孩子玩这几件事上玩杂耍。有了第三个孩子后，他们之前娴熟的杂耍表演更像是一堆掉在地上怎么都接不住的球。艾玛的耳朵很容易感染，需要妮可或她的丈夫——主要是妮可——请假去看医生和做家庭护理。在艾玛服用了几轮药物后，医生认为耳朵置管手术可能会减少她的感染。为了尽可能避免手术，儿科医生建议妮可让艾玛在家待两个月。不在日托所和其他孩子接触，她的耳朵可能会恢复得更好。

这对妮可来说无疑是当头一棒。作为家里收入较低的一方，她要牺牲自己的工作来陪伴艾玛。

我知道妮可相比家庭保姆更喜欢日托所，她把日托所的结构性和社交属性作为育儿的优先选项。现在我才知道，这其中还有更深层次的原因。

妮可明白，为艾玛聘请居家保姆既能让她继续工作，又能减少女儿的感染风险。幸运的是，这个家庭也有能力支付开支。但是有些东西始终让妮可无法释怀："我的内心有一个声音说，如果我雇了保姆，我就不是一个好妈妈。"

围产期心理健康障碍（即分娩前后发生的心理障碍）是一个复杂的问题，它发生在更广泛的社会背景下。虽然妮可在治疗过程中积极努力地控制这些症状，但当她感觉不到支持，尤其是面对更大的（系统性）障碍时，即使是最好的应对技巧，也是不够的。

妮可和我会讨论许多母亲和年轻家庭在社会中普遍面临的挑战和有限的支持，包括薪酬性别差异如何转化为许多女性的职业发展壁垒，她们可能会为了照顾家庭而放弃低薪工作。再加上社会对女性不切实际的期望，要求她们完美地兼顾职业、母亲和伴侣的角色，这是一个难以权衡的不可能达到的标准。

知道自己并不孤单会让人感觉到安慰。要知道，我们是一个更大的社会结构的一部分，而这个社会结构大多不在我们的掌控和责任范围之内，但有些变量是我们可以控制的。重要的是，我们要认识到我们还有选择。有时，知道自己还有选择（即使选择有限）会让我们产生能动性，帮助我们克服不断下坠的无助感（如抑郁症）。

我对社会背景很敏感，但也发现处理情绪是必要的。对我们来说，重要的是要看看妮可为什么觉得自己无法采取行动，即使她在理智上知道自己有一些可用的解决方案。可能性和解决方案就在堤坝的另一侧，这座大坝是她为了抵挡被情境唤起的强烈情绪筑起的，而那些情绪随时会喷涌而出。

如果要我概括实用乐观主义的精髓，那就是管理好你的情绪，否则情绪就会控制你。简单地说，管理情绪就是命名它，认领它，驯服它，然后重构它，这样我们的情绪就能作为有价值的反馈为我们所用，帮助我们解决问题，改善人际关系。要做到这些有两个主要方法：情绪处理和情绪调节。

就像我们将在这一章讨论的，情绪处理需要意识到什么是我们此时此刻的感受以及我们的情绪如何与过去的经历相关联。

情绪调节是问题解决的一部分（我们将在下一章讨论），它需要一刻不停地精准地感知和管理我们的情绪。处理情绪和解决问题（包括情绪调节）是实用乐观主义支柱中不同但相关的两根支柱。要想行之有效，两个部分都是必要的。

如果我们不处理自己的情绪，就会任由情绪摆布，被强烈的感受、未满足的需求、过时的脚本和恐惧所左右，条件反射性地对生活做出回应。我们可能很难选择最理性的应对方式。或者，就像妮可一样，我们可能会深陷情绪之中，以至于觉得无法采取行动。处理情绪首先是理解情绪，这样我们就能更好、更有效地解决问题，并为自己代言，在现实情况中尽可能有效地工作。同时我们也要意识到，有时我们可能比自己想象的更有控制力，即使这只是我们对某种情境的反应。

在这一章，我们会一起讨论如何与你的情绪做朋友，识别、尊重、理解它们，与它们合作。

看得见的情绪只是冰山一角

有句老话说,"我花了 15 年才一夜成名"。巧妙的营销和社交媒体可以让成功看起来轻而易举。但是,当我们看到一个励志又高效的人时,我们看到的只是冰山一角:一个冷静、自信、机智、果断和富有同情心的人。我们被他们的正能量和行动力所吸引,但我们没有看到他们为提升自己和他人潜能所做的内在努力。

这就是情绪处理要做的事情:不受强烈和痛苦情绪的阻碍,清醒地做出决定,并对他人产生巨大的积极影响。

妮可才华横溢,能力出众。在工作中,她经常为他人解燃眉之急。但是,面对阻碍我们去感受和做到最好的心中火焰时,我们应该如何应对呢?我们能够准确地评估各种情况,而不是将过去的不满和创伤投射到现在的生活中吗?我们能做出恰如其分的反应,使其符合我们的价值观和期望目标吗?有病人对我说:"我想和我的伴侣关系更亲密,但却总说出让他不高兴的话。这是怎么回事?"

如果你无法了解自己的情绪,你就无法做出恰当的反应,因为你的情绪,不论你愿不愿意,都会影响你的判断。要管理你的情绪。

真正的成功不仅需要实实在在的技能,还需要有能力巧妙地管理最大的无形资产:我们自己的心智。这就是情绪处理的内在逻辑。

情绪的积极作用

"情绪"一词源于法语"emouvoir",意为"一种(社会性)动荡、激动或身体上的紊乱",包括以前被描述为欲望、激情、爱慕或情感的心理状态。

从历史角度来看,情绪一直被视为一种干扰因素,那些具有自尊和自我约束能力的人往往不愿与之产生任何关联。然而,科学揭示了一个截然不同的故事。

虽然科学家们仍在研究情绪是如何产生以及如何与我们的意识相连的,但我们可以把情绪看作我们对环境中某些事物的反应与我们的大脑和身体的生理过程相关联时发生的短暂、强烈、自发性的生物体验。有些情绪,比如恐惧,通常持续几秒钟到几分钟。其他情绪,比如悲伤,可以持续两个小时(或更长)。持续数小时或数天的情绪被称为心境。

与传统观念相反,情绪是有目的的。它们与我们的动机和驱动力密切相关。驱动力可以调动我们的情绪,通过促进特定的行为来产生特定的结果。查尔斯·达尔文认为,情绪是人类和动物适应生存和繁衍的一种方式。恐惧可以促使我们逃离威胁,愤怒可以推动我们面对它。在爱或渴望感受到爱的驱动下,一个人可能会寻找配偶并繁衍后代。我们的情绪通过影响我们的思维过程,帮助我们分清主次、制订计划并且聚焦于需要我们注意的事情。因此,情绪可以最大限度地提高我们的生存机会,使我们避开危险,通过适时承担适当的风险来发展,并最终将这种财富、智慧和知识的积累传递给后代。保罗·埃克曼和华莱士·弗里森两位专家发现，46种独特的面部表情可以组成令人惊讶的7000多种不同的面部运动组合。显然，如果情绪没有发挥积极的作用，我们就不会拥有如此惊人的表达能力。

从进化的角度来看，我们的生存取决于我们的群体关系。情绪可以促进群体凝聚力，因为它可以帮助我们相互理解。

尽管我们体验情绪的方式有共通之处，但我们表达情绪的方式可能存在文化差异——这来自我们从小就内化的社会规范。在一个经典实验中，研究人员让来自日本和美国的参与者观看包括截肢和手术在内的可怕图像和视频，并暗中观察他们的反应。在两个文化背景下成长起来的人表现出了相似的面部表情，比如龇牙咧嘴，表示厌恶。

然而，如果有科学家在场，日本参与者更有可能用微笑来掩饰自己的情绪。与美国文化相比，在日本文化中，在他人（特别是那些权威人士或有正式头衔的人）面前表现出强烈的负面情绪通常不太容易被接受。通过掩饰自己的表情，日本参与者遵循了他们文化中的（传统的）情绪表达规范。因此，虽然许多情绪的表达方式是与生俱来的，但社会压力、文化影响和过去的经历都会塑造我们的情绪表达方式。

如果情绪有这些积极的作用，为什么它们会如此具有破坏性呢？我们的大脑皮质比其他任何动物都拥有更多的神经元。我们能拥有自我觉察、语言、解决问题、抽象思维、执行功能和视觉空间能力等复杂能力，要感谢我们的大脑皮质。但是，这些天赋也有其负面影响：我们会忧心忡忡、固执己见，并将这些情绪投射到永远不会发生的事情中。

> **高能量语录：**

▶ 我们大脑的主要功能是为了维持生存，但并不会保证让我们一直快乐。

实用乐观主义帮助我们最大限度地发挥大脑的积极能力，同时为我们不那么富有成效的思维过程设定界限。你可能会认为担忧是有帮助的，但引导人制订计划和预防问题的担忧与造成消耗的过度忧虑之间是有区别的。

如上所述，大多数情绪都是短暂的，但如果负面事件影响力很大，这种情绪很可能会持续下去。悲伤可能会持续更长时间，因为它通常与长期或变化的生活环境有关，比如某种损失或亲友离世。情绪可能会存在于与我们的身份相关的事件中，也可能会存在于我们对自己相信的真相产生质疑时；反之，当需要证实我们所相信的情况时，情绪也会存在。

了解情绪稍纵即逝的本质非常重要，这样我们就不会被情绪所困，也不会害怕打开情绪的闸门。把情绪当作访客，让它们来去自由。我们是少数能不受情绪控制的物种之一。我们拥有可以快速反馈的情绪意识和权衡轻重的理性判断。如果我们只是作为一个旁观者观察正在发生的想法、感受和身体感觉，而不参与其中，通常情绪会在几分钟内消退。我会分享一些练习来帮助你做到这一点。

我相信情绪能够提供宝贵的信息，帮助我们做出决策——前提是：我们与之保持连接，并且我们能够调控情绪。将你的情绪范围想象成钢琴键盘吧。一架钢琴拥有 88 个键，跨越七个八度，提供了独特而精湛的表现空间。你可以演奏高音和低音，甚至同时演奏。我们的目标是让情绪丰富多样，如同一架音调完美的钢琴。

未经处理的情绪的破坏性

未经处理的情绪会支配我们，它们不再保护或连接我们，反而会伤害我们和他人。如果对丧失之痛，长期焦虑不安，以及作为创伤后遗症的羞耻、恐惧和愤怒等情绪不加以处理，会让我们面临无数身心健康问题的风险。我亲身体会到了这一点，当我面对医学培训带来的压力和母亲生病引发的悲伤时，我的双腿确确实实支撑不住了。

以下是我经常看到的一些情绪模式，它们告诉我情绪是需要处理的。

高估威胁并低估我们应对威胁的能力

当我们高估威胁并低估了自己应对威胁的能力时，我们可能会以焦虑、恐惧、退缩或回避的方式来应对，但这些方式都无法有效地纠正问题或帮助我们处理困扰。

易受这种情绪反应影响的人可能对细微差别和外部影响更加敏感，也更有可能考虑到事情的多种潜在后果。对他们来说，潜在后果可能会显得很严重。即使是中等或低威胁的刺激也可能被夸大，这使得这些个体更容易感到焦虑和抑郁。

这样的例子比比皆是。我听说过无数个人害怕要求加薪的原因："我会被人说我不配""这太快了""能有份工作已经很幸运了"。他们一下子就跳到了最坏的结果，忽略了我提醒他们的证据："过去一年里，你把团队凝聚在一起""你上周才受到表扬和感谢""你其实很有能力为你想要的东西提出要求"。妮可害怕与居家保姆谈薪水,不知道如何为照顾孩子这份工作定价。我提醒她,她曾在人力资源部门工作多年,负责谈判薪资和工作职责。虽然情况并不相同,但妮可有这个能力,她只是没有把这个能力归于自己(在下一章中,你将学习如何解决造成这个循环的认知扭曲问题)。

压力过大 vs 压力刚刚好

适度可控的压力对我们有益,实际上可以促进海马中神经元的生长,也就是神经再生。例如,兼职,从事个人喜欢的事情或愿意承担的项目,或者刚刚生下一个宝宝,都能带来积极挑战。然而,当压力超过我们应对和恢复的能力时,即使是积极的挑战也会变成问题。不可控且持续存在的慢性压力会导致海马神经元生成的减少,并与抑郁和记忆问题相关。事实上,压力的定义就是外部需求和期望超过了我们的处理能力和内在资源。

然而,因为害怕挑战会给我们带来压力而拒绝挑战,会让我们无法追求目标和梦想。许多人认为我们的情绪"太多了"。但有没有情绪与成功并没有直接关系,而是要看它们是否可控。

少量的焦虑——足以激励你,而不是让你崩溃——可能是有帮助的。低水平的肾上腺素(一点点兴奋)会导致一系列生物反应,最终使大脑中的去甲肾上腺素达到促进记忆和学习的水平。可控的压力水平可以消除无聊感,激发我们的动力,推动我们达到最佳表现,实现最佳工作效率。巨大的压力则恰恰相反,它会阻碍记忆的保持。一项针对大学生考试前复习的有趣实验发现,在一定程度上，少量焦虑水平的增加与考试前成绩的提高相关，可以使成绩提高一个绩点；之后，任何额外的外部压力或内在的压力都会徒增焦虑，导致成绩下降。

处理情绪就是驾驭压力，为你发挥最佳水平创造有利条件。就像金凤花姑娘在三只小熊的房子里寻找"刚刚好"的粥、"刚刚好"的椅子和"刚刚好"的床一样，我们需要找到"刚刚好"的刺激程度来应对挑战。

但这里呈现了一个秘密：压力并不是真正的问题所在。问题其实在于我们对它的认知。如果我们认为某件事情是可控的，那么它就是可控的。想一想，这有多么强大！首先需要了解多少数量的焦虑对我们来说是刚刚好的。我们发展这种认知能力的方法不是通过逃避，而是心平气和地坐下来，学习以可控的、富有同情心的方式来处理我们的感受。然后，我们就可以驾驭焦虑并利用它来推动自己前进。

因此，当病人表示不想做某件事，因为这会让他们感到焦虑时，我尊重他们的感受，但我们也会探讨："这么做值得吗？"如果能有某种收获，那么我们会讨论他们的焦虑程度。如果这件事带来的只是轻微不适，但会推动他们成长，那么有所行动是非常有意义的。

情绪循环：反刍

虽然通常来说，情绪是短暂的，但也有一些明显的例外。特别是与反刍有关的负面情绪。反刍是一种重复性的思维过程，它会使事件和与之相关的负面情绪反复出现。比方说，你没能通过一场大型考试，或者没有得到晋升机会。你已经沮丧了好几天。这就是一个情绪循环。掌控你的想法可能是"我什么都做不好"。

有时，我们会感受到这些循环带来的痛苦。其他时候，我们几乎不会注意到它们，直到情绪处理让我们适应了我们一直在忍受的心理状态。我感觉到，在妮可对雇人来照顾艾玛这件事感到焦虑不安的时候，一些长期存在的情绪循环正在冰山下面起着作用。

像许多女性一样，妮可感到了母乳喂养带来的巨大压力。她说："在我的朋友和医疗服务提供者眼中，母乳喂养是最好的。我也这么认为。"然而，妮可的公司并没有为她吸奶提供相应的时间和合适的空间。她经常在办公用品储藏室里吸奶，靠着门，希望没人会进来找办公用品。不规律的吸奶时间和压力导致了妮可的母乳量大幅减少，这也加剧了她的焦虑感。"我不能像喂养前两个孩子那样长时间地喂养艾玛，这可能会让艾玛因缺少母乳喂养而降低免疫力。"

妮可的家庭背景也会苛刻地评判雇人帮忙的女性。她的家人和朋友都对日托感到羞耻。她的家人认为全职家庭保姆是为那些不愿意操心抚养自己孩子的特权女性准备的。妮可说，她家里的女性似乎"什么都做，什么都自己做"。

许多女性在母亲这个身份中挣扎自责，而没有意识到养育一个孩子需要的是一个团队。一位一边工作一边哺育孩子的母亲需要得到支持。育儿决策压力很大，并且似乎每个人都有自己的看法。这很容易引发一个情绪循环："我这样做不对。我做得不够好。我不是一个好妈妈。"

无能为力的小引擎：习得性无助

当我们感到自己对负面结果无能为力时，就会产生习得性无助感。科学家在几种动物身上进行了这一实验，其中对老鼠、狗和人类的研究最为深入，并证实了这种现象。1967年，美国心理学家布鲁斯·奥弗米尔和马丁·塞利格曼根据实验描述了习得性无助。他们在实验中发现，当狗在受到无法控制的电击后，在另一个有可能逃脱的情境下也没有尽力躲避电击。不久之后，塞利格曼和史蒂文·迈尔进行的实验证实了他们的假设，即狗放弃抵抗的消极反应是由于之前被电击的不可控性和不可避免性。

虽然这些实验为悲观和消极与焦虑和抑郁之间的关系奠定了重要基础，但50多年的神经科学研究让我们对此有了更细致和更新的认识。事实上，塞利格曼和迈尔在一篇题为《习得性无助50年：来自神经科学的启示》的论文中写道：他们团队的理论落后了。在50年后的今天，他们解释说，狗面对电击时的消极和焦虑并不是后天习得的（如他们之前所想），而是哺乳动物对长期不利条件的本能反应。因此，我们学到的不是我们的无助，而是我们的控制感。我们可以通过发掘自己的主动性和控制感来推翻默认的设置。

这在大脑中是如何发生的呢？腹内侧前额叶皮质参与控制的感知和检测，它的活动对于抑制背侧中缝核的5-羟色胺能神经元活动至关重要，而这种活动与持续的厌恶事件导致的焦虑和被动直接相关。用迈尔的话说，这就好像我们更理性的前脑（进化得较晚）在对我们反应更迅速的脑干（进化得较早）说："冷静点，脑干，我们已经控制住局面了。"训练我们的大脑，激活大脑前额叶皮质，增强我们对控制的感知，能够让我们平静下来，并鼓励我们摆脱这种看似无法控制的默认"无助"状态。实用乐观主义的介入有助于我们通过多种途径检测和增强控制感，通过解决问题、提高能力、挑战扭曲认知和重构消极想法，激活我们的"希望回路"。

当生活经历让我们相信在某些状况下无能为力时，我们可能会成为生活的被动旁观者。当生活不断地将我们踢到一边，干扰我们重新站稳脚跟和喘息的能力时，我们开始怀疑人生，甚至对改变未来前景感到悲观。我们开始感到悲伤、无望、无助，陷入自我怀疑，质疑自己的价值，甚至质疑我们存在的意义："生活不会变得更好，只会更糟。"这种时刻，我知道我需要立刻干预，因为抑郁可能会占据上风，自杀风险也会迅速升高。

认知失调：我们 vs 世界

"我想要保住我的工作，"妮可告诉我，"我为了走到今天努力工作了很长时间。"她也明白大多数家庭需要双薪。然而，她在雇用保姆方面感到困扰。"因为我从小就被灌输了一些期望。"

根据妮可的说法，"好"妈妈应该在早上 5 点起床，挤出时间锻炼身体并与丈夫做爱，然后打造出适合走秀的发型、妆容和服装搭配，接着亲手制作无麸质早餐松饼，并在早上 7 点前为孩子们准备可以放在社交媒体上展示的午餐便当，接着送孩子们上学，然后在早上 8 点开会前准时赶到办公桌旁（无论是远程办公还是在工作现场），而且这一切都不需要外界帮助，不费吹灰之力。

我们都认识这样的女性,至少在社交媒体上。但我们很少看到故事背后的故事。事实上,妮可是那种别人眼里的完美妈妈——充满活力、性感、健康、时尚,但实际上她像我们所有人一样,是有着困惑和不安全感的脆弱的普通人。这就说明,最好不要把我们的内在与他人的外在进行比较。

当我们像妮可一样,在当前的生活挑战与既定角色及期望之间感到纠结时,它带来的结果被称为认知失调。即使我们不完全接受社会的期望,但在某种程度上,我们也会努力按这些期望去做。

根据经济学家拉克什·萨林和马内尔·鲍塞尔斯的观点,理解和管理我们的期望是一个最基本的幸福问题。在他们的著作《幸福工程学》中,他们分享了一个公式:幸福感 = 现实 − 期望。这个方程有两种方式使幸福最大化:你得到的现实结果比你期望的更好,或者你的期望经过调整后变得更为合理(无论是由你自己还是由他人)。

妮可希望自己能达到这个社会难以企及的标准,但我想知道她是否调低了对别人的期望,作为一种保持快乐的生存技巧。"没有太高的期望,就不会对他们感到失望。"她说。

妮可与母亲的关系很复杂,母亲"酗酒,喝多了讲话就很刻薄"。在她的经历中,母亲总是批评她(尤其是在她喝多以后),对她照顾孩子的决定妄加评论,却不提供实际帮助。妮可与父亲的关系同样复杂。在她的大家庭中,没有人可以依靠。她说她的丈夫已经做得很多了,和她一样工作很长时间,还要分担照顾孩子的责任。"他挣的钱更多,工作压力更大。我不能要求更多。"

她也认为，对自己工作的任何调整，都会导致她在职场上不被认真对待——他们已经对她休 6 个月产假表示不满了。

妮可的现实条件似乎连她的最低标准都达不到，但她对自己的期望仍然像以往一样。现实不尽如人意，家人和公司对她的支持有限，再加上她对自己极高的期望值——她觉得自己没有达到这些要求——幸福感是妥妥的负数。这种思维方式很容易滑向抑郁和悲观。它产生了另一种认知失调。

认知失调：我们 vs 我们

有时，最大的压力来自我们自身价值观的冲突。妮可把亲力亲为看得很重，但她需要帮助。她重视妇女的发声权，但作为一个在家庭中扮演和事佬和讨好者角色的中间的孩子，她觉得很难改变现状。这些相互冲突的议题集中在妮可身份的核心方面："我想做某件事，但它会有代价和后果，而且也与我的其他价值观冲突。"妮可需要更新她的思维方式，以适应当前的现实：她需要设立边界并寻求帮助。这就好像"旧妮可"和"新妮可"在拳击比赛中对战——哪个妮可会获胜，取决于你在哪天问她。

认知失调——无论是"我们对抗世界"还是"我们对抗我们"——都会让人感到不舒服，引起强烈的情绪波动。妮可的认知失调造成了严重的焦虑。她会僵在那里，只能哭泣。渴望某些东西而又觉得无法提出要求，这会导致怨恨和愤怒。压抑这些情绪会消耗大量的能量，妮可觉得这些情绪就像一头大象沉重地压在她的胸口。

处理情绪四步法：命名、认领、驯服、重构

我经常发现自己在安慰像妮可这样的成功女性，告诉她们"抱怨"（妮可的说法）她们的生活或作为母亲的经历，并不意味着她们不爱自己的生活或孩子。这意味着她们是能够与自己建立联系的具有理性的人。我试着认同和同情她们的感受，但我也会注意不要提供太多的安慰，这会影响她们的内在需求和处理不良情绪的能力或倾向。我希望每个个体都能知道她们的经历是正常的，但我也希望给她们提供处理情绪和面对新挑战的工具。自我觉察是第一步。

自我觉察从有能力关注自己的情绪开始，但不必立即回应或做出改变。正如莫拉维·鲁米所写，"你定期拜访自己吗？"通常，我们会通过麻痹自己、转移注意力或自我治疗来切断自己与情绪的联系。这就向我们的大脑传达了一个信息：情绪应该回避，而不是被理解、处理和调节。最终，我们可能会面对头痛、腿软、焦虑、抑郁、失眠、胃炎、高血压、慢性疼痛和炎症、自身免疫病和心脏病等问题。

我们都有回避处理强烈情绪的方法。事实上，我有时会开玩笑说："我怎样回避自己的情绪呢？让我来数数有多少种办法！"

我们的回避反应往往是我们在过去形成的策略，这些策略或许对我们自己和他人都不太健康，不管在当时还是现在。通常情况下，它们是我们在那些无能为力的情况下不得不发展出来的根深蒂固的策略。

我们可能会像妮可一样压抑自己的情绪，将它们内化。我们可能会采取破坏性的行为——暴饮暴食、酗酒等。我们也可能会

变得易怒且具有攻击性，就像我们在第二章看到的山姆那样。

如何处理强烈的情绪呢？以下四个步骤可以帮助你调节自己的情绪模式和处理情绪，而不是压抑自己或猛烈发泄。这四个步骤是：命名、认领、驯服和重构。

第一步：命名

情绪可以被视为身体的感觉。允许你的身心体验情绪，然后给它们贴上标签，可以通过降低杏仁核（我们的恐惧中枢）的活动水平来降低你的恐惧反应。当你把一些事情说出来时，就会减轻它们对你的影响。给情绪贴标签，可以难以置信地让你从情绪困扰中解脱出来。

抑制情感需要消耗能量，这需要一种主动的抑制过程。根据一项研究，这种精力耗费与患病率增加、自主神经功能失调（战斗或逃跑反应失控）和免疫功能下降有关。当人们接受心理治疗时，我们也会发现他们因身体健康问题而就医的情况有所减少。谈论或书写痛苦或创伤经历不仅能减轻与应激事件相关的负担，还能让我们理解发生的一切，并在此过程中有所收获。

一开始，给情绪贴标签可能会让人感觉有些尴尬，而且要做好准备迎接一些强烈的身体感觉，就像当我让妮可给她的情绪贴标签时发生的情况一样。

"我有些悲伤。"她说。

我同情地点了点头，然后我们静静地坐着。"妮可，我想知道你是否愿意稍微讨论一下这些感觉，你现在体会到其他感觉了吗？"

我能看到她在挣扎,所以我问道:"我能告诉你我听到了什么吗?"

她点了点头。

"妮可,我听到了很多的悲伤。在你今天和之前心理治疗时分享的内容里,我还听到了拒绝、失望、背叛、挫败和愤怒,但也有对家人深深的关切。"

"他们是好人。"她说,潸然泪下。

"当然,妮可,他们是你的父母,你爱他们。你也生他们的气。我明白,现在这种感觉很难受。我很感谢你的分享,你能与自己的情绪建立连接太棒了。这对你来说是重要的一大步。"

当你能够命名你的情绪而不采取任何行动时,你就掌握了主动权。你可以对某人感到愤怒,也可以说"我真的对某人很生气",而不必立即给他打电话对他大喊大叫。这是一种解脱!现在你可以开始面对真正的问题解决:"怎么做对现在的情况最有利?"它形成了一个非常重要的停顿(我们将在下一章探讨),这样我们就可以绕过一种反射性的、几乎总是破坏性的反应,并选择我们的回应:不发送那封未经思考的电子邮件,给自己与伴侣或孩子相处的时间,或在紧张的会议中平静下来。

> **练习** **命名你的情绪**
>
> 坐下来,保持安静。当你感觉准备好时,想想一个带来一

些负面情绪的情境或某个人——在刚开始练习时，可以选择一些让你产生中等程度负面情感的事情。

你的身体有什么感觉吗？胸闷吗？胃部翻涌吗？嘴唇紧咬吗？手脚感觉紧绷吗？

你能找到一些能够贴近你情绪的表述吗？看看你是否能给这种情绪贴上标签。

带着这个标签坐一会儿。这种情绪有更多面向吗？试着对自己说："告诉我更多吧。"例如，如果你感到愤怒，"告诉我更多"可能会带来更多的细节："我觉得我被不公平地对待。我觉得自己被误解。我觉得自己被羞辱。"

继续说下去，直到你感到充分命名了这些特定情绪。

接下来，反思或完成下面的句子。你感觉到了什么？是在哪里体会到这种感觉的？

当我感觉到强烈的悲伤时，我_____。
当我感觉到强烈的痛苦时，我_____。
当我感觉到强烈的恐惧时，我_____。
当我感觉到强烈的愤怒时，我_____。

第二步：认领

这一步深入挖掘我们情绪的根本原因和触发因素。研究表明，我们在贴标签的时候越"精细"，越能区分和了解引发我们情绪的原因，我们就越能更好地管理情绪并在外部世界获得成功。你正在从一个模糊的"感觉不好"过渡到能够将具体的情绪与情境联系起来:"当他做或者说 × 的时候,我感到羞耻。"

一旦你了解了自己的情绪及其触发因素,你就能够掌控你容易受影响的那些情境,你可以调和过去与现在,并为未来制订计划。

练习 认领你的情绪

写出你对下列问题的回答:
- 对你来说有没有一些情绪比其他情绪更难处理或提都不能提的?
- 有没有某个情境让你感觉难以承受或是备感压力?
- 你容易陷入哪些情绪循环?
- 你每隔多长时间就会产生一次无力改变现状的无奈感?
- 你对自己有什么期望?你对他人有什么期望?你认为你的生活应该是什么样子的?当你对自己、他人或你的生活的期望没有被满足时,你会有什么感觉?
- 一行禅师说"让你的愤怒成为你花园的养料",这句话对你来说意味着什么?
- 你认为你强烈的情绪或许在告诉你什么?

记住让你来到这里的力量——在这里你可以选择不同的行事方式。

第三步：驯服

有多种方式可以"驯服你的情绪"。以下是4种我常用的锻炼"情绪处理"肌肉的方法：

1. 用健康应对的4C法则来打破不健康的情绪模式。
2. 通过去中心化来打破负面情绪循环。
3. 与你的心灵和身体交朋友。
4. 清空你的焦虑垃圾邮件夹，写一本担忧日记。

让我们逐一展开。

用健康应对的4C法则来打破不健康的情绪模式

驯服情绪的一个关键是有一些健康、灵活的应对机制来帮助你处理情绪，而不是回避它们。

一个有效的应对机制会让你感觉更好，而不是更糟。它应该是：

富有同情心的（Compassionate）。有效的应对机制应该是温和的。（自我鞭挞，快走开！）

矫正性的（Corrective）。它应该解决潜在的问题，或者至少不应该使情况变得更糟。回避行为（暴饮暴食，自残，药物滥用，用游戏、沉迷媒体或刷手机来麻痹自己，过度购物，赌博，等等）只会导致羞耻感、更多的情感困扰或在基础问题之上产生更多问题。

矫正性的应对策略可以是一种洞察。洞察帮助妮可消除了找人照顾孩子的负罪感："我不认为这些过时的价值观为我家里的任何人提供了什么帮助。我在成长的过程中根本不需要保姆，因为我有两位姑姑，还有几个表哥表姐就住在附近。当妈妈不在家时，我照顾我的弟弟。我的妈妈并没有24小时不间断地照料我们，所有街坊邻居都在帮忙。"

平静的（Calming）。一个健康的应对机制应该与愤怒、焦虑或攻击性情绪保持一段平静的距离，这样你才能够解决问题。习惯性的愤怒反应表明一个人无法处理或调节他的情绪，通常是因为没有人教过他，或者他缺乏相关经验，愤怒和攻击是唯一可能被看到和听到的方式。相反，像妮可一样压抑情绪并不能让它们消失。发展一个简单但有规律的呼吸练习、正念练习、冥想练习或日记练习可以帮助我们恢复平静。有些人转向大自然、运动、瑜伽、烹饪或园艺。只要确保你选择的活动是适度的，而且不是一种分散注意力的不健康方式，就能达到平静下来的目的。当然，如果你感到困扰，请寻求专业帮助。

连接的（Connective）。理想情况下，应对机制能够更好地将我们连接在一起，从而改善与我们想要或需要交往的人（比如老板、同事或家庭成员）的沟通与交流。

通过去中心化来打破负面情绪循环

我们会陷入情绪循环，因为我们会紧紧抓住某种情绪不放，并加入自己的观点或解释。如果我们只是观察而不参与其中，生理反应往往会消退。

去中心化是正念认知疗法（MBCT）[1]的一项基本改变策略，它需要我们跳出自己的心理体验，以中立、不加评判的立场看待它们。我们允许自己的负面情绪和想法作为一闪而过的体验（或访客），而不是紧紧抓住它们，将它们个人化、或把它们看作自身或外部现实的反映。在认知疗法中，我们会质疑不合理的想法（有时称为认知扭曲）。在正念练习中，我们会以不加评判的方式留意到这些想法，然后让它们消失。

高能量语录：

▶ 你不必相信你的所有想法。

我们回到前面提到的一个例子：你没能通过考试或者没有得到晋升机会。你掉入了愤怒和羞耻的情绪循环里。

在正念认知疗法中，你要找出这些感觉背后的想法——可能

---

[1] 正念认知疗法是一种心理治疗方法，它结合了认知行为疗法与正念冥想练习，最初是为了预防抑郁症复发而开发的一种疗法。它打断了自我批判、反刍和情绪低落的循环，这些循环通常会导致负面思维模式和螺旋式下降，从而引发慢性抑郁症和抑郁复发。正念认知疗法可在团体或个人治疗中使用，可用于治疗各种精神障碍，包括成瘾、慢性医学疾病和慢性压力。正念减压疗法（MBSR）虽然与之相似，但它是一种更普遍的减压方法，除了治疗精神疾病。它还经常应用于疼痛、成瘾和产前护理等项目（不包括正念减压疗法中提供的心理治疗部分）。我的许多病人都通过这两种方法得到了极大安慰。《穿越抑郁的正念之道》一书由该领域先驱马克·威廉姆斯、约翰·蒂斯代尔、辛德尔·西格尔和乔·卡巴金合著，如果你有兴趣了解，请务必阅读。正念认知疗法的目标是打断将我们带入消极兔子洞的自动认知过程，去观察、关注、接受，最好能放下。

是"我什么都做不好"。通过练习,你会学会限制它的范围:"我在做这件事上有困难,但说我什么都做不好是不准确的。看看我在生活的其他方面做得多好呀。我有这么强烈的情感是因为这对我来说很重要,对大多数人来说也一样。通过练习和帮助,我可以做得更好。"

与你的心灵和身体交朋友

驯服,实际上就是为自己的情绪打造一个空间,就好像邀请它们共进晚餐或喝个下午茶,欢迎它们的到来,不加评判地关注它们。

妮可压抑了对自己处境的愤怒,把所有的能量都转化为焦虑。这就像在她的情绪钢琴上反复弹奏一个键。我的工作就是帮助她接纳自己的全部情绪,包括愤怒这种她很难接受和表达的情绪,并让她知道自己可以涵容这些情绪。只有那时,她才能开始弹奏不同的曲调。

以下友善练习可以随时进行,比如在早晨为一天定下基调,在重要会议之前、在下班后或睡前放松一下,或者在压力情境前后尝试一下。

定期进行这些练习,而不仅仅是在你感到沮丧时。这有助于加强你对情绪每时每刻的觉知,而这种觉知对于及时调节情绪非常重要。

如果你正在经历重大或严重的痛苦或创伤,你可能需要在治疗师的指导下做其中的一些练习。这些练习的目的并不是刺激任何人,而是说当我们受到重大伤害时,我们可能需要一些额外的帮助和支持。

> **练习** **与呼吸做朋友**
>
> 找一个安静的空间。坐在椅子上,双脚放松地踩在地板上。微微地耸起你的肩膀,然后自然下垂。
>
> 轻轻闭上眼睛。用鼻子慢慢吸气,从 1 数到 5,然后用嘴慢慢呼气,再次从 1 数到 5。如果你愿意,可以将一只手放在腹部,感觉吸气时腹部的膨胀。这样可以促进更深层次的腹式呼吸(从腹部而不是胸部开始呼吸)。
>
> 就是这样。体验这种练习的方法没有对错之分。

> **练习** **与身体做朋友**
>
> 从上面的"与呼吸做朋友"练习开始。当你感到准备好时,把你的注意力放在你的身体上。你是否留意到任何感觉?在你的头部、手臂、腿部、脚部或胃部,你是否注意到任何紧绷、紧张、虚弱或疼痛?你注意到你的心跳了吗(快或慢)?你注意到你的呼吸了吗(浅或深)?你出汗了吗?只是去注意。
>
> 注意任何可能出现的感觉:悲伤、担忧、愤怒、平静。在

> 你持续深呼吸的同时为它们创造空间。
>
> 　　这没有对错之分。你正在努力认知这些感觉,但不要让他们停留。就是注意……然后让它们消散。

清空你的焦虑垃圾邮件夹,写一本担忧日记

当焦虑爆发时,我们的自信心会受到打击。通过将我们的恐惧写在担忧日记中释放出来,这是认知行为疗法中使用的一种练习,也是驯服情绪最健康的方法之一。不管你信不信,在数学测试中,那些把所有担忧都写出来的学生能取得更好的成绩,包括成绩优异的学生。如果你面临考试、展示或任何重要的事情,请在考试前花 10 分钟写下让你担心的方方面面。[①]

为什么在想要停止担心时花时间写下它们呢?

● **这是一种释放。** 就像揭开沸腾的锅盖释放蒸汽一样。抑制情绪比宣泄情绪需要更多能量。

● **你会得出重要的认识。** 在大多数时间里,我们担心的事情并没有发生。但即使它们发生了,我们也更有能力处理它们,因为随着时间的推移,写下来有助于降低我们对它们的敏感度。这就是所谓的暴露疗法。

● **你会看到规律。** 当我们看到这些规律时,我们的情绪就没那么容易让我们措手不及:"又在担心失败(尽管我总是有所准

---

① 写日记可能有更普遍的好处:2013 年发表在《心身医学》杂志上的一项研究表明,每周写 3 次日记,每次写 20 分钟,从医学角度看,可以在必要的活检后促进伤口更快地愈合。

备）。又在担忧自己需要帮助（尽管人们很乐意帮助我）。"

● 你可以把担忧放在一边。一旦担忧从你的脑海中走出来并出现在纸上，它们对你的影响就会减弱。

第四步：重构

作为情绪处理的最后一步，你需要不断练习，熟练掌握它。你可以说这是一个名为"生活"的长期项目的一部分。

从本质上说，重构就是寻找从不同角度理解或看待事物的路径。它试图从他者的角度看问题，或者寻求积极的启示——一线希望，一个教训，逃过一劫，避免一场危机。

重构运用我们对自己和他人的同理心和理解来释放负面情绪，使我们摆脱困境。它让我们敞开心扉，看到大量可能性和我们以前没有发现的思想。它使我们适应能力更强，更善于解决问题，更有能力走出困境。重构是最难的情绪驯服任务，但科学表明它是最强大、复杂和持久的。

在练习情绪处理的过程中，我们可能会发现，人际冲突有时源于他人未经处理的情绪。妮可逐渐意识到，她胸口的"大象"（她的医生给了她一张健康证明）是她自己未表达的愤怒，其中包括她母亲未解决的情绪问题对妮可和家人的影响。虽然她母亲那一代的女性似乎都把家庭放在首位，而且做得很好，但妮可意识到这是有代价的。妮可怀疑她的母亲曾患有产后抑郁和焦虑症，但未得到诊断和治疗。这一点，再加上妮可对那个时代社会压力的理解，帮助她重构了母亲未经处理的愤怒和她的局限性（以及不健康的行为方式，比如酗酒和苛责）：如果她少一点工作压力，也许她就不会一直那么生气。我能理解这一点。我也感受到了社会压力。这并不全是她的错。

妮可也有愤怒的问题，但她把愤怒压了下去："我不怎么会表达愤怒。最后我总是会哭。"她还对女性仍然经常被迫扮演自我牺牲的角色感到愤怒，她也因自己为了达到过高的标准而付出的努力愤愤不平：女性被期望像没有孩子一样工作，又能像没有工作一样照顾孩子。

学会以健康的方式表达需求，而不是让这些需求发酵成更深的愤怒，然后再压抑下去，这将是妮可成功的关键。她需要足够的愤怒来帮助她设立边界，让他人承担起应有的责任。她需要她的支持系统真正地支持她，包括她的母亲（她需要提供帮助，而不是评头论足）、她的丈夫（他需要在育儿和育儿决策方面发挥更积极的作用，与她站在一起，尊重她在育儿方面的矛盾心理，即使他赞成她回归家庭），以及她的工作单位。

在处理她的愤怒和未被满足的需求的过程中，妮可重构了她对母亲的看法。她发现，母亲酗酒，有时甚至喝得烂醉如泥，是一种自我麻醉。妮可的母亲肩负重任，她照顾着一个多子女家庭，其中一些孩子有特殊需求，而她大部分时间不得不独自承担，因为妮可的父亲需要频繁出差。妮可能够对她的母亲产生共情。

妮可最大的改变是什么呢？她可以坐在驾驶座上掌控主动权。她意识到，她一直在等待一个允许，去做她明知道自己需要做的事情，比如雇用保姆，要求丈夫在家庭事务中多参与，不再默认这些事情都应该由她来完成，而且她一直在坚持她不再需要的东西（比如他人的认可）。她不再高估风险（坚持立场和寻求帮助会失去他人的尊重和认可），不再低估自己应对问题的能力。她是一个健康的应对者，也是一个出色的杂耍者——毕竟，即使是杂耍大师偶尔也会把球掉在地上。她知道自己并不是一个人在挣扎，她已经尽力了。她的重构从"我是个坏妈妈"变成了"我是个在现有情况下竭尽所能的妈妈。事实上我做得很好，即使我不这么认为。我有权寻求帮助。我有权感觉更好。对我来说，不断努力满足别人的期望是不可行的（不明智的）。他人的期望是他们自身思维和环境的产物，对我毫无益处。这可能是我取得突破的时刻。"处理自己的情绪减轻了妮可的思想负担。"那种压力，那头压在我胸口的大象……"她后来告诉我，"它消失了。"

平衡的智慧

在对他人的共情和对自己的理解之间找到平衡需要很大的智慧。我们以各自的方式生活在同一个世界，平等地接受生活的考验。在处理自己的情绪时，我努力记住以下原则：

共享人性。没有人是完美的。

展现同理心。每个人都在生活中挣扎。

承认自己的感受。允许自己为没有办法解决问题而感到悲伤。

学会怜悯。给予宽恕，即使只是在心中。

释放。以任何合适的方式释放你的痛苦（比如写一封永远不会寄出去的信）。

调整期望。接受他人无法满足你的期望的事实。

不要自责。不管发生了什么，你都可以从中学到一些东西。

在下一章中，我们将了解妮可是如何解决生活中的日常挑战的，包括如何坚持自己的想法，提出自己的需求。她的情绪处理实践帮助她保持冷静。她经常练习深呼吸，并与身体的忧虑体验建立联系。当感到压力时，她会使用4C法则健康应对，并通过练习瑜伽让自己保持平静。在压力来临时她会给自己的情绪贴上标签，以确认自己的感受，也有助于她在工作和家庭中请求帮助和要求空间时保持头脑清醒。

情绪处理是妮可与无法改变的过去和解的第一步，也是找到改写自己故事的力量的第一步。我希望它也能使你有力量塑造你自己的故事。

>> 第四章

**解决问题：
很多人和事不值得
你投入精力**

人的一切都可以被剥夺，唯有一件事不行：人类最后的自由——在任何特定的情况下选择自己的态度，选择自己的道路。

——维克多·弗兰克尔，《活出生命的意义》

我们并不生活在真空中。外部世界不断在召唤我们。有变化，有挑战，有机遇，也有混乱。解决问题就是我们应对这个世界的方式。

提到解决问题，我们往往会想到具体的解决方案。事实上，我们是在内部和外部同时解决问题的。大多数问题的解决都发生在内部。一旦发现问题，我们的大脑就会开始思考需要采取什么样的行动。

这往往发生在我们有意识的思维和思想之外。但是，解决问题的能力与我们有意识的思维过程密切相关。我们能实时有意识地管理自己的情绪吗？我们能区分感觉和事实，然后根据两者所揭示的信息选择明智的行动吗？将我们的认知技能与我们的心理和情感资源相结合就是情绪调节，它是我们头脑中解决问题的机器。

在第三章中，我们讨论了如果我们不知道自己的情绪是什么就无法管理自己的情绪。情绪识别对于情绪调节至关重要。但是，命名和确认我们的情绪只是成功的一半。解决问题是指我们如何巧妙地调节自己的情绪，然后在面对现实时采取行动。

在解决问题的过程中，情绪调节可以让我们：

- 暂停。
- 了解自己的感受。

- 关注我们在想什么。
- 理性地评估情况并做出回应，而不是机械地应对。

而这一切发生在几秒钟之内。

解决问题要先找到内因，因为它决定了我们对问题的看法。如果说我作为一名医生学到了什么，那就是解决问题最重要的步骤之一就是在解决问题之前进行准确的评估。你的解决方案的安全性和有效性往往取决于此。

情绪调节并不是要压制我们的感受（或对其施压）。这可能和过度反应一样（或者更加）有害。我们的反应应该与我们所处的情况相匹配。我们的目标不仅仅是为了管理压力和生存，而是运用我们的情绪智慧来茁壮成长。

在本章中，我将分享实用乐观主义者解决问题的技巧工具包。你可以利用这些工具找到自己在问题解决中扮演的角色，发现阻碍你找到深思熟虑的解决方案的认知扭曲。我将分享我所称的情绪调节和现实问题解决的5R强大策略，以及与他人一起解决问题的四项准则。最后，我将分享我在帮助病人找到问题核心的过程中开发的一种快速解决问题的方法。我将列举这些工具的应用实例，比如妮可是如何解决她的育儿难题、无比繁忙的工作以及与母亲的紧张关系的。

使用这些工具，我并不是暗示要快速解决问题。人与人之间的关系非常复杂，我们永远不能妄想了解每个人的独特情况。如果你正在应对重大的生活挑战，我希望本章能为你提供有用的选择。你也可以在治疗师的支持下尝试这些方法。

定义自己解决问题的角色

我的许多病人告诉我,他们知道如何解决某个问题,却很难做到(详情请参阅第九章"从意图到自动化"一节)。我们很多人有时会逃避问题。我们经常陷入对潜在障碍的担忧,却没有对事情进行客观分析。似乎担心会发生什么,但我们所做的只是在避免不舒服的感觉,这可能会导致身体和心理健康出现状况。

下表详细介绍与悲观主义者/过度乐观主义者相比,实用乐观主义者/乐观主义者常见的解决问题的做法。(我们把过度乐观主义者称为鸵鸟乐观主义者,因为他们倾向于把头埋进沙子里回避问题。)

实用乐观主义者/乐观主义者 解决问题的做法	悲观主义者/过度乐观主义者 解决问题的做法
承认问题和他们的想法: "现在有件很重要的事情需要我关注。"	否认问题/进行投射: "什么问题?""我没有问题。" "也许有问题的人是你。"
努力了解问题: "我想要更多信息。什么时候开始的?是什么导致了这个问题?是什么让情况好转/恶化?"	避免直面问题,尽量缩小或放大问题: "一切都会好起来的。事情会解决的。" "没那么糟。" "没希望了,我们完蛋了。"
在现实评估的基础上,提出下一步的计划和潜在的上升空间。自我关怀,但也明确自己的责任: "如果我能得到一些信息,也许就能做出可行的决定,但我需要抓紧时间。"	被动等待事情自行解决/担心最坏的情况/询问信息但拒绝接受: "我无能为力。" "我不相信他们说的话。"

（续表）

实用乐观主义者/乐观主义者解决问题的做法	悲观主义者/过度乐观主义者解决问题的做法
采取积极主动的方法： ・集思广益，创造性地探索各种可行的解决方案（即发散思维）。 ・调查研究，征求意见。 制订一项行动计划，提出多个"如果……那么……"假设，以解决障碍。	不健康的应对方式（分心、拖延、反刍、自责/羞愧）： "如果你做了或没做某事，这一切就不会发生。" "如果我做了或没做某事，这一切就不会发生。"
评估所有可选方案，筛选出最可行的一个，根据相关信息做出决定（即收敛思维）。	优柔寡断或无法从根本上解决问题的决定： ・思维瘫痪。 ・基于愤怒或恐惧的决定。 草率/肤浅的"研究"： 与一个已经同意自己观点的人交谈。 当机立断： "某某说如何如何，所以我就这么做了。" 不理会： "我不相信任何提出这种建议的人。"
积极主动地决策、跟进和接受： "这是我的决定。" "有用吗？如果没有，为什么没有？" "我能改变什么？我不能改变什么？我学到了什么？"	・愤怒、推卸责任、退缩、放弃。缺乏行动，或者缺乏深入了解的行动。 ・可能对发生的事情不满，但屈服于结果或者很难承认自己错了： "我想我无能为力。" "无论如何都会发生。"

你是否注意到这些反应是如何植根于我们的潜在情绪（如愤怒、恐惧）的？我们如何处理情绪反应直接影响我们解决问题的效率。

你对问题的反应更像哪一列？你认为自己解决问题的方法在哪些方面行之有效？哪些方面你可以做得更好？

第四章　解决问题：很多人和事不值得你投入精力

> **练习** **你是最大化者还是容易满足者？**
>
> 突击测验！回答下列问题，你只需回答"是"或"否"。
> 1. 在做决定时，你是否对细节锲而不舍？
> 2. 你是否花很长时间才能做出"一个正确的决定"？
> 3. 你的亲人会因为你花很长时间才做出决定而烦恼吗？
> 4. 面对多项选择时，你是否容易手忙脚乱？
> 5. 你是否因为没有时间收集信息而回避决策？
> 6. 一想到要购买大件商品，如汽车、房屋、新电器、电子产品等，你是否就会焦虑不安，然后要研究各种攻略？
> 7. 你是否经常为自己做出的决定后悔，尤其是在事后获得新信息时？
> 8. 你是否经常会有"买了后悔"的感觉，觉得还有更好的东西，或者买了之后就觉得没那么有趣了？
> 9. 你是否因不作为而产生了不良后果？
> 10. 对你来说，"足够好"的感觉就是安于现状吗？
>
> 如果你对其中许多问题的回答是肯定的，那么你可能就是一个最大化者。

最大化者（maximizer）和容易满足者（satisficer）这两个词常被用来概括两种常见的决策风格。容易满足 [满足（satisfy）和足够（suffice）的混合体］的特点是，在当时最佳的可用选择中，接受一个可以满足个人需求的方案。最大化（maximizing）的特点是希望在做出决定之前探索所有可能的选择，收集所有信息。

容易满足者能够很快做出决定。最大化者倾向于坚持在做出决定之前考虑所有选项，无论其重要性如何或与实际需要的关联性如何。由于追求完美，最大化者可能会忽略好的或者足够好的东西，这或许对他们不利，因为这种思维方式可能会拖延甚至产生决策瘫痪并导致决策后的后悔。

重要的不是你属于哪个阵营，而是你能否灵活地应对情况的需要。

虽然我妈妈很少在做决定之后后悔，但她的"最大化"倾向——从买番茄酱到买车——可是家喻户晓的。她带着我们逛了一个又一个汽车经销店，狂热地记录着马力和里程数。她需要月光天窗吗？不需要，但如果同价位的车没有天窗，最好给她一个充分的理由。她需要做出"最好的决定"并考虑到那些与她的实际需求有可能相关的以及不相关的因素。

她寻求癌症治疗的过程也是如此。是的，这个决定很复杂：要在化疗带来心脏风险和副作用的情况下，努力保持她的心脏健康。但当我们在寻找"完美"医疗团队的过程中不断求医时，我意识到她的癌症有扩散的风险，我们需要转为容易满足者的模式。

虽然最大化者对事情的评估可能更为准确，但他们的风险在于，当没有完美的选择时，他们会本能地推迟必要和重要的决策。容易满足者会根据合理的期望做出决定。他们愿意调整自己的期望并就不太重要的细节进行协商，以确保满足自己的基本需求。

实用乐观主义者是能屈能伸的决策者，他们能够根据具体情况和利害关系在爽快的"容易满足者"和深思熟虑的"最大化者"两种模式之间切换。如果情况需要，他们可以迅速得出结论，而且能够接受自己做出的选择，而不会回过头来反刍。在时间紧迫的情况下，根据决策的重要性，实用乐观主义者可能会采用我所说的"三三法则"：给自己3天时间；向不超过3个值得信赖的人征求意见；将选择范围缩小到3个。我最喜欢的一句非洲谚语就体现了实用乐观主义者的决策风格："婚前睁大双眼，婚后睁一只眼闭一只眼。"在做出重大决定之前，先做好攻略；一旦做出决定，就去接受。

解决问题之前，先重构你的认知

我的一位病人莎迦告诉我，她在工作中得不到重视。她说："我的老板讨厌我。"

我让她提供证据。她回答说："他们不邀请我参加更高级别的规划会议，尽管我已经问过好几次了。"

莎迦可能是对的。但她没有考虑到自己也有可能是错的。也许她的老板只关注与项目相关的工作任务和人员，而没考虑莎迦的职业发展。[1]我建议她找老板单聊。她打算进行一次年中评估，而不是等到年底。

在她为这次交谈做准备时，我请莎迦考虑是否有证据支持她的老板其实是喜欢她的。她告诉我，她的常规假期津贴比平时高了一些，而且有人说她将来可能会得到破格晋升的机会。

有意思的是，莎迦认为公司没让她参与分红后的某些会议进一步证明了她最初的假设，即老板不喜欢她是针对她个人的。在没有其他明确反馈的情况下，似乎所有证据都能证明她的假设。

当莎迦与她的老板见面交谈时，她的老板澄清说，那些会议与公司裁员有关，属于机密级别。莎迦的老板向她保证，她是一名有价值的团队成员，并建议两人定期单聊。如果莎迦没有问清楚，她的假设可能会彻底颠覆她对工作的看法、期望和幸福感。

---

[1] 当病人向我诉说在工作中受到不公平对待的感受时，我总是力求对错综复杂的企业文化、企业动态和办公室政治保持敏感。我会跟随他们的思路，探索他们感到不适的原因，尤其是可能与潜在偏见有关的原因。在莎迦的案例中，她并不认为这是一个问题。

作为问题解决者，实用乐观主义者的与众不同之处在于，由于他们在生活中扮演着变革者的角色，因此他们对积极的结果抱有期望，他们与现实实时互动，寻求反馈和澄清。他们会适时调整自己的想法，使自己既充满希望，又卓有成效。认知重构是认知行为疗法的基石，这是一套非常有效和流行的技术，可以帮助你通过掌控自己的思维过程更好地掌控自己的生活。

认知重构是解决问题的基础，因为它可以帮助我们更敏锐地运用我们的思维来观照我们的情绪、思维模式和行为。它一共分为 ABCDE 五个技巧[①]。我们可以将这些技巧应用到莎迦的问题中，帮助她评估自己的情况并找到解决方法。

前因（Antecedent）：我们要找出情绪不安的触发因素。对莎迦来说，前因是她没有被邀请参加会议。

信念（Beliefs）：然后我们再看看它给我们带来的信念。通常，这些是对我们的能力、性格、价值或别人对我们看法的消极信念。莎迦相信她没有被邀请参加会议是因为老板讨厌她。

后果（Consequences）：信念会带来情绪和身体上的后果。这些后果可能包括感到悲伤、愤怒、无助、紧张或胃里翻江倒海、头痛等。莎迦感到愤怒和无助。

扭曲（Distortions）：我们的信念会产生扭曲的想法和歪曲的认知。识别出这些，就开始了认知重构工作。莎迦对老板不喜欢她这件事深信不疑，以至于她把被排除在会议之外等同于老板对

---

① 在最初传统的 ABCDE 概念中，D 代表"质疑思想，挑战信念"(Dispute thoughts and challenge your beliefs)，E 代表"有效的新思想和新信念"(Effective new thoughts and beliefs)。在我的描述/概念中，D 代表"扭曲"，E 代表"拥抱"。阿伦·贝克博士首次描述了常见的扭曲及其在焦虑和抑郁症中的突出作用。此后，其他专家对这一模式进行了扩展，其中包括戴维·伯恩斯博士。

她的鄙视。此外，她将假期津贴背后的意义最小化成"老板不得不这样做，而不是因为他想这样做"——这并不表示老板真的喜欢她或者重视她，她对可能的晋升不屑一顾，认为那个"八字没一撇"。她低估和最小化了积极的一面，而放大了消极的一面，我们称之为"消极过滤"，即只关注情况的消极方面。

拥抱（Embrace）：最后，我们要考虑我们可以改变什么（我们扭曲的想法和信念、为解决问题可能采取的行动），以及接受我们不能改变的。莎迦采取行动挑战自己的信念，要求进行年中评估。了解到这些会议是关于机密事项的，这有助于平息她的担忧，这样她就可以审视并接受自己将非个人的事情个人化的倾向——这是我们每个人都会遇到的——并且可以学会不要将负面假设解读/投射到模棱两可的事情中，比如晋升还没最终确定。她将这一点以及被排除在会议之外理解为老板讨厌她以及她工作不稳定的证据。结果便是：焦虑。

我们将在后面的章节中进一步探讨这些技巧。让我们看看如何利用认知重构来更好地解决问题。

改变思维定式

你的生活中有没有想要改变的模式？你是否注意到自己的言论和行为毫无益处？如果是这样，一些认知扭曲可能就坐在你的心理驾驶位上。

认知扭曲是一种没有证据支持的消极想法或偏见，它使我们更有可能在情绪或行为上做出自动的（膝跳反射式的）反应，试图证实对自己或他人的核心扭曲信念。它们会导致我们做出南辕北辙的行为，还会增加我们患抑郁症的风险。

认知扭曲虽然是自动产生的，但往往反映并根植于我们对自我价值和未来的消极信念。消极经历是生活的一部分，产生消极想法也属正常现象。但是，只有当这些想法具有绝对性时，也就是说，当我们在这些想法中加入"一直""永不""永远""必须""应该""万一"等字眼时，它们才会造成指数级的痛苦。例如全或无思维、感情用事、应该魔咒和万一假设。就像有个内心的声音在说："我永远也找不到伴侣""我应该更成功""我总是把事情搞砸"。这些声音与内心深处的信念有关，比如"我会孤独终老""我有问题""我什么也做不好 / 我很愚蠢"。例如，妮可就有一种扭曲认知："从本质上讲，好妈妈不应该雇用保姆。"

只要多加练习，你就能在这些"无赖"想法抓住方向盘并引导你采取无益行动之前，抓住它们并向它们发起挑战。

还记得前文讲过的情绪调节过程中的暂停吗？在暂停期间，表面看风平浪静，实则内心波涛汹涌，我们扭曲的认知会说："你永远完不成任何事。你不配……别人可以拥有爱 / 乐趣 / 成功 / 金钱，但你不能。"

在暂停期间，你完全可以转换一种思维。比如"我的推测有什么证据吗？在做出决定之前，我需要更多的信息"。

如果你无法控制它，那就接受

幸福和自由始于对一个原则的清晰认识：有些事情在我们的掌控之中，有些则不是。只有接受这个基本真理我们才有可能获得内心的宁静和外部的高效。实用乐观主义者会试图改变自己能改变的，而当自己无法改变时，就接受它。正如我父母常说的："如果这不是一个需要解决的问题，也许这就是一个需要接受的真理。"

拥抱或者接受不是放弃或者屈服。它是在问："有什么是我可以改变的？"总有事情是可以改变的（包括你的想法）。然后是认识到你无法控制的事情并顺其自然。

假设你在工作中犯了一个大错，你要评估自己能改变什么，比如止损方案或未来预案。你向老板报告发生的所有事情以及你打算做什么。他不高兴，你也不高兴。但正如一位朋友的老板苦笑着说的："我们吸取到了什么教训吗？"你也可以这样想。让那些无法控制的部分顺其自然吧：失去的客户、损失的利润以及老板的不满。希望它们都能随着时间的推移和你今后的良好表现而逐渐消失。

5R 策略

如前所述，情绪调节是指外部事件与内部情绪反应之间的相互作用，以及你根据这种相互作用做出的决定和立即采取的行动。

在情绪调节过程中，你的目标是确定什么对当前情况、他人和自己最有利。在这方面，5R 能帮到你。在阅读相关内容的过程中，请考虑如何将这些工具应用到你充满情绪张力的生活情境中。

重新评估（Reassess）

创意和灵活性是实用乐观主义解决问题的标志。这些特质在重新评估情况时非常宝贵。当我们重新评估时，我们仔细选择我们参与某种情境（情况选择）的方式、内容、地点和原因，并寻找创造性的方法来修正它（情况修改），而不是默认回避——除非情况是有害的或侮辱性的。这样我们就夺回了自主权和控制权，这是实用乐观主义者的两个关键特质，这样我们就不会错过生活和成长的机会，或者只是享受美好时光的可能性。

重新评估在压力较大的情况下特别有用，比如无法回避时，或有一个重要的机会时，或职责所需时。那么，问问自己：

- ✓ 我需要参与其中吗？
- ✓ 参与的潜在好处是否大于风险？

- ✓ 这总体上是一次积极的体验——一个成长、发展或者维持关系的机会吗？
- ✓ 这是否能推进我人生中的重要目标或价值观？

如果你的回答基本是肯定的，那么请考虑如何参与才能使成本不影响你潜在的收益：

- ✓ 哪些方面会使情况变得更好或更糟？
- ✓ 在这些情况中，哪些因素对我来说是具有破坏性的或者说没有商量余地的？
- ✓ 我能改变任一变量以便让这次体验变得更好，或者至少保证这是一次可以忍受、有价值的体验吗？
- ✓ 我怎样才能最大化利益并最小化不愉快之事？

重新评估可以帮助你找到"刚刚好"的压力，从而更好地完成任务。假设这里有一个聚会，你知道你的前任会参加，你到底该不该去呢？如果分手是残酷的，而且聚会很无聊，那么你也许不会去。不过如果这是个很棒的聚会，来的人都不错或者有你想见的朋友，而且你也已经和过去和解，那就重新评估一下：这场聚会值得你付出一些焦虑的代价吗？（假设你对见到前任有一点点焦虑，但尚能控制。）

为了减轻焦虑，你可以重新安排日程，从而让自己度过一段美好时光。你可以在聚会上贡献你的才华——放一段音乐，或者烤肉。既然你知道你的前任参加这次聚会有可能迟到，那你就准时到达并在他（她）出现之前就离开。穿得飒一些吧。以前我会说"带上你的名片吧",现在我可能会说"准备好你的电子名片"。看到了吗?你已经将一次尴尬的经历变成一次满意的经历了。

或者假设你受邀参加行业会议。受到邀请是你的荣幸,但你却很害怕,因为你的前老板也会在那里,他听信一个在你背后捅刀子的同事的谗言,这位同事的谎言险些让你被解雇,而这位同事也会在那里。你后来换了部门,但你们之间的关系仍然挺紧张的。你该怎么办?

请记住,你可以为自己的投入程度设定一个底线。如果你碰到他们,也不需要主动搭讪。你可以重新安排:打个照面,然后走开。如果你认为这次会面对你的职业发展有价值,你可以试试这样做。你还可以改变活动安排,以限制你的接触面,或者增加一些快乐的元素,比如只参加必要的活动,和朋友待在一起而不是在会上,如果可以,带上你的伴侣一起去。

重新评估帮助了妮可。她觉得自己总是不得不置身于原生家庭。在意识到她可以选择她想出现的地点、时间和方式后,她开始选择情境。

为了防止与母亲的关系越来越糟,她决定限制互动的时间,而且只在母亲清醒的时候。她选择将大部分家庭聚会限制在周日的教堂礼拜上,因为那时会有其他人在身边作为缓冲,而且这些活动都是积极的、中性的。此外,当妮可不想和妈妈通电话的时候,她会设置一个视频时间,这样她妈妈可以和妮可的孩子们说说话——增强母亲与自己子女的关系是妮可支持的一种积极关系。

当母亲的负面短信在白天突然出现时,妮可坚决阻止自己回复。为了避免临时家庭聚会,她会推辞说"我们去不了,祝你们玩得开心",因为她预感母亲会在那儿喝得醉醺醺并大肆评判她的育儿理念。通过练习,这样的处理方式变得越来越容易,这对妮可和她的母亲都有好处。

加油(Refuel)

　　杯子里必须有水,你才能往外倒。你上一次给自己"倒水"是什么时候?评估一下你的身体和情感储备。你是否有良好、稳定的睡眠/营养/情感/放松?你做了什么或者用了什么导致你筋疲力尽?

　　加油能让我们更好地应对即将发生的事情。儿科心理学家提到情感加油,指的是儿童经常会回到母亲或者其他照顾者身边寻求安慰、抚慰、休息和心安。

　　作为成年人,我们仍然需要加油练习。哪些活动能让你恢复精力和活力,哪些会让你陷入节电模式?

　　保持重要的家庭传统——在节假日点燃壁炉、重新制作家庭食谱——可以唤起人们早期关于安全感的感受和回忆。丹麦人口中的"hygge"和瑞典人口中的"mysig",意思都是注重营造舒适、安全和欢乐的环境。这可以很简单,比如点上香薰蜡烛,手边铺上舒适的毛毯,或者在家里挂满充满美好回忆的照片。有些人通过音乐、艺术或舞蹈来放松,有些人则通过园艺、运动、阅读、写作、太极或瑜伽来放松。

　　放松听起来容易,但对许多人来说,暂停是一件很难的事。那就开始吧。洗个热水澡,做一下冥想练习,拍拍美照——无论做什么，只要能让你恢复活力，都要优先为它留出时间来。记住一句话："腾出时间享受快乐有助于激励我们实现目标。"

高能量小·贴士——在睡眠中解决问题

睡眠能解决问题？也不尽然。但睡眠在情绪调节和解决问题方面起着至关重要的作用。快速眼动睡眠通过降低杏仁核的反应性来帮助我们处理情绪，杏仁核是一种大脑结构，在处理包括恐惧在内的情绪时起着重要作用。睡眠不足与情绪反应能力增强或对负面和压力刺激反应过度有关，这会造成大脑过度活跃，不利于解决问题。疲倦时，我们感知自己情绪状态的能力以及利用反馈信息进行实时决策的能力都会受到影响。事实上，研究表明，睡眠不足对工作表现的影响与血液中酒精浓度升高对工作表现的影响类似。

睡眠不足会降低准确评估和解决问题所需的所有机能。其影响包括反应时间延迟/减慢、判断力受损、认知灵活度和创造力下降、决策冲动性增加，运动技能、执行指令的能力甚至语言功能都会受损。

睡眠尤为重要，因为忙碌的生活使我们容易出现决策疲劳：一天中必须做出太多决定，再加上其他消耗能量的因素，如低血糖，从而导致决策能力受损。（一个小贴士：如果可能，尽量不要在一天中的晚些时候或空腹时做决定。）

妮可有三个年幼的孩子，已经有好几年没有睡过几个小时的安稳觉了。她的丈夫决定周末晚上带孩子。在和儿科医生沟通后，她还打算为孩子请一位睡眠顾问——不是每个人都能请到的，但妮可很幸运地找到并请到了这位顾问。最终，她能够获得6个小时的睡眠时间，比以前多了一倍，不过她还会继续努力，争取获得更多的睡眠时间。

寻求意见（Request Input）

没有准确的信息，我们就无法有效地解决问题。然而，我们却很少去寻求意见。莎迦认为她的老板讨厌她，这种错误的认识只有在她获得相关的准确信息时才能得到纠正。

妮可差点就辞职在家带小女儿了。她认为，与她的老板和丈夫交谈时，她会表现得像个负担，给人留下咄咄逼人、寻求关注、要求苛刻的印象。妮可一直被教导要对任何支持心怀感恩。对她来说，请求或接受帮助似乎显得她不会感恩。妮可对自己的高期望加重了她的负担："我应该熬夜，我是妈妈。"只有妮可的丈夫约翰坚持说，因为他在小艾玛醒着的大部分时间里都在工作，因此他在晚上的时候照顾小艾玛可以让他有更多的时间陪她，妮可才放心地接受了他的帮助。在这种情况下，她的丈夫凭直觉知道这是让妮可放下负罪感的唯一办法。

渐渐地，妮可开始更愿意挑战她长期以来认为理所当然的假设。对妮可来说，重要的是让那些有能力和她一起解决问题的人提供实时意见从而检验自己的看法。这意味着她要询问她的老板、日托所和丈夫。她能从他们那里得到她想要的信息吗？

我和妮可一起帮助她坚持自己的想法，探索她的选择。六个月后，妮可没丢掉工作，日托所的问题也解决了，家里一切安好。她与日托所进行了沟通，为小艾玛争取到了几个月在家休息的时间。妮可还争取到了每周四天的工作时间，这样她就可以空出一些时间陪小艾玛。而且她还根据朋友的推荐找到了一个她信得过的人来照顾小艾玛。她的丈夫承担了更多的家务——这次妮可毫无愧疚地让他去做。"你其实很会做饭，之前谁知道呢！"妮可在一次心理治疗时向约翰说道。约翰要求参加这次治疗，他想支持妮可的治疗工作。在妮可评估她的选择、审视让她陷入困境的情绪时，我充当了她的传声筒。寻求支持有助于解决问题，因为当我们独自面对痛苦时，情绪调节会变得更加困难。当我独自面对问题时，我要考虑：

向别人宣泄情绪会让我感觉好些吗？ 有时，我们还没准备好就去寻求意见。根据我与情绪强烈的病人接触的经验，如果我们首先感到被安慰、被理解、不孤单，我们就更能用理性解决问题。对情绪的认可和肯定（无论是通过自己还是他人）都有助于调节情绪。如果我的情绪真的很激动，如果可以的话，我会暂停一下，找一个能够不带评判的倾听和支持我的人——这对我来说很有帮助。我的目的不是寻求建议。事实上，并不是每次都需要采取行动，你也不能总让事情发生改变。在这时候，宣泄尤为有用。记住，处理情绪是解决问题的一部分。

我能找谁寻求帮助和建议？ 当你在情绪上愿意接受建议，并准备采取积极措施改变现状时，向可信赖的知己寻求建议效果最好。事先写下问题的积极方面或者潜在的良好结果。如果情绪开始占据上风，这样做可以为你提供一个支撑点。

无论哪种情况，都要了解对方是否有合适的时间，以及他们是否有足够的能力听你倾诉（"现在是我分享我的想法，或者向你提出一些想法，或者征求你的建议的好时机吗？"）。不要忘记感谢他们付出的时间和关照。还有一点，有时候心理治疗师可以提供客观的倾听。

提醒（Remind）

这一策略有助于提醒自己的技能、能力和过去遇到的挑战：

- ✓ 这种情况与我所做的、掌握的其他事情有什么共通之处吗？
- ✓ 我在其他地方运用的哪些技能和能力可以应用到这儿？（比如，在部门会议上做报告是件大事，但我已经在小组中报告很多次了。做一个准备计划好让我没那么紧张，而且我在前一天按时下班去锻炼，睡了一个好觉。第二天一早，我就去现场检查了一番，检查了设备和房间。我将制订一个准备计划，并致电技术人员，要求在前一天进行一次报告预演。）
- ✓ 哪些品质使我能应对其他人生挑战？我如何看待及运用这些品质？（比如，我很执着、善于分析、有条理。）

重新评价（Reappraise）

当情况无法改变时，我们就要改变与它的关系。重新评价的重点在于从积极的潜力、困难中的机遇的角度来看待问题。虽然重新评价并不总是那么容易，但作为一种更有效的情绪调节方法，它值得我们去练习。为看似消极的情况注入积极属性的一种方式是幽默。("这将会成为一个精彩的故事，除了我的自尊心，我哪里都没受伤。")其他人则采取一种机智的方式，比如纳尔逊·曼德拉："我从没有输过。我要么赢，要么学习。"温斯顿·丘吉尔说过："悲观主义者在每个机会中都看到困难，乐观主义者在每个困难中都看到机会。"

让我们重新评估一下那次行业会议之行，在那里你有可能会遇到你的前老板和黑心前同事：

这是个绝佳的高端社交机会。

我将结识大名鼎鼎的行业精英。

我还可以好好利用这次机会。

而那些你不愿见到的人呢？他们只会成为这次好机会中的一个小插曲。

通过重新评价，拒绝这件事可以重新被定义："我的小说被多家出版商拒绝。他们认为情节需要修改。我会重新阅读优秀小说家的作品，研究情节的发展。我现在要改写短篇小说的情节。"

"不行"可以理解为"现在不行"：我没有得到晋升机会，但我可以在公司内部寻找其他机会，或在其他地方寻找合适的职位。与此同时，我会努力学习必要的技能并发展我的人脉网。

重新评价也适用于日常的烦心事。想象一下，你在办事处等了很久才有人接待你，就在轮到你的时候，服务窗口关闭了。你气坏了。你请了一上午的假（这对你来说很罕见），必须把这事办好。你匆忙赶来，耐心等待，而现在整个星期你都得用来赶工。

如何应对取决于你对局势的看法。如果你的情绪调节很娴熟，你就会准确评估危险的事情——减少主观负面情绪的影响。

见不到办事员是否会带来毁灭性的后果，还是说，尽管麻烦一点，你可以下次再来？你是想在亲戚去世前获得签证去探望生病的亲戚，还是打算改名换姓？在第一种情况下，你可能更有理由坚持。

你决定礼貌地与负责人谈谈，而非把这件事当作针对你个人的——否则你可能会早早离开或者大喊大叫。你向负责人请求帮助，说明到这里来一趟有多么不容易，以及你是如何准时到达、等待的，并且不是因为你自己的过错而被耽搁的。

负责人解释说，办事员在这个时候去午休了，办事处将在一小时后重新开放。他说你可以等，或者午饭后再来。你意识到自己可能错过了他们在网站上的办公时间，你决定承认这一点并承担责任。你冷静了下来，但还是决定再问一次，有没有办法可以帮到你，好让你少耽误一些时间。负责人同情你（你看起来确实有点累），决定亲自帮你。15分钟后，你就回去上班了。你把事办好了，因为你没有放弃、没有离开，也没有大喊大叫，这些会降低你成功办理业务的概率。你重新评价了自己：寻找替代方案（与负责人交谈）、达成一致（承认规则）和寻求机会（请求理解和帮助）。

情绪调节和重新评价有助于我们重新考虑如何在尊重他人的前提下，在合理的范围内，与环境和他人互动，以满足我们的需求。我们的情绪会变成信息（利用工作和时间压力以友好的方式维护自己）。当我们考虑到对方需要从我们这里得到什么，才能让我们的请求对他们有意义时，我们就能从另一个角度理解对方的需求（时间限制、兴趣）。这就是解决问题的最佳方式。

如果没有办法重新评价暂时不愉快的情况，可以试试第六个 R：Redeploy（重新部署）。将你的注意力转移到中立的事物上。事实证明，转移注意力可以减少与情绪相关的杏仁核激活，从而降低痛苦强度。因此，当你的前任来到聚会时，你可以到外面玩会儿绳球游戏。当你在商务会议上发现黑心前同事和前老板时，环顾一下四周，想想看：哇，这么多我想见的人，我应该先去找谁呢？重新部署可以提供少许帮助，但不能解决根本问题，因此要谨慎使用。

高能量语录：

▶ 全面了解情况。解决你能解决的，不能解决的就重新评价，然后去接受，其他的就放手。

如何通过协作解决问题

南希和沙伦有三个孩子、两条狗、两份职业和一个家,作为一对夫妻,他们觉得自己拥有了一切。但是应对这些美好也会带来分歧。当日常的压力——比如谁来接送孩子上学放学、谁来做饭、谁来负责日常家务——已经到了他们不通过大喊大叫就无法讨论的地步时,他们就来找我了。

凡是长期相处的关系都会有冲突。对实用乐观主义者来说,能够在不留下疤痕的情况下驾驭和解决冲突是他们人际关系成功的秘诀之一。

夫妻之间经常会出现僵局,因为他们只知道两种可能的解决方法:要么听我的,要么听你的;要么我洗碗,要么你洗。本节中的实时情绪调节策略可以帮助你从"你"或"我"转变成"我们"。以下是我与沙伦和南希一起研究的解决问题的法则。

跳出条条框框。 如果一种方法行不通,那它就不是个解决方案。我让沙伦和南希集思广益,找出突破常规的解决方案。

让任务具有协作性。 沙伦和南希的任务是找到相互包容的解决方案,并在没有负面评价的情况下接受它们。这让他们不得不一起参与解决问题。我要求他们接受彼此的建议,认为这些来自对方的建议是合理的并且值得探讨的。《获得幸福婚姻的7法则》一书的作者约翰·戈特曼将此描述为"对伴侣的影响持开放态度"。

抵制批评。 避免使用指责、谩骂或诋毁伴侣的语言。如果必须如此,请指出你想要改变的消极行为,并把重点放在你想获得的积极行为上。

这些策略帮助南希和沙伦将注意力从"问题"（谁去做）转移到上游，并找到了他们一致认同的观点：虽然他们的生活充实而努力，但他们觉得自己淹没在责任的重担中。

他们都希望有时间去休息、放松、培养爱好和兴趣；有时间独处，有时间和孩子们一起，能有二人世界；有时间与朋友和其他家人在一起；有时间锻炼和娱乐。

我们许多人都背负着更高的期望，却只拥有更少的支持，现在比以往任何时候都需要磨炼解决问题的技能。现在，他们可以专注于如何实现目标，而不是争论不休，并制订可行的解决方案：

- 制定更严格的家务劳动时间表——不再事后争吵。
- 让年长的孩子参与家务。
- 请双方的父母帮忙照看孩子。
- 入手一些家用小工具，让清洁工作更轻松。
- 使用超市送货上门服务。
- 在家里一团糟、晚饭只有吃剩的比萨时，放自己一马。

你真正的困扰到底是什么？

玛利亚很清楚自己的问题所在：总体上，她感到工作没有成就感、乏味和无聊。

玛利亚虽然知道是什么困扰着她，但我想帮她弄明白为什么这些会困扰她。确定我们为何对某件事如此在意是解决问题的起点。

我提出以下问题来帮助玛利亚找到问题的根源。我把它们改编成了瓦尔玛博士的"直入人心"问题清单——如果你想试试，还可以添加更多的问题！

瓦尔玛博士：你能简单定义一下问题吗？

玛利亚：我在日常工作中并不开心。我没有成就感。

瓦尔玛博士：你打算怎么解决呢？

玛利亚：换一个我喜欢的职业。

瓦尔玛博士：找到新的职业了吗？

玛利亚：目前没有。

瓦尔玛博士：那怎么做你才能得到它？

玛利亚：创造它。

瓦尔玛博士：这意味着什么？

玛利亚：我自己创业，先把它当成副业，直到我能产生足够多的收入。

瓦尔玛博士：这对你有多重要，为什么要做这个？

玛利亚：非常重要。我需要发挥我的创造力，我现在感到窒息。另外，我想自己安排工作时间——我真的需要灵活性。还有，我喜欢自己当老板。

瓦尔玛博士：有哪些可行的工作选项呢？

玛利亚：我对摄影、活动策划、教书和健身都很感兴趣。

瓦尔玛博士：除了经济上的限制，还有什么阻碍吗？

玛利亚：我害怕离开我现在的这份工作：舒适、方便、熟悉、固定的收入、结构化、规律、朋友。再加上害怕失败。我不知道第一步该怎么走。

瓦尔玛博士：你会对提出同样观点的朋友说什么？（我喜欢这个问题——我们往往对朋友比对自己更实际和乐观）。

玛利亚：不试试怎么知道呢？你擅长很多事情，但也许你可以从摄影开始，因为你在这方面有一些自由职业的经验。你将失去朝九晚五的工作框架和安全感，你将会自己当老板。你可能赚不到钱，或者勉强收支平衡，但如果你能承受，也许是值得的。改变是可怕的，但你能做到。你很有天赋。一点点做起。不要辞掉现在的工作，利用业余时间来做这件事。

瓦尔玛博士：如果用 1~10 分来衡量，1 分代表"无所谓"，10 分代表"终生遗憾"，那么你有多大可能在 10 年后后悔没有追求这个目标？

玛利亚：8~10 分吧。

瓦尔玛博士：如果时间和金钱不是问题，你会如何做？

玛利亚：我现在就会去试试看。

瓦尔玛博士：如果你去做，有什么可以帮到你或者支撑你的吗？

玛利亚：我还有一些积蓄，够我买一些设备和两三个月的生活费了。

我并不是说玛利亚马上就能解决问题，也不是说我们每个人都能解决所有问题（甚至也不是说典型的治疗过程就是这样简单明了）。但是，像这样的一些问话可以让我们走出心理困境，启动创造性思维，让大块头的障碍变成我们可以管理的项目，进而一步步解决问题。

> **瓦尔玛博士的"直入人心"问题清单**
>
> 以下是一些问题，当你在解决问题或制定目标时感到受阻，可以问自己这些问题。并非所有问题都适用于你的情况。不需要迫使自己回答每一个问题——这样问的目的是让你摆脱对问题的思考或处理方式的束缚。用简单的事实作答，尽量不要修饰或者添加情绪化的解释。
>
> 1. 你能简单定义一下问题吗？
> 2. 你的目标是什么？
> 3. 怎样才能解决问题？
> 4. 这种替代方案存在吗？
> 5. 为了实现这个想法，你需要做些什么？
> 6. 这意味着什么？
> 7. 这对你有多重要，为什么？
> 8. 如果第一种解决方案不奏效，有哪些替代方案？
> 9. 有什么会阻碍你？ [1]

---

[1] 我们之所以在追求目标的道路上停滞不前，往往是因为我们有一些我们没有意识到的、互相排斥的目标，追求其中一个目标就有可能失去另一个目标。例如"我想搬到别的州去，但我又不想让年迈的父母失望／难过"。没有简单的答案，但第一步是把所有目标都列出来，让你可以审视自己的想法和感受：你对让父母失望的认识有多准确？他们会失望的证据是什么？什么样的沟通／具体的解决方案可以消除不利因素？

第四章 解决问题：很多人和事不值得你投入精力

10. 你如何应对这些阻碍？

11. 如果有朋友提出同样的观点，你会怎么说？

12. 如果用 1~10 分来衡量，1 分代表"无所谓"，10 分代表"终生遗憾"，你有多大可能在 10 年后后悔当初没这样做？

13. 如果时间和金钱不是问题，你会如何解决问题？

14. 可能出现的最好结果是什么？

15. 最坏的结果会是什么，发生的可能性有多大？

16. 你会怎么做？

17. 如果最坏的事情发生了，而你又无能为力，你能接受这样的结果吗？

18. 你认为最有可能出现的情况是什么？

19. 如果你冒险一试，有什么可以帮到你或者支撑你吗？

20. 你需要建议、信息或帮助吗？

21. 你能找谁帮忙？

22. 在你的生活中，有没有值得信赖的人可以和你谈谈这件事？

23. 什么样的自我照顾能帮助你实现这一目标？

24. 如果一切顺利，你会做何感想？

25. 既然你已经回答了这些问题，下一步该怎么做？

行动不一定有效,但不行动一定无效

冰球传奇人物韦恩·格雷茨基和他的教练常说的一句话是:如果你不射门,你就不会得分。有效解决问题不仅仅在于处理外部障碍,更要认识到帮助或阻碍我们的内在动力。

情绪引导我们的行为,它们可以救人于水火,也可以让人生受限。你要如何选择?

当生活给你带来挑战时,反思一下你的情绪想要告诉你什么,然后看看你有哪些工具可以有效地解决这些问题。作为一个机智的实用乐观主义者,请随时准备转换视角,为你的世界带来积极的改变。这将使你走上人生最大化的道路。

>> 第五章

自我价值感：
拥有稳定的内核

没有你的同意，谁也不能让你觉得低人一等。

——埃莉诺·罗斯福

这一天，东河波光粼粼，万里无云的天空映衬着曼哈顿的天际线。怀揣着罪恶般的快感，我走过三十多个街区去心理治疗师的办公室，这种快感应该能让我好好想想接下来要聊的内容。

我边走边思考了一下，是什么让我最终成为一名准备接受心理治疗的心理治疗师。我的双腿仍然感到无力，但医生在问诊后向我保证，我的双腿没有任何问题，需要重新调整的是我的思想。不过，我真的需要治疗吗？我是不是太矫情了？

关心他人的心理健康是我的使命，但让自己接受治疗却与我的成长经历格格不入。在印度文化中，家庭是中心，阿姨、叔叔和表兄弟姐妹随时都会准备好伸出援手。在印度医学院轮转期间，我对印度家庭的团结感到惊叹。最贫穷的家庭中也充满了家人的关爱，至少有3个家庭成员会守候在病人的床边。但是对我们这个移民美国的家庭来说，在印度能分散在8个或10个亲戚身上的重担就落在了我们一家四口身上。我想我的父母并没有意识到我所付出的代价。在我的家庭里，为了家庭和社区的和谐、健康和安全，即使牺牲自己也在所不惜。虽然我在美国出生长大，但我还是被期望以印度家庭成员为榜样。

医学和精神病学感觉像是医疗服务和科学价值观的自然延伸。但医学工作压力大，要求很高，非常强调完美。

但我热爱医学和我的家人。因此，我怀着强烈的意愿和使命感承担了所有责任，直到我母亲的癌症诊断和治疗给我带来的额外压力压垮了我。我无法处理所有相互冲突的优先事项。于是，我成了病人。

走出电梯便是等候区，看起来很吸引人。我坐下随手翻看一本时尚杂志以掩饰我内心的焦虑。

"苏?"我抬起头，看到一位高挑、苗条、时尚的治疗师。我首先注意到她热情的微笑。她手里拿着一份问诊单，应该是我的。她的手腕上戴着一只金手镯，一侧是几根红线，另一侧是念珠，既时尚又有灵性。我跟着她走进办公室，坐在沙发上。

与我住院工作的一些门诊室相比，这间布置优雅、享有多项殊荣的东河顶层公寓景观的房间，感觉就像是一个避难所。我注意到旁边有一盒纸巾。我提醒自己，治疗师也需要治疗师。

L博士说："欢迎，什么风把你吹来了?"

我就在那里，在一个衣着考究的陌生人面前卸下了情感包袱。

在我的治疗期间，出现了一个根本性的问题——自我价值感。不是那种"我比你强"的自我价值感，也不是那种与荣誉和成就挂钩的自我价值感。这是一种不同的自我价值感——令人惊讶的是，我需要建立这种自我价值感。自我价值感根植于自我肯定，它能帮助我们在面对不确定性和困难时采取行动，在这种情况下，我们可能并不确切地知道自身情况需要我们做些什么，但我们知道自己是谁，我们的价值是什么。自我价值感帮助我们保持冷静的头脑，既不责备自己，也不自我膨胀，更不会被别人对我们的看法所左右。这种自我价值感能培养一种富有同情心的心态，让我们寻找并鼓励自己和他人呈现最好的一面。这就是我们要探讨的自我价值感，以及建立自我价值感的五步蓝图。

何谓自我价值感

按照我的定义,自我价值感意味着我们对自己有一个稳定、友善、现实的认识。这种特殊的自我价值感可以在自信与谦卑之间取得平衡,保护我们免受羞耻或内疚的侵入性想法的影响,并促进我们从生活和他人身上学到很多东西。

自我价值感有 4 个主要特点:

1. 它是内在的。自我价值感源于我们对自身价值的持久认识。这种自我价值感是无条件的,但并不自大,有时可能会下降,但并不取决于我们最近的成功、失败、赞美或批评。

2. 它是准确的。有些人认为自己很了不起,但他们并不比别人更优秀。有些人则看不到自己有多优秀。自我价值感意味着了解自己的优点和缺点,但并不夸大两者。

3. 它是友善的。善待自己和他人是自我价值感的标志。它的首要原则是自我关怀,而不是自我评价。我们承认自己的缺点,但不自我责备,并将这种理解传递给他人。

4. 它鼓励成长和积极行动。有了自我接纳,就有了复原力和建设性改变的能力:"今天的事情没有成功。但我可以再试一次。"自我价值感能让我们抵御内疚感和羞愧感,支持我们适应、成长和保持高能量状态。

自我价值感并不等同于自尊

我不喜欢自尊这个概念。研究已经开始揭示自尊潜在的代价。自尊在很大程度上取决于外部成就,在我们最需要它的时候,自尊心可能会消失。低自尊状态与许多心理和生理健康问题有关,包括抑郁、体象障碍、进食障碍和焦虑症。在极端抑郁情况下,低自尊会增加自杀的风险。保护自尊的需要会导致扭曲的自我意识、偏见、自恋甚至伤害他人。因为自我价值感并不依赖于外部事件或与他人比较带来的自我评价,它是比自尊更稳定的自我价值来源。

可以内疚,但不要觉得羞耻

有点内疚感是好事,有羞耻感则不是什么好事。

内疚是一种遗憾或悔恨的感觉,当我们觉得自己在某一特定情况下违反了社会规范时,就会产生这种感觉。只要我们不受其困扰,内疚感就能促使我们做出补偿和亲社会行为。内疚感甚至还能带来进化上的好处:遵守部落规则,部落就能保护我们。健康的内疚感反映了同理心。事实上,内疚感(相对于羞耻感)与更准确地解读他人的情绪表达有关:我们意识到自己的行为如何影响他人,并承担起适当的责任,对我们的不良行为采取措施。研究表明,内疚感比羞耻感更容易产生利他行为和改进愿望——因为救赎之路似乎是可以识别的和明确的。

相比之下,羞耻感关注的不是具体的负面行为,而是人。内疚感会说:"我做了可怕的事。"而羞耻感会说:"我很可怕。"

羞耻感会让人感受到威胁,以至于我们可能会担心自己在群体中的归属感或地位会受到损害。它可能导致严重的自我批评——一种自残式的人身攻击。由于对自我的负面关注,我们没有明确的方法来弥补。因此，羞耻感可能会导致无助、反刍、悲观、抑郁、生理压力（就好像我们的身体处于危险中）、社会孤立／退缩，以及疏远，因为我们会避开带来不好感觉的人或者情境。

羞耻感往往会降低我们的自尊，反之亦然。一项涉及 2.2 万人的 108 项研究表明，羞耻感会增加出现心理问题的风险，尤其是抑郁。虽然有些人似乎比其他人更容易受到羞耻感的影响，比如青少年，其次是老年人（也许是因为他们身体上的变化和虚弱感），但没有人能够免受羞耻感的毒害。羞耻感会导致消极的应对机制，如酗酒、自残，或不去追求可以让生活更美好的事物（如减肥、寻找更好的工作、培养良好的人际关系）。如果不加以控制，羞耻感会让我们觉得自己是个负担，甚至怀疑自己的生命是否有价值。培养自我价值感可以增强我们对羞耻感的抵抗力，留出容错空间，同时肯定我们纠正错误的能力。

自我价值感与正向的人际关系

低自我价值感会导致我们不停地与他人进行比较，以保持自尊。如果我们"比别人强"，一切都好。如果比输了，那么随之而来的是自我鞭挞、嫉妒或羡慕。低自我价值感可能会导致社交焦虑和自我封闭，因为我们相信自己不可爱、不讨人喜欢（通常是羞耻感或无意识的内疚感的副产品）或无趣。随之而来的孤独感会进一步降低我们的生活质量和寿命。

自我价值感能培养更健康的人际关系，而不会产生腐蚀性的攀比心。我们不太可能成为有毒或虐待关系的牺牲品（也不太愿意接受"情感面包屑"），因为我们知道自己应该得到更好的，我们会去寻求基于相互支持、尊重和爱的关系。爱不会让人感到羞耻，而是促进自我接纳和成长。

自我价值感与身体健康

低自我价值感的伤害性的自我批评对我们的存在是一种威胁，它会激活我们的"战斗或逃跑"反应。羞耻感会释放出大量压力激素，并造成严重破坏。与此相反，自我价值感会激发和利用我们哺乳动物的照顾系统，包括分泌催产素（拥抱/亲密/友善/照顾的激素），让你成为自己的养育者。它还能抑制皮质醇等强效压力激素，帮助抵御有害炎症。这些炎症可能使我们更容易患上抑郁症、内科疾病和免疫功能障碍，包括自身免疫性疾病。

自我价值感还能鼓励人们养成健康的生活习惯。乐观主义者具有较高的自我关怀水平，有更好的生活习惯，包括饮食、锻炼、冥想和运动。他们在工作、睡眠、休息以及与朋友和家人共度时光方面都做得很好。他们还能更好地平衡工作与生活，部分原因是他们认为自己值得投资。他们能够设定高标准和高目标，同时抵制所谓的不良型完美主义：僵化，苛刻，不切实际的标准，达不到标准就自虐。研究表明，与不良型完美主义相关的极高的、无休止的、非理性的标准可能会导致一个人以牺牲健康和幸福或人际关系为代价来获得成功。

影响自我价值感的关键因素

影响自我价值感的因素有很多,让我们来看看几个关键的影响因素。

正面或负面安抚

精神科医生埃里克·伯恩在 20 世纪 50 年代提出了交互作用分析(TA)一词,他用"交流"或"安抚"来描述社会交往的基本单位。交流可以是言语的或非言语的(一个微笑、一个拥抱),可以是积极的或消极的,可以是有条件的(针对某一事件或情境)或无条件的(更广泛、更全面的评估)。例如"你做了一顿丰盛的晚餐!"(口头的、积极的、有条件的。)"你是个好人!"(口头的、积极的、无条件的。)

诚然,我们与早期照顾者的互动会对我们的成长产生影响。适量的无条件的、积极的安抚可以给人带来肯定,但过多的安抚可能会是一种刻意的刺激,让我们在没有安抚的情况变得无法应对。但过多的批评,当然也包括无条件的、消极的安抚,会对我们造成相当大的伤害,并助长羞耻感,因为它们感觉像是对我们人格的评判。越来越多的人意识到,长期的负面经历(如歧视或任何导致自卑感的对待)会对群体造成伤害。

父母如果能始终如一地给予孩子关爱,就能培养孩子的自我价值感、自我关怀的能力和安全的依恋关系——一种稳定的价值感和人际关系中的整体松弛感——还能帮助抵御有些人与生俱来的羞耻和内疚倾向。这是一种感觉"我很好,你也很好"的状态,是交互作用分析的关键概念和目标,也是埃里克·伯恩畅销书的书名——承认你和我都是有价值的并且具有内在价值。安全的依恋关系会帮助我们建立归属感,让我们感到自己很重要。

如果我们没有受到这样的早期积极影响呢?我们可以通过练习自我关怀来改变羞耻感,就像你将会在下文看到的。

文化背景

文化条件在我们内化的信息中发挥着作用。我的父母受到长辈们的灌输,他们中的许多人在成长过程中都受到圣雄甘地所代表的理想主义自由战斗思想的熏陶。上帝、国家和家庭都高于个人的需要。我从小接受的神话和经文都强调了这一点。在我的家庭中,我们学会重视无私奉献,这与我父母对正道(或称为教规)的承诺密不可分。尽职尽责、不贪恋劳动成果、尊敬长辈、服从权威。我告诉 L 博士,我的母亲为了倡导妇女权利,反对童婚和嫁娶习俗,促进妇女教育和薪酬的平等,推迟到 29 岁才结婚。按照当时印度的标准,这实在是太迟了。

我尊重这一文化遗产。文化信息可以产生丰富的积极影响。但我也认识到,就像我们被教导的许多规则一样,挑战在于我们如何应用和实践文化信息。在某些方面,这些教导与我们许多人接受的教导类似,都是为了防止以自我为中心的、不健康的自我价值感。但它们有时也会削弱自我价值感(也许这是它们通过制造羞耻感让人们保持自制的一种方式)。

对我来说,医生不仅仅是一份职业,更是一种召唤。但是,我，苏·瓦尔玛——从血统上讲是印度教教徒，国籍上的美国个人主义者——又该何去何从呢？当我感到力不从心，双腿颤抖，无法迎接挑战，无法完成我的诸多使命时，我如何才能不让内疚转化为羞耻感呢？

社会比较

我们每天至少有 10% 的想法是在进行比较。虽然比较可以评估我们的能力、特质和态度，也可以作为一种激励（比如和榜样或者导师进行比较），我们也可能会将不准确、不现实的向上社会比较内化为遥不可及的期望，并责备自己没有达到理想版本的自己。或者，我们可能会与那些我们认为不如自己的人进行比较（即所谓的向下社会比较），或许是为了提高我们的情绪或自我价值感。无论哪种方式，我们都是在贬低自己（或他人）或抬高自己。如此，我们将永远无法自由自在地生活。

将价值与生产力挂钩

我们的社会非常重视我们的一言一行。女演员出身的社会研究员、哈佛商学院助理教授阿什利·惠兰斯在《哈佛商业评论》2019 年的一篇文章中讨论了时间饥荒和时间富裕问题。简而言之，在她的团队所调查的人中，有 80% 的人指出，他们没有足够的时间来完成每天想做的每一件事（总感觉落后会削弱个人控制感和能动性，进一步提高压力水平）。他们——也是我们——集体陷入了时间饥荒的状态。

这个概念直到我拜访 L 博士后很久才引起我的注意。但作为一名住院医生，每周工作 80 多个小时，有时每天在全市四五家医院工作，出差执行医疗任务（不止一位潜在追求者问我为什么不能"老老实实待着"），还要支持我的家人，我被这些事情控制得死死的。

在我成长的家庭中，责任和服务是通过工作效率来体现的。我对 L 博士说："我的父母相信工作就是信仰。"我分享了他们某个夏天留下的日常琐事清单：粉刷车库、粉刷甲板。上面是我爸爸的潦草字迹。执行？他们觉得这就是件区区小事。

甲板最终变成了一片绿色。这对我的父母来说无足挂齿，他们认为分配这些家务活能提高"生产力"——直到我成年后这个词还萦绕于心。我意识到，父母为我安排的这些任务被我当成了权宜之计——就好像我在这个以任务为导向的家庭中的成功取决于我是否完成了分配给我的任务。成年后，这转化成了我对自己的超高（有些人可能会说是不屈不挠的）标准，这使得我很难放松自己。

对我们中的许多人来说，将我们是谁与我们做什么区分开来并不容易。但这一点至关重要，否则我们的自我价值就会永远被外界的变化所束缚，而不是立足于自身。

练习 自我价值调节

深吸一口气，打开你的日记，回望你的成长岁月。

1. 你受到了哪些正面或负面的安抚？你还记得言语安抚或非言语安抚的例子吗？哪些是有条件的安抚，哪些是无条件的？
2. 这些安抚信息对你来说收获是什么？
3. 你认为这些信息如何体现在你今天的生活或你对自己的看法中？
4. 你在成长过程中吸收了哪些文化信息？
5. 在什么样的情况下你会和他人比较或者寻求他人的认可？
6. 你是否感到内心有一股"生产力"在推动着你？感觉很好还是很难受？你从哪里得到关于"生产力"的想法？
7. 自我照顾、犒劳自己或者休闲娱乐是否让你感到自我放纵？当你只是为了自己、为了好玩而做某事时，你会感到内疚吗？如果是这样，这些想法的来源是什么？

高能量语录：

▶ 我存在，我就有自我价值。

GRACE: 培养自我价值感

健康的自我价值感是什么样的？我想知道。我能在不显得自大的情况下做到这一点吗？我能学会用对待朋友、家人和病人的关怀心来对待自己吗？我能接受尽管我全力以赴，但有时还会让某人失望这一事实吗？

培养自我价值感中的善意似乎是一个很好的起点。毕竟，这是我给病人开的处方。

关爱的心态可以改善你的生活，这不仅仅是感觉良好的空话。当过度内疚或羞耻使我们陷入马丁·塞利格曼所说的负性思维（详见第一章）时，我们会将问题个人化（"我很差劲"），将其视为弥漫性的，并认为它是永久性的。在不知所措时，我们会变得消极而脱离。

关于自我关怀的研究揭示了对抗这些倾向的令人兴奋的潜力。

研究人员温迪·菲利普斯在《积极心理学与幸福杂志》上发文指出："自我关怀可以通过培养对过去痛苦的接受和克服未来障碍的技能，最大限度地减少这种脱离。"拥有自我关怀能力的人更有动力改正错误，从错误中吸取教训，弥补过失，避免今后重蹈覆辙。一项研究表明，自我关怀可以培养更光明的前景：为期三周的自我关怀干预有助于大学生培养乐观主义精神。简而言之，自我关怀不仅能将创伤转化为成长的机会，还可能成为通往想象中充满希望的未来的催化剂。

有人认为，自我关怀会抑制我们大脑的防御系统，刺激与平静和安全感有关的大脑系统——这是我们欣赏和探索的基础。研究员、教授和作者芭芭拉·弗雷德里克森的"拓展 – 建构理论"认为,积极情绪(如自我关怀所产生的情绪)会进一步建构积极情绪和心理资源,使我们能够探索、参与、欣赏和品味新体验。弗雷德里克森写道:"快乐激发了玩耍的冲动,兴趣激发了探索的冲动,满足激发了品味和融合的冲动,而爱则在安全、亲密的关系中激发了上述每一种冲动的循环往复。"

我想到了"恩典"(grace)这个词。对我来说,恩典是一种身体上、情绪上和精神上的态度,是对包括我们自己在内的所有生命的关爱。我把它发展成一个指导性的首字母缩写词(GRACE),用于吸引我们内心的照料者,培养健康的自我价值感:

Gratitude——感恩美好

Recognition——承认现实

Acceptance——接受不完美

Compassion——自我关怀

Empathy——共情他人

感恩美好

gratitude 源于拉丁词根 gratia，意为恩典、恩惠或感激，是个人得益于某人（或某事）而引发的一种积极的情绪。这就是选择积极地解读世界上的美好。据研究，感恩是一种心理工具、应对技巧和可再生心理能量的来源。感恩能促进灵活的创造性思维、积极的情绪和亲社会行为。

怀着感恩之心，我们能清楚地看到不完美和挑战，但同样也能看到我们的潜能。感恩还能帮助我们发现并珍惜日常生活中的美好、平静、灵感、幽默和善意。感恩不是通过否认消极的事物，而是通过转向好的方面来实现——在他人的行为中，在世界的发展中——并在此过程中增强心智。你可以把它理解为看到世界积极的一面。

感恩可以提升情绪，减轻压力。在一项研究中，参与者被随机分配到三组，并根据组别完成以下任务之一：写出一周内发生的令他们感激的事情；写出一周内的麻烦事；或者写出一周内发生的任何事情（包括积极的、中性的或消极的事情）。十周后，那些写下感激事情的人比那些只写痛苦或负担的人对自己的生活更加乐观和积极，睡眠时间更长，睡眠质量更高，运动量更大，身体症状（如疼痛）更少，与他人的联系更紧密，更倾向于提供帮助和情感支持。在另一项针对退伍军人的研究中，感恩甚至被证明可以减轻创伤后的心理健康症状。

即使在复杂的环境中，感恩也能利用重构来识别内在的祝福。它可以将我们的关注点从"我怎么了？/ 为什么会发生在我身上?"转移到"这种情况能教会我什么?/我能从中学到什么?"。当我还是一名住院医生时,我不仅为工作所绊,同时还要为我母亲的身体而揪心,我想我的感激之词应该是:"我压力很大,但感谢上帝,我有爱我的家人,有一份有意义的工作,我终于愿意并能够寻求帮助。也许我的症状对我来说是必要的,以便最终修复无论如何都会崩溃的东西——也许,通过为自己寻求帮助,我可以更好地帮助他人,甚至分享我从挣扎中学到的东西。"

感恩需要用心,可能还需要培养一种有针对性的心态。我们将在后面的章节中再次讨论这个问题。对初学者来说,你可以尝试按照我在上面提到的研究中给出的提示去做:

生活中有许多大大小小的事情值得我们感恩。回想过去的一天,写下生活中让你感激的五件事。

高能量语录:

▶ 对别人施恩要求我们选择对情况最慷慨的解释。

在过渡和困难时期给予自己宽容是关键。一位最近搬到纽约的朋友分享说,当她得知她的房地产经纪人的收费是如此之高时,她感到震惊。搬到新公寓之后,虽然她已经感到经济拮据,但她又不得不面对手机被盗的问题。她不想让这些事件影响到她原本兴奋的心情以及正在努力实现的新生活,于是她有意识地在日常的生活中寻求积极的一面。在早上乘坐公交车时,她会留意积极的一面："那位好心的家长把孩子抱到腿上让一位老人能有座位。""我们每天都能应付上班的早高峰，这真是不可思议。纽约人真了不起！""哇，看中央公园的树上都是秋天的颜色！"

我们不仅可以在困难情况下向自己和他人施恩或接纳自己和他人，还可以在不好不坏的情况下这样做。因此，如果同事为你最喜欢的饮料买单，你不会想"哦，他们不过是在今天使用买一送一的优惠"，而是想"他们很努力地为我着想"。通过这种方式，我们可以训练自己的大脑，使其主动地寻求积极的线索和基调。（感恩，就像实用乐观主义一样，可能并不总是那么容易，尤其是在我们经历坎坷的时候，但这也没什么关系。）

高能量小·贴士——允许自己休息

休闲是我们感谢身心为我们所做一切的方式。休闲练习意味着有意义地从义务中抽出时间，为自己提供爱、善意和自我抚慰。尤其是在经历挫折之后，你应该得到一段休息、关爱、娱乐和分散注意力的时间。像对待他人一样温暖自己。

休息和放松是必需的，而不是"应得的"奖励。我已经内化了父母分配给我的家务活，这意味着我需要时刻保持高效并为他人服务。不管是崇尚高效的美国文化，还是服从权威的印度文化，我都能应付自如——直到我因为时间和自我关怀的缺失而崩溃。

正是在闲暇时间，我们才会投入地思考我们是谁，而不是我们是什么。休闲放松如果能与高效工作保持平衡，不仅能促进与他人的联系，还能降低血压、减少抑郁、放松身心，是我们整体幸福感的重要来源。（想要了解更多关于如何利用时间的信息，请参阅第七章。）

我意识到我的法则可以增加一条：补充我的储备。这样我就可以继续为他人服务。

高能量语录：

▶ 休息不需要得到许可。

承认现实

当我们能够看到真实的自己——无论是优点还是缺点——我们就不再受环境或他人看法的摆布。通过修改过时的脚本、挑战扭曲的思维、认识到自己的能力，我们就能建立起根植于现实的自我价值感。

假设你得到了一次意外的晋升。你是否会自动产生这样的想法："我很幸运。我在正确的时间出现在正确的地点。"或者"是不是有什么猫腻？他们可能找不到其他人了"。或者"我是部门里唯一的女性，他们想证明自己没有偏见"。（你可能会发现，第三种反应与前文提到的莉娜得到领导认可的例子类似——人们倾向于认为别人所做的任何好事都有自私的动机。对此，我父亲会说："那又怎么样？不管他们的动机如何，结果不还是对你有利吗？"）

现在假设你在晋升时落选了。通常的看法是否是"我条件不够。他们从来就不喜欢我"？

事实上，并不是所有坏事都是我们的错，也不是所有好事都是我们的功劳。认清我们真正的责任，可以保护我们避免过度自责或自大，帮助我们分辨哪些是我们可以控制的，哪些是不能控制的。记住，过度认同负性事件并将其个人化是悲观主义的特征。

在健康、现实的归因中，我们为自己的那份（好的和坏的）负起责任，仅此而已。适当的内疚感会促进亲社会行为：为我们所做的错事承担责任并弥补过失。如果我们做成了一些好事，我们就会获得适当的荣誉感，能够感到自我价值感，并且能够接受赞美。容易产生羞耻感的人很难接受赞美，但却很容易自责和接受批评，这可能源于早期照顾者对他们的安抚方式。

真正理解现实还意味着能够看穿我们有意识或无意识接受的叙述，这些叙述根本不再为我们服务。随着时间的推移，我了解到的一个现实是，当我的父母试图通过做家务来打磨我的灵魂时（为此我对他们的善心深表感谢），我比我的父母拥有更多的自主权。我们可以改变那些被称为"脚本"的旧故事。也许这些脚本曾经是我们成长过程中唯一的应对方式，但它们已经不再适合现在的我们了。

以下是我肯定自己自主性的一些方法：

- 在我成长的过程中，事情是这样的，但现在不同了。我可以修改过时的脚本。
- 我的父母在当时的情况下已经尽力了。在有限的支持下，他们不得不在一个陌生的新环境中养家糊口。我很感激他们为我所做的一切。我现在的生活方式由我自己选择。
- 我不必为了证明自己的价值而不停地忙碌。

观察，而非评判

看清现实的最好方法莫过于学会观察我们的想法和认知，而不是被它们所吞噬。在第四章中，我们探讨了认知重构——认知行为疗法的核心组成部分——使用 ABCDE 五种技巧帮助我们客观地看待情况，从而不让消极的想法或评估悄然而至，影响我们对真实情况的评估。这一重要的重构工具可以帮助我们成为有效的问题解决者，同时也是我们建立自我价值感的有效方法。认知重构可以帮助我们认识到自己可能是通过一个歪曲的视角来看待问题的，并识别出那些增加我们焦虑和情绪障碍的扭曲的想法。我们越是能够审视和挑战这些非理性的想法，就越能让这样的观察变成我们的第二天性，帮助我们避免负性想法和羞耻感的螺旋式上升，最终伤害我们的自我价值感。无论我们处理的是低风险还是更为严重的情况，认知重构都能帮助我们铺平道路并照亮我们的生活。

在第四章中，我们举例说明了ABCDE五个技巧如何提高我们解决问题的能力，下面我再举例说明ABCDE如何帮助我们转换视角来看待可能会对我们的自我价值感产生负面影响的日常情况：

想象一下，安迪吃完午饭匆匆赶回办公室，参加同事的惊喜生日派对。她带着从餐车买来的午餐、运动包和一个装有T恤（送给同事的生日礼物）的袋子。在大厅里，她的电话响了。她变戏法似的从裤兜里掏出手机。紧接着，她撞上了正要走出电梯的同事——她的素食炒菜和冰拿铁全洒在她和同事身上及礼物上了。这件事让安迪一整天都焦躁不安。

以下是我如何引导安迪完成ABCDE，帮助她换个角度看问题。

前因（Antecedent）：在这件事情中，触发或煽动事件是安迪的午餐洒得到处都是，她遭受了社死般的尴尬，礼物也被毁了。

信念（Bliefs）：以下是安迪脑海里可能闪过的一些自动想法：真是一场灾难。我太笨了。大家一定在嘲笑我，看起来像个废物，咖啡还在往下滴。如果我没有长这么胖，我的手机就能更容易拿出来了。如果我像其他同事一样有好身材，我就可以换上运动服，但我看起来就像一个身材臃肿、衣冠不整的邋遢鬼。如果我提前做好计划，把午餐打包好，就不会出现这种情况了。我什么时候才能学会呢？

后果（Consequences）：从生理上来说，安迪可能会感到恐慌——心跳加速，手心出汗，感觉喉咙快要被堵住了；她的脸涨得通红，呼吸急促。她尽力把自己收拾干净，并主动提出帮同事付干洗费（同事笑着婉拒了）。她太紧张了，无法享受派对的乐趣，5分钟后，她尴尬地离开了。

扭曲（distortions）：正如我们已经讨论过的，扭曲是带有负面偏见的错误思维和非理性想法。它们往往是一种绝对的、极端的思维方式，苛刻而不宽容。以下是一些常见的扭曲，并有一些例子说明它们如何适用于这种特殊情况：

- **读心术**：在没有事实根据的情况下对他人的想法做出假设。人们一定在嘲笑我。
- **灾难化**：假定最坏的事情会发生。坏事情是个人化的、弥漫性的、永久性的。我什么时候才能学会？
- **心理过滤／负面过滤／贬低正面**：专注于消极因素，这让积极因素黯然失色。安迪太沮丧了，以至于无法享受派对。
- **全或无思维（又称绝对主义思维）**：要么在人前出彩，要么根本不参加。5分钟后，安迪尴尬地离开了。
- **看重评价**：认为自己比别人优秀或低人一等，而不是客观地评价人和事。安迪认为自己笨手笨脚，是个废物，一个邋遢鬼。
- **指责／贴标签／个人化**："如果我提前计划好，就不会发生这种事了。"当我们开始把情境中的失败视为性格缺陷时，个人化和自责往往导致羞耻感。
- **情绪推理**：我们假定自己的负面自白准确地代表了外部事件。真是一场灾难！
- **"应该"陈述**：我们设定过高的、刻板的、武断的期望值，以此来激励自己，然后又为没有达到这些期望值而内疚（请参阅"停止'一味应该'"一节）。
- **如果问句**：钻进兔子洞寻求确定性："如果发生这样或那样的事情怎么办？"我们得出的答案只会引发更多的"如果"。
- **后悔定向**：安迪想："如果我没有长这么胖，我的手机就能更容易拿出来了。"
- **不公平的比较**（拿苹果和橘子比较，错误等同）：安迪认为如果自己像其他同事的身材那么好，就可以换上运动服，而现在自己看上去就像一个身材臃肿、穿着不得体的邋遢鬼。

拥抱（Embrace）：我们如何接受、克服或者将不舒服的事件融入我们的生活，理性处理它们，不让它们拖累我们？

我鼓励安迪做以下事情：

- 换个角度看问题。找到一种更有同情心的方式来描述当时的情况：我带着午餐和生日礼物从健身房回来，和同事撞个正着！我是个体贴的人，花时间给同事买礼物。我很庆幸自己可以再买一套新衣服，并给同事买一件T恤。
- 把时间线拉长到5年以后。5年后这真的很重要吗？我回首往事时会笑吗？甚至会记得吗？这并不重要。我会记得，但别人不会记得。我的同事们都很好。回想起来，我发现自己反应过度了。没有人死（除了那件 T 恤）。现在，这成了一个有趣的故事。

- 找到更多认知重构的方法。
  - 我这样想的代价是什么？我让它毁了我的一天。我剥夺了自己的快乐（聚会）。我感到孤独，对减肥失去信心。我对自己的自责感到不安，因为我值得更好的。
  - 最糟糕的情况是什么？有人在派对上评论我衣衫不整的样子。
  - 最好的情况是什么？我们都一笑了之。我很享受这次聚会，第二天又给同事买了一件 T 恤。
  - 最有可能发生的情况是什么？人们会问发生了什么事情？我会告诉他们我当时太匆忙了。有些人可能会觉得我很狼狈，但大多数人都会理解这只是个意外，然后继续专注于派对。
  - 有哪些积极因素值得肯定？我被邀请参加聚会，我在工作中普遍受到欢迎和尊重。我有很好的、善解人意的同事。我心地善良、体贴入微——这也是我陷入混乱局面的原因！
- 尝试接受：我的衣服被弄脏了。任何人都可能遇到这种情况，即使是最有条理的人。我本可以留下来，尽情玩耍，不管衣服有多脏。
- 把情绪和事实分开：我现在觉得自己是个大灾难，并不代表我就是个大灾难。人们对我们的关注远没有我们想象的那么多。

练习　认知扭曲是否阻碍了你的发展？

选择一个中等风险的情况或一件你一直在思考的事情。让自己走过 ABCDE。问问自己：

- ✓ 前因是什么？
- ✓ 我对这件事的信念是什么？
- ✓ 我感觉如何？
- ✓ 我有哪些扭曲的想法或认知？（你是否注意到非黑即白的思维方式——极端思维、全或无思维？你是否陷入了情感推理——"我有强烈的感觉，所有这些一定是真的"——或者可能是灾难化思维，去假设最坏的结果，尤其是在模棱两可的情况下？这些都是我们常见的思维扭曲。）
- ✓ 这些扭曲是如何阻碍我前进的？
- ✓ 在这种情况下，我该怎么做才能减少这种感觉？
- ✓ 要解决什么问题？（试着用一两句话来概括。）
- ✓ 我能改变什么现状？
- ✓ 在这种情况下，我需要接受什么？
- ✓ 一旦这些扭曲不再阻碍我，我将如何行动？

逐渐尝试在更复杂的情况下这样做。在日记或思想日志中记下你的答案，这可以帮助你发现规律。

接受不完美

接受自己、他人和生活中的不完美,有助于防止我们的自我价值因人类不可避免的挑战而摇摆不定。

我们中的大多数人都把自己的消极想法当作现实——我是个失败者,我笨手笨脚,真是个灾难。但这些都是主观反应。

阻止消极想法的产生非常重要,部分原因是它们会导致思维反刍、悲观、孤独和沮丧。负面想法可能会让我们大脑中积极主动解决问题的部分关闭。我们会对自己改变现状的能力缺乏自信,导致习得性无助和拖延症。为了避免绝望,我们可能会坚持不健康的行为,如过度饮食、滥用药物或不健康的人际关系。这些行为只会让我们的情况变得更糟。

当我们接受自己的不完美时,我们就会意识到无休止的自我批评是一件多么耗神的事。事实上,这些提升自尊的设定经常失败的原因在于,它们很难将积极的信息与内心强烈的批评调和好。正如我们将要看到的,一种更能接受的、更能自我关怀的方法可以产生更积极、更持久的效果。它并不要求我们根除批评的声音,而是接受它的存在,同时面对障碍坚持不懈。

开始接受不完美,过去的失望和失败就失去了对我们的影响力。我们不会再问:"他们为什么要伤害我?"而是会问:"我为什么会这么痛苦?"我们会对自己的疗伤之旅充满好奇,憧憬并追求新的体验,而不是喋喋不休于过去的事情。

接受不完美意味着承认变化是永恒的。那份令人惊叹的新工作也会有艰难的日子。做母亲会带来无尽的喜悦,也会带来困感,有时甚至是悲伤。总之,虽然可怕的情况也会发生变化,但有时只是我们的看法发生了变化。

接受不完美的第一步是确认事物的形状,同时坚定地相信事物是可以改变的。

试着用这样的语句来练习接受:

- 我接受生命的两面性——它不全是好的或坏的,也不是简单的非黑即白。
- 我可以坐在灰色的阴影中,没有答案,不知道事情会如何发展。
- 成长需要改变,而改变有时会带来挣扎、不适和痛苦。
- 我的情绪并不总是理性或合乎逻辑的。我有权拥有此刻的感受。这就是我现在的感受。感受是暂时的。
- 我知道事情不会总是按照我的想法发展,也不会一直都好,这没关系。
- 好的事情会过去,不好的事情也会过去;我现在的状态不是永恒的状态。

接受自己的不完美还意味着要为自己的行为负责,即使你并不引以为豪。如果你的行为给别人带来了痛苦,请花点时间诚实地盘点一下你的所作所为,以及你给别人带来了怎样的影响,而不要自我谴责:我可以接受自己在造成这种不利情况中所扮演的角色,下次我需要做得更好。此外,请记住,一个简单而真诚的道歉是多么有力量(更多关于人际关系的内容,请参阅第八章)。

练习 翻转脚本:从自我批评到自我接纳

以下是一些常见的自我批评语句,以及翻转脚本练习自我接纳的方法。在你的日记中,尝试翻转你自己的自我批评脚本。

自我批评	自我接纳
我真是个灾难,总是犯错误	我是人。人都会犯错。我为什么要对自己抱有完美的期望呢?
我现在不会做,以后也不会做	这是一个挑战。挑战是很好的学习机会。我要尽我所能去学习,以便下次准备得更充分
我浪费了这么多时间,付出了这么多努力,却还是没能成功	我为自己为此付出的努力感到自豪。我获得了知识和经验,与人建立了新的联系,这对我的未来会有帮助。我并不是一无所获,只是现在还看不到它的好处
我就知道,我不是干这事的料	今天很糟糕。我应该休息一下,重整旗鼓
我怎么了?我应该 _____	我和其他人的时间表不一样。这真的是我想要完成的事情吗?如果是,对我来说什么是现实的时间框架?我需要哪些资源?如果不是,对我来说什么是更真实的目标?
如果我没有得到这份工作或晋升,我会是什么样子?如果我丢了工作,我会怎样?	我作为人的内在价值与我的外在成就无关。我的成功并不能定义我

（续表）

自我批评	自我接纳
为什么他们比我成功/快乐/富有？他们有的什么是我没有的？	我不应该把自己的生活与别人的精彩之处相比较。我不知道他们精彩的背后真相，也不知道他们的生活到底是什么样的。我真正想要的是什么？
我不想做他们要求我做的事，但我又害怕说"不"的后果	设置健康的边界能让我保持良好的人际关系和自己的幸福感
我今天过得很糟糕。我应该一个人吃（喝）完这些（整块蛋糕、整瓶酒）	我要给自己一点时间静下心来。我不需要立即去做一些从长远来看会让我更加内疚的事情。我可以做一些健康的事情，比如给朋友打个电话，散散步，洗个澡，或者早点睡觉
这是他们的错 或者 总是我的错	有时候，有些事情是我们无法控制的。无论是否有责任，我能做些什么来纠正这种情况吗？
我不喜欢我的身体	我的身体为我做了这么多
我希望我能更有成效	我应该休息，只有休息好了，才能更好地处理这件事

自我关怀

如果说有什么真正的武器可以抵御内心自我贬低的声音,那就是自我关怀。自我关怀让我们看到自己和所有人都具有内在的、持久的价值。自我关怀可能是你成为实用乐观主义者最重要的工具。在自我关怀中,我们为生活带来的基本思想是:"我是人。这是人性的一部分。"

根据研究员克莉丝汀·内夫博士的研究,自我关怀有三个关键要素:

1.**善意**:在本章中,我们以挑战消极的思维扭曲和翻转自我批评脚本的形式探讨了善意。

2.**人性共同体**:了解到我们在经历艰难、痛苦和失望时并不孤单,会减少我们在奋斗中被孤立的感觉。认识到我们是通过共同的人类经历联系在一起的,我们就更有可能养成健康的生活习惯,拥有更好的人际关系,享受更多的幸福。

3.**正念觉知**:一种不加评判地观察自己和周围环境的练习。

自我关怀可以帮助我们腾出空间来处理强烈的情绪,而不是回避它们。抑郁、焦虑和无法解释的身体症状(比如我的腿无力)往往是未处理的负面情绪——过度内疚或羞耻感——导致的结果,我们对此感到无能为力。自我关怀可以帮助缓解因负面生活压力和事件而产生的抑郁情绪,并作为对抗负面情绪、愤世嫉俗、焦虑和胡思乱想的一剂良药。它是一剂强大的解药,可以消除抑郁症的罪魁祸首——羞耻感。

自我关怀能帮助我们避开比较陷阱。我们知道，在任何时候，总会有人比我们取得更大的成就。相反，我们会问自己，我们能从这些榜样的身上学到什么。欣赏他们的成就，并向那些可以从中受益的人分享我们的知识。

偶尔，当我们对生活中的美好事物深怀感激之情，认为自己永远无法回报所得到的一切时，自我关怀会提醒我们，我们没有问题，我们正在尽自己所能帮助他人。

练习 你对自己真的好吗？

想知道你在自我批评/自我关怀的量表上处于什么位置吗？在以下五项陈述中，如果有三项或三项以上你没有说"是"（大多数人都没有说"是"，信不信由你！），那么你可能需要练习与自己建立一种更具关怀的关系。

1. 当我犯错时，我能够承担相应责任，并专注于尝试纠正它，抵制羞愧难当或退缩自卑的感觉。
2. 当我在学习新知识或完成新任务遇到困难时，我会耐心地对待自己。我会单纯注意到我遇到了困难，而不是批评自己。
3. 我明白，在生活中犯错的并非我一个。
4. 在困难时期，我能够打个盹、休息一下并寻求帮助。
5. 我用亲切、温和的方式与自己对话。

自我关怀的四个步骤

之前,我们探讨了观察自己的想法和认知如何极大地改变我们对自己和世界的看法。现在,我们将把这项技能扩展到日常情况的实时自我关怀练习中。在这里,我们将以一个体经营户的经历来尝试练习——一位因错过与新客户的完工期限而倍感压力的单亲母亲。

第一步:观察。自我审视。要有好奇心,不要挑剔。简单明了地标注你的经历、感受和反应。例如我无法在截止日期之前完成工作。我感到尴尬、恐慌、无能、羞愧,并对自己感到愤怒。我的孩子和我都病了,但这是一个新客户。作为一个想拥有自己事业的单亲母亲,我觉得我需要证明自己,证明他们选择我是正确的。我怕他们不理解。我心跳加速,感觉胃里有个坑。

如果出现对自己的评判性陈述,请确认并将其写入日记,以帮助识别自我批评的习惯。如果负面想法难以释怀,可以进行5分钟的冥想或呼吸练习来恢复正念(尝试第三章中的"与呼吸做朋友"和"与身体做朋友"练习)。

第二步:情境化。现在,将视角放大到周围的情况,以帮助正确看待问题。例如:我和孩子们都病了,我连续几个晚上都没睡。我犯了很多错误。按时完成任务并不是问题的全部,如果项目漏洞百出,对客户也没有任何帮助。

第三步:正常化。现在,挖掘共同的人性。提醒自己"我也是人,这很正常,我们都会犯错"。比如:我们都有生病的时候,我们无法控制一切;即使是勤奋的人,有时也会错过最后期限;我是一个不断进步的人。融入普世价值观,肯定自己的价值。比如：我当然会焦虑；任何人在这种情况下都会有这种感觉；我是一个努力工作、致力于工作的人；我需要把事情做透彻，而在这种情况下，我无法在截止日期之前完成工作，这不是我能控制的。

第四步：行动。以温和的责任感承认自己的感受，同时推动自己制订行动计划。在计划中加入自我安慰的内容。比如：除了工作细心，我还很诚实；我需要他们了解情况然后请求延期，或者寻求支持——找人帮忙完成项目或照顾孩子，直到我赶上进度；做完这些后，我会给朋友打个电话，散散步，减减压。

停止"一味应该"

在与 L 博士进行了几次治疗后，我开始将这些治疗视为减压的机会。所以当她问"你今天想从什么开始"时，我说：

"工作与生活平衡方面的。简单的。"我开玩笑说。

L 博士听着我娓娓道来，我列举了每周过重的工作压力，以及我试图在工作与生活和家庭的需求之间取得平衡的努力。她最后说道："苏，这听起来让人筋疲力尽，我听你说过很多有意义的任务，但我注意到这些任务似乎大多是为了他人。在这个等式中，你的位置到底在哪里？"

"我想我不在里面吧。"我说，但有点像是在问她。

"你觉得这有问题吗？"她问，"我的意思是，你认为这是问题所在吗？"

"我只是觉得很纠结。"我说。

我告诉她，我担心我的问题不仅仅是工作与生活的平衡，而是我成长过程中两种截然不同的世界观之间的碰撞。过去，我一直在努力。但现在事情太多了，我不知道当所有事情都是优先事项时，该优先考虑什么。

我说："总得有人去付出，但我不知道应该是谁。"

"有道理，"L博士说，"你面临着来自各方面的压力，包括内部压力，这就可以解释你焦虑的表现。对你来说，到底是什么让你感到矛盾呢？"

就这样，我终于可以说出我准备多年的独白了。"我想要在这个行业中出人头地，在这个社会中，我需要独立、自强、突显自己、为自己发声、坚持自我。害羞不是办法。如果我想得到尊重，我就需要谈论我的成就。我在西方医学和西方社会中取得成功的价值观会让一个典型的印度母亲不寒而栗。虽然我的母亲不是典型的印度人，但传统的印度价值观却深深地刻在了我们的脑海中。一旦我脱下白大褂，他们就希望我谦逊、顺从、与家人相互依靠、忍让、大度。一句话，无论我做什么，我都会让人失望。"

我抬头看着L博士，聆听她的智慧之言。

她说："我们管这叫'对自己一味应该'。"

"一味应该"是著名心理学家阿尔伯特·埃利斯创造的一个术语，它描述了我们对自己苛刻的个人规定。事实上，我刚刚了解了德裔美国精神分析学家卡伦·霍妮和她的名言："一味应该的暴政"。

我们将这些理想化的，也许是不切实际的想法内化或接受，这些想法来自我们成长的环境。在有压力的时候，尤其是在与期望值差距较大的情况下（即我们所处的环境要求我们做的远远超出我们实际所能做的），我们往往会以某些习惯性的方式来缓解焦虑。差距越大，我们的焦虑就越大。有些人可能会变得过分服从（比如我），有些人可能会变得咄咄逼人，还有些人则会退缩。

我们真正需要做的，是在各种反应之间灵活、恰当地切换：知道什么时候该合作，什么时候该划清界限，什么时候该后退。这需要我们意识到自己的感受（情绪调节），抓住我们的认知扭曲（ABCDE），客观而又自我关怀地权衡情况（观察/情境化/正常化/行动）。

但是，只会"一味应该"的人是没有选择的。不良型完美主义没有高速公路的出口匝道。他们可能会试图用不健康的应对机制来缓解焦虑，如自我鞭挞、饮食失调、自残或滥用药物。他们可能会将对自己或他人的愤怒内化，这可能会在身体上表现为头痛、消化不良、失眠、心悸，在我身上则表现为双腿颤抖。

在随后的几周里，我开始敏锐地意识到，我的生活就是围绕着这些"一味应该"展开的。这些"一味应该"给我带来了好处——帮助我更好地合作，促使我达到我可能不敢奢望的水平。但代价也是巨大的。

我们的"一味应该"基本上是我们被告知要展现给世界的样子，是我们被承诺会得到回报的面貌。这个理想中的自己不会犯错，也不会有不便的时候。它有足够的耐心、正确的选择、美好的结果，以及完美无瑕的人生轨迹。这是我们认为应该成为的自己。但这不是我们能成为的自己，因为我们都是生活在不完美世界里的不完美的人。

我理想中的自己是多产的、有用的，且无怨无悔。现实中的自己根本无法跟上脚步，我的身体在压力下逐渐衰竭。如果我继续在这条路上走下去，我将对任何人都毫无用处。

> **练习** 不要再用"应该怎样"要求自己了
>
> 也许在读这篇文章的时候，你已经想到了自己的一些"应该"。
>
> 反思一下，从你醒来到现在，你的脑海中闪过了哪些"应该"。
>
> 你内化的"应该"是真的吗？是的，你应该刷牙。不，你不应该全权负责生活中每个人的健康和幸福。
>
> 如果某件事不真实或只是部分事实，你能改写它使其更真实吗？
>
> 这些"应该"从何而来？来自你自己？来自他人对你的期望？这是你想要的，还是你出于义务感或害怕被拒绝而不需要或不想承担的责任？
>
> 接下来，试着改写你的"应该"，使其更加具体。选择能将"应该"转化为可行的决定和个人选择（而不是外部要求、外部强加或义务）的词语。例如"我应该多锻炼"也许可以变成"我想锻炼身体，我想和我的身体有更多的联系"。
>
> 不是所有的"应该"都是坏的，但也不是所有好的或改写的"应该"都是必要的。从你的生活中删除这个"应该"，会让你获得更多幸福吗？

共情他人

我们是用第一人称单数（"我"）还是第一人称复数（"我们"）来看待世界？事实证明，更多地使用复数代词与减少孤独感和抑郁有关。

自我关怀的自然结果是，我们看到其他人——即使是那些惹恼我们的人——也可能有我们（有时是他们）看不到的挣扎和痛苦。理解与接受真实的自己让我们能够与他人同频共振，为他们的成功感到高兴，对他们的痛苦感同身受。我们会明白，所有人都有缺点，所有人都有共同的体会。

通过善意，我们可以与自己建立关系，同样，我们也可以与他人建立关系。这对我们也有好处：研究表明，增加自我关怀的人，其社会联系会更紧密，自我批评、抑郁和焦虑显著减少。

如果说羞耻感是情感光谱的一端，具有将我们与他人隔离开来的力量，那么由关怀驱动的团结友爱则是另一端。这就是实用乐观主义的终极目标。

当我们感到自己与他人、自然、地球、更高的存在或宇宙中无限神秘的力量相互联系时，我们就不再被自我和目标所束缚。我们的世界延伸到整个人类大家庭。我们为什么不尝试帮助我们的家人呢？自我关怀加上感恩之心，让我们能够舔舐伤口，让它们得以愈合，然后转而向外服务、联系、表达善意、关爱他人，就像关爱自己一样。

给予正面安抚不难。当面表扬别人，让他们知道他们的存在对你意味着什么。告诉他们你喜欢的品质（"你真是一个很好的倾听者"),你感激的具体行动("在我母亲的葬礼上/在我孩子的生日派对上/我搬家的时候,你帮了我,这真的很重要"),当着他人的面赞美他们。

自我关怀是改善人际关系的一种强有力的方式。它能促进共情、关怀、信任、支持和接纳。它是提高人际交往效率的关键方法。在后面的章节中,我将分享更多表达感恩以及与他人建立有意义联系的方法。

我们都有需要帮助的时候——我相信你一定还清楚地记得你需要帮助的一些经历。我们永远不知道别人会如何挣扎,也不知道我们的善言善行会给他们带来多大的好处。你能再回忆一下别人的善举是如何让你为之一振的吗?

自我关怀能让我们斟满杯子。正如我所提到的,感恩是对他人或其他事物(大自然,非个人的存在,上帝)能花时间斟满我们的杯子的感激之情。当我们对自己施恩,对他人的帮助、善意和关爱施恩时,我们就会开始感到有比自己更伟大的东西。也许这个世界很可怕,但善言善行——对自己和对他人的——将我们团结在一起,共同前行。它们有助于心理健康和实用乐观主义。对我来说,它们是我的信仰之精髓。

通向治愈之路

我在治疗过程中发现的最大阻碍之一,不仅是意识到自己需要帮助,还意识到自己理应得到帮助。这让我对文化、女性和心理健康的看法发生了根本性改变。但最重要的是,我对自我关怀的看法发生了根本性的转变。

我在成长过程中内化了一些想法,这些想法可能是不切实际的期望——至少,我应用这些期望的方式是不切实际的——让我有一种压迫性的不配感。在不合理的期望中,我失去了健康的自我价值感。消除我的无力感和无休止的自我批评的解药是自我关怀。

自我关怀会告诉我,我有内在的价值和意义,不是因为我做了什么,而仅仅是因为我的身份:一个人。这意味着我需要休息,需要时间去享受快乐和乐趣;需要更好地与他人划清边界;需要优先考虑我的健康,尤其是当我的生活节奏与健康背道而驰时。

通过自我关怀和随之而来的自我觉知,我后来成为我的专业领域(不论是在培训方面还是在为病人服务方面)运用这些动力的倡导者。这也为我成为公众倡导者开辟了道路。我就许多心理健康问题发表过演讲,我的核心思想是:提醒那些害怕在世界上占据一席之地的人,虽然没有人要求你先说"我",但你一定不要忘记把"我"说出来。

我在此分享的想法很少出现在 L 博士对我的早期治疗阶段。事实上,她当时暗示我的一切在我听来都可笑到荒唐的程度。

"你是否觉得家庭和职业对你的期望意味着你无足轻重?"

"我很重要,但在需求层次上,那些期望比我重要得多。"

"你如何处理自己的需求与这些特别高的期望之间的冲突?"

"随遇而安吧。"

从L博士在座位上晃动并微笑的样子,我知道我们到了一个重要的节点。"这就是有韧性的人会做的事,苏。他们会在自己的处境中找到最好的,或者把它做到最好。"

这听起来并不是坏事。

她说:"这种想法会起到保护作用,尤其是你没有太多选择的时候,比如在你年轻的时候。我看到你把很多这样的动力都复制到了工作环境中。"

好吧,也许这些话听起来很糟糕。

她继续说:"你已经将复原力的许多宝贵的方面融入了你的生活,但是复原力的另一个关键特征是应对新压力的能力,以及灵活的思维和应对机制——总的来说,对自己好一点。"

我说:"我正在努力解决这个问题。"21世纪最轻描淡写的一句话。

"没关系。你一辈子都在用一种方式工作。它不会一夜之间改变。也许是时候在你写日记的时候,思考一下这些价值观中哪些还能为你服务,哪些不能。然后,我们可以集中精力研究如何重新引导或淘汰它们。你觉得如何?"

这听起来不可能。写再多的日记也无法根除几千年的文化。我甚至试过给她讲阿周那的故事。他是印度神话史诗《摩诃婆罗多》中的终极战士。当阿周那必须在他的直系家庭和他的大家庭(他们都像兄弟一样在一个家庭中长大)之间做出选择时,他在相互矛盾的想法之间如此纠结，以至于他的身体开始不受控制地颤抖；他变得虚弱，差不多快崩溃了。不过我还是受制于我顺服的惯性，没有告诉她其实她在自欺欺人。

我只是恭敬地点点头。

"下周同一时间吗？"

"是的。"起身时，我最后看了一眼东河。

"苏？"

我转过身，手插在口袋里，想找一根蛋白棒，在去医院的路上吃。

"有时候，即使是战士也需要宣泄。"

我对她微笑。长久以来，我第一次感到自己被看见和被听见了。当我转身回到门口时，我注意到她旁边装饰精美的书架上有一件东西。多美的陶瓷花瓶啊，我想着。金色的纹理似乎把蓝色的陶瓷黏合在了一起。

金缮。日本精湛的修复艺术。

当然，这个花瓶与我父亲客厅里的那件不同，但本质是一样的：一个由泥土塑成的美丽物体，通过对破损处的精心修补而变得更加美丽。将裂缝和缺陷修补成一个和谐、独特的整体。这就是治愈之美。我正在学习和实践这门艺术，为他人，也为自己。我又笑了。

离开温暖安全的顶层套房，我按下了电梯按钮。

>> 第六章

自我效能感：
相信才能抵达

他们之所以做到，是因为他们认为他们能够做到。

——普布留斯·维吉留斯

"我感觉自己碎掉了。"

当我请雪莉分享一下是什么让她来到诊所和最近的感受时,她是这样回答的。

"9·11"事件发生时,雪莉在世贸中心北塔倒塌时死里逃生。她边跑边回头看,看到有人从办公室的窗户跳下。她穿着高跟鞋走了几英里,身上沾满了血和碎片。她描述了当时的混乱一幕:她差点被踩死,当她登上前往新泽西的船时,不知道丈夫在哪里,也无法联系到孩子们,尽管她住在皇后区。

之后,她的办公室搬迁了。她继续做着"被期望做的事情",并试图"做回原来的自己"。但她不确定自己是否还能像以前那样无忧无虑、外向开朗。她经常做噩梦,脑海中闪回自己差点被踩踏的场景。平时,她会尽力避开靠近楼房废墟的街道,回避公共交通、电梯和拥挤的公共场所。

我告诉她,我对她经历的创伤和丧失感到非常难过。她擦去眼泪,向我表示感谢。然后,我们一步步开始了小心翼翼的合作。

经过近一年的治疗，L博士和我都觉得我的情况好多了。我的腿无力问题已经自愈了，我也能更好地处理职业、个人和家庭的需求。我开始挑战过时的思维方式，持续写担忧日记，并定期做正念练习。我感谢L博士的帮助，我们告别时我知道，如果我再次需要帮助，或者需要"强心剂"，L博士会出现在我的身边。接下来的住院医生实习进展顺利。

在实习期结束几个月后，我受聘担任一个新项目的首任医疗总监，该项目致力于对"9·11"事件幸存者进行监测、评估和治疗。患者接受了全面的心理健康问卷调查，同时还进行了包括哮喘和肺部问题在内的一系列医疗检查。39岁的雪莉是两个孩子的母亲。她在我关注的第一批病人之中，需要进行一系列关于焦虑症、抑郁症和可能的创伤后应激障碍的进一步评估。

那天晚上我在想：我准备好了吗？我有多年的专业工作经验，处理过各种复杂且细微的病情。但协助幸存者从大规模创伤中恢复还是一个未知领域。我用心学习创伤治疗培训，但仍在积累知识。这足以动摇最自信的从业者的自我效能感。我需要清除自己不能胜任的感觉，这样才能帮助像雪莉这样信任我的人。

"trauma"一词源自希腊语，意为创伤。在与雪莉和项目中的其他人一起工作时，我逐渐发现，除了身体创伤，我的病人还因内心的"破碎感"而痛苦。创伤摧毁了他们对他人、对世界的信心，也摧毁了他们对掌控感的信心。

我们的自我意识和能力,即我们的精通程度或自我效能感[①],与我们的身份认同密不可分。根据社会认知理论,自我效能感是指我们对应对任务或情境的感知能力(即对特定任务的自信心),或者我们认为自己在完成任务(一般自我效能感)、应对压力和挑战、调节情绪和自我安抚(情绪自我效能感)等方面的整体能力。实用乐观主义的所有支柱都是为了帮助我们不仅在感觉层面更有效率,也能在实际层面更有效率。而相信自己有能力做到这两点的信念,会让我们在这两方面都做得更好。

没有人会觉得自己样样精通。你可能觉得自己总体上能力不错,但在某些领域你的信心可能会动摇,比如公众演讲。关键在于准确了解自己的能力——对你的能力充满信心——并相信如果你愿意,你可以提高自己的能力。

不同的自我效能感意味着你在同样压力下是导致轻微震荡还是重大崩溃。但是当巨大的创伤使我们好不容易建立起来的信心崩塌时会发生什么呢?如果雪莉的世界观发生变化,她怎么能够和从前一样呢?我能帮助雪莉发现她现在是谁,帮助她恢复过上幸福美满生活的信心吗?哪怕遇到起起伏伏,能够不让过去的创伤决定她的未来吗?正如我将解释的那样,这就是自我效能感的核心。它不是知识或技能,而是知道我们有能力去了解、学习、适应并在面临挑战时仍能蓬勃成长,有能力应对人生路上发生的一切。

强大的自我效能感与更健康的身体、更好的工作和更高的学

[①] 在本章中,我将自我效能感与精通程度(或者更准确地说,是我们感知到的精通程度)互换使用。

业成就以及更好的社会关系和恋爱关系有关。它能使人更加努力，并能增强你的动机——一种对于实现目标的渴望——有助于进一步推动和维持努力。研究表明，当人们认为自己在某种情况下更有能力时，例如，他们被告知在实验情境中赢得比赛的概率更高，他们就会更努力、更持久、更坚韧地工作。自我效能感会推动我们不断尝试，尤其是在面对逆境和失败时。

自我效能感对于蹒跚学步的幼儿来说是轻而易举的事情——他们相信自己无所不能！但我们很快就会发现，并不是所有事情都能立即、轻易地实现或成为可能。通过多年的尝试、失败、成功、再尝试，我们建立了自我效能感。当我从医学院毕业时，我拿到了文凭、白大褂和一大桶自信。哦，等等。我只是拿到了文凭和白大褂。我的自我效能感是在多年的工作实践中建立起来的。精通是一场旅程。一路上可能会遇到一些波折，这很正常。而且，正如我们将要探讨的，我们完全可以采用一些方法加快这一过程。

我会教会你处理大的创伤事件，以削弱其对士气和自我效能感的影响，并将小的创伤、更普通的压力源转化为前所未有的提高自我效能感的机会。

高能量小·贴士——当遭遇了暂时失败时

自我效能感将影响我们是否能够抓住机会，也会影响我们是否因为怀疑自己的能力而放弃机会。与此同时，我也意识到，我们之所以错失了一些机会，是因为我们无法控制的因素或障碍。

我们所处的环境、周围的人、早年的生活经历、我们曾获得（或失去）的机会，所有这些都会影响自我效能感。当我们受到限制时，就很难体验到自我效能感的能力。事实上，反复尝试却没有进展的感觉会让人感到受限制和沮丧，甚至会（正如我将要讨论的那样）导致习得性无助——一种认为我们无论做什么都无济于事的感觉。

有时，为了心理健康，你可能会决定停止追求某个目标。但在停止之前，请先暂停一下，给自己一些恩惠——时间、休息和机会——评估一下当时的情况。是否有些方面是你可以控制的？是否有转机？我希望本章提供的工具能对你有所帮助。另外，还可以看看第九章"培养健康习惯"，因为自我效能感是一种习惯，会在练习中不断强化。

如果事情没有做成，或者如果你决定先停下来，你要知道：虽然你觉得失去了什么，但你并没有失去。尝试的努力实际上在大脑中建立了新的通路。你发展了技巧，你提升了能力，你离精通更近了一步。

你可能并不会立刻看到或感受到。但请相信，你的努力已经使你登上一个新的台阶。当你准备好时，你将以最适合你的方式达成目标。

揭秘自我效能感

你有没有买过健身卡后没几个月就不去健身房了？你有没有下载过提高效率的应用程序，但从未使用过？你是否劝说自己不去争取应得的加薪？

如果是这样，那么你需要知道，精通感或自我效能感是一个人最重要的心态。

你对自己能力的感知支持着你执行任务的实际能力。我们对自身能力的感知与实际能力同样重要，甚至更为重要。事实上，研究人员发现，认为自己有能力取得成功可能比良好的执行能力更能决定最终的结果。

通往精通的道路大致如此：信心促使你去尝试，付出努力。持续的努力（坚持不懈）会使能力或行动力逐渐提升，最终取得成功和胜利。这些成功让我们感觉很好——我称之为积极情绪反应。每一次胜利都会增强我们的信心，使我们更有可能尝试、坚持并完成下一个任务，进而提高自我效能感，付出更多努力，获得更大的胜利。这是一个良性循环！

要想提高自我效能感，必须具备每个要素。然而，有时尽管我们付出了努力，却看不到积极的结果，或者我们难以全力以赴。路途中可能存在各种障碍。也许你发现自己想说："我做不到，我不可能做到，我不知道该怎么做，我不知道从哪里开始。"我们没有意识到，如果任由这些想法或说法发酵而不加以验证，就会导致我们回避、紧张或过早地放弃对我们很重要的事情。拖延、逃避、悲观和过度担忧都是低自我效能感的先兆和结果。这些对自我效能感的反复打击会导致习得性无助，并蔓延到生活的其他领域，成为滑向抑郁的下行道。

自我效能感不是过度自信或自恋，也不会导致欺骗、偷窃或走捷径等不道德的行为。实际上，低自我效能感加上高期望值——期望得到最好的结果，但又缺乏成功的信心——才可能导致走捷径和随之而来的复杂情况。自我效能感会导致健康的冒险行为，而这种行为往往是提升目标水平必不可少的。

研究表明，自我效能感可以提高工作绩效和幸福感。1998年，一项整合了100多个有关自我效能感和工作绩效研究的元分析发现，那些在工作中感觉精通的员工会更快乐，工作绩效也更高。较强的自我效能感已被证明可以提升手术效果，防止成瘾复发，提高冠心病、癌症、脊髓损伤和骨关节炎患者的幸福感和生活质量。自我效能感高的学生学业表现更好，部分原因是他们意识到自己的努力会产生效果，使其取得更好的成绩。他们还表现出更好的健康状况、更好的应对机制和更高的个人满意度，从而提高了出勤率。

自我效能感由两个积极状态组成：

1. **自我效能期望**。对执行特定行为的能力有信心。假设减肥是你的目标，自我效能期望就是你对自己执行减肥计划的信心。人们可能知道或理解戒掉快餐的必要性，但如果他们觉得自己没有能力做健康餐，他们可能会继续吃快餐。

2. **结果期望**。一旦你开始并坚持完成某个目标，你就会对自己成功实现目标充满信心。在我们的减肥例子中，你对结果的期望就是你对通过实施计划达到预期结果的信心。有些人之所以放弃，是因为他们认为，尽管他们付出了很多努力，比如准备健康饮食等,但他们还是无法成功。

　　理想的情况是,我们对这两种期望都保持高水平。我们中的许多人都有一种扭曲的想法,低估自己的能力,倾向于认为好事是我无法控制的;或者发生在我身上是因为运气或机遇(积极方面外归因);或者认为坏事总是我的错,一定是我有什么问题(消极方面内归因)。最好对特定情况有一个健康、现实的视角,了解我们的责任是什么,以及哪些因素超出了我们的控制范围,这样我们就能给自己尝试的机会,看到我们的努力能够产生结果,同时也知道什么时候该减少损失。这对雪莉这样的创伤幸存者以及任何遭受巨大丧失的人来说尤其重要,这样他们就会感到自己有能力出发,继续他们的治愈之旅,尽管途中会遇到各种挑战。

　　自我效能感关系到我们如何面对每一个障碍或目标(最终会影响到个人财务状况、人际关系和工作)。而感觉自己可以掌控未来对于良好的心理健康至关重要。

　　当一位名叫莉娜的患者第一次来找我时,她在工作上几乎已经放弃了。莉娜说她能理解"摆烂"这个词——继续工作,但参与感大大降低。不久,她担心自己只会做最基本的工作——而她不是这样的人。

　　莉娜很喜欢自己的工作,但让她困扰的是,一些工龄没她长的同事,却得到了新项目和更多的会面时间,并处于晋升队列的前端,而她虽然有同样的资格,却没有获得会议桌上的一席之地,尽管她努力争取新的负责项目和晋升机会,她依然被忽略了。

　　莉娜的自我效能感摇摇欲坠,导致她产生了习得性无助感,坚信无论她做什么都无济于事：他们永远不会让我进入他们的圈子（低结果期望），我害怕开口提出要求（低自我效能预期）。她因此而减少的输出可能会导致她担心的结果——没有晋升；甚至会丢掉工作，以及进一步的挫败。这就是低自我效能感的危险恶性循环（稍后将详细介绍莉娜是如何走出这一困境的）。

健康的自我效能感意味着面对挫折时不气馁（或将影响最小化），而不是意志消沉或坐立不安；满怀热情地迎接任务，而不是充满畏惧。

好消息是，自我效能感不是魔法，它是一步一步建立起来的。通过练习，自信会油然而生。

形成自我效能感的四种途径

著名心理学家阿尔伯特·班杜拉认为,自我效能感的形成主要有四种途径:

1. 个人经验。只要有可能,克服障碍并通过自己的行动或贡献取得成功,你自己的直接经验是建立自我效能感最重要的方式之一。

2. 模仿经验。通过模仿他人如何克服障碍并实现目标,你可以增强自我效能感——这是我在作为一名新人医生时发现的非常宝贵的经验。

3. 口头反馈。从合适的人(了解你和手头任务的人)那里寻求反馈和强化、鼓励、慰藉,可以促进自我效能感。这很大程度上受我们早期学习经验的影响。作为成年人,我们得到的这种机会更少,因此需要自己寻找机会。但是,给予反馈需要非常谨慎,我们将会讨论这一点。

4. 生理反馈。通过处理问题时产生的感受获得自我效能感。如果一项任务让我们感觉一塌糊涂或索然无味,我们就更有可能回避或放弃它。这种任务给人的自我效能感很低,即使它很容易掌握。

这四条途径会在自我效能感的形成过程中混杂出现,也是我们面临困扰时可以采取的步骤。

建立自我效能感的三大障碍

有时在我们努力建立效能感的过程中,我们的思想或生活中会出现一些障碍。它们可能会影响我们对自己、世界甚至未来的看法。以下是人们经常遇到的三种障碍,以及有助于突破这些障碍的应对策略:

障碍 1:无助。我感到崩溃 / 无力 / 孤独。
突破障碍:认可

障碍 2:困境。这压垮我了 / 我做不到 / 我永远都不会做对。
突破障碍:灵活性

障碍 3:疲惫。这太难了 / 我想要放弃。
突破障碍:自我支持

障碍 1:无助

在第三章中,我们探讨了情绪是如何作为一种强大的力量,推动我们朝着积极或消极的方向发展的。当我们在情感上和身体上感到安全和被理解时,包括我们所经历的困难、变化、痛苦或丧失得到认可时,我们就更可能去大胆改变。如果我们正在处理创伤,那么认可和安全感就尤其重要。我与雪莉的合作开始于确认已经发生的深刻变化。她所认识的世界(我们都认识的世界)已经不一样了。我给了她时间和空间去哀悼过去那个乐天派的雪莉，她穿着高跟鞋来上班；并接受新的雪莉，她穿着运动鞋，因为担心出现另一次袭击。她还会再穿高跟鞋吗？会的，但它们会有所不同。最后，她会穿上一双小猫高跟鞋，背包里随身带着运动鞋和运动裤，感觉安心又舒服。

认可雪莉的生理和情感需求让她渐渐平静下来。我们逐步降低了她无法摆脱的过度警觉感，这样她就能够重新解决一些问题，从而再次找到安全感和自我效能感。她还需要休息时间和治疗的空间。"9·11"事件后，她一直没有休息。作为我们协同治疗的一部分，她向她的经理请了假，但当她的经理发现这与雪莉在"9·11"事件后的困扰有关时，她建议雪莉使用她积攒的病假，并告诉她，如果她需要更多的时间或任何特殊的安排，包括医疗和治疗预约，她都可以请假，而且不会妨碍她的晋升。

"你不知道那有多么鼓舞我。"雪莉告诉我。由于害怕被认为"缺乏团队精神"，雪莉一直把一切都深藏于心。她羞于请病假，觉得自己没有资格花时间去照顾自己的情感创伤，因为这些创伤不像她的一些同事在"9·11"事件中受的伤那样"显而易见"。

障碍 2：困境

感觉自己没有做好应对变化或挑战的准备，或者认为挑战太大或太难，都会让我们陷入心理瘫痪。古人知道，抗拒变化会导致痛苦。"除了变化，没有什么是永恒的。"公元前 500 年希腊哲学家赫拉克利特如是说。生命的无常也是印度教的核心观念，但重要的区别在于，导致痛苦的往往不是变化本身，而是我们对变化的抵抗。就像我们更新电脑软件以更好地满足我们的需求一样，我们也必须更新我们的心态，以应对当前情境的要求。以下是一些通过提高思维和行动的灵活性来突破困境的方法，这可以让我们为自己松绑，做得更好。

将挑战看作成长的机会

我对自己的新角色感到诚惶诚恐，有一些明确的原因。这个项目正在开辟一个全新的领域，没有蓝图可以参考。我以前从未担任过医疗总监，更不用说治疗如此极端的创伤了。

掌握成长型思维方式真的很有帮助——这个词是由心理学家卡罗尔·德韦克创造的。成长型思维模式与固定型思维模式不同，它不会对能力设置上限。当我们内化或相信类似"有些人就是不行"，"我就是永远学不好数学或工程学"，或"无论我做什么，我都减不了肥"，或（像莉娜说的）"他们永远不会让我进入他们的圈子"这样的说法时，我们就为自我效能设定了上限，更容易感到沮丧和挫败，也更容易放弃。悲观的想法允许我们不努力学习……不按计划锻炼，偷吃零食……失去对工作的热情。在自我实现的预言中，最糟糕的预言会成真，仅仅是因为我们让它们成真；事实上，我们甚至创造了它们。

高能量语录：

▶ 你要打破的第一块也是最重要的那块玻璃天花板就是你自己设定的那一块。

为了鼓励自己将障碍视为成长的机会，试着将你的处境看作实践和提升技能的途径，而不是对舒适区的威胁。这并不容易，但我正在学习大量有关激发积极预期的知识，以更好地感知个人的承压能力，从而增加我们承受压力的实际能力！

挑战扭曲的想法，重构歪曲的认知

在具有挑战性的情况下，经常批评或质疑自己的人很可能会被消极的自我对话所干扰。自信的人更有可能在压力下表现得更好，因为他们能控制自我对话，这样他们就能保持心流状态，专注于现实情境。你越能通过积极的自我对话来降低任务焦虑，你的表现就越好。前几章中的认知重构技巧（ABCDE、5R、担忧日记、思想日志等）可以帮助你挑战消极的自我对话，并以更有力量的角度看待问题。

当莉娜意识到并开始挑战她的悲观想法——我无法进入老板的视线，即便我表现出色，也没人会注意到——她更能接近成长型思维模式。对自己的态度、努力以及她能够控制的事情负责，帮助她不再回避问题，采取行动解决她的担忧。

虽然为了学习和成长而制定高标准并追求卓越——被称为完美主义的奋斗——可能是健康的，但僵化的标准、缺少灵活性以及不良型完美主义导致的无休止的自我鞭挞，会严重妨碍我们接近目标。当我们需要或依赖某件事情以某种特定方式发展时，我们正在采用一种非此即彼的观点，这限制了我们的应对技能。对成功不顾一切的追求会使风险和对失败的恐惧达到极致，导致压力激素大量分泌，反而影响工作表现。研究表明，不良型完美主义会影响目标的实现，导致为了成功而"不择手段"（包括不道德的手段），或将其他目标搁置一旁。灵活性加上自我关怀（没关系，每个人都会犯错 / 一点挫折而已），有助于消除自我苛责。

通过认知重构来练习灵活性，对于任何触及你痛处的情况都有很大的帮助——从工作、人际关系再到子女教育。举例来说，低自我效能感的父母往往会采用更具惩罚性的养育方式。家长获得技能并感觉自己有能力，会让孩子们的社交、情感和学业成绩更好。如果你认为自己是一个有能力的家长，那么你就不太可能把孩子天生的自主性视为对你的挑战，你就不会觉得孩子在和你对着干，也不会感到威胁或无助，更不会采取不健康的应对方式。

在"9·11"事件发生后，雪莉认为她再也不会感到安全了。我们通过识别和使用她的思想日志，比如记录全或无思维（除非我确定再也不会有威胁，否则我无法放松）、灾难化（我被摧毁 / 破碎了）、过度概括（你不能相信任何人或任何事）和选择性注意（我已经取得了一些进步，但我真的还有很长的路要走）来转化她的看法。我们通过成本效益分析（这种思维方式的成本是什么？换一种思考方式的好处是什么？）、未来展望（从五年或十年的角度审视一个情境）以及像友善的朋友一样分析情况（关心和认可，而非评判）等技术来挑战这些扭曲。

在我们一起工作了大约 8 个月后，雪莉会说："我大部分时间都感觉安全。"这种看法使她能够采取措施重新获得对生活的主导权。

与意义、目的和身份认同连接

如果你对一个挑战或目标感到困惑或犹豫不决，试着问问自己，为什么它对你来说有意义，它体现了你的什么立场，或者它与你认为自己是什么样的人相符（也就是你的身份认同）。一位叫凯蒂的患者小时候非常想成为一名心理学家。她的父母告诉她，她不适合读心理学博士。她还是申请了，但她没有被申请的几个（主要是研究型的）博士项目录取。她的自我效能感受到了重创。但凯蒂有一个内在的闪光点，她很灵活。

当我问她追求这项工作的深层原因是什么时，她立刻回答：帮助他人，倡导新观念。她意识到有许多其他的健康职业都能满足她的这一目标，对她来说也一样有意义。意识到自己更大的目标，她打破了只有心理学才有意义的非此即彼的思维障碍，看到了其他选择。凯蒂最终成为一名成功的执业护士，在她工作的医院晋升到行政职务。在我们结束治疗几年后，她给我发了一封电子邮件，告诉我她已成为一家大公司的首席健康官。后来，她又给我寄来一份新闻稿，她获得了商界女性领袖奖。一起寄来的还有一块送给我办公室的牌匾："用钢笔书写你的目标，用铅笔书写你的道路。"凯蒂将自己事业上的成功归功于当 A 计划行不通时，能够转向 B 计划。

医学院里有些课程我并不感兴趣，但我通过将之与我对医学的核心信念——医学是我的使命——相连接顺利通过了它们。将我们的健康理解为错综复杂的心理和生理关系网络，是我能为病人提供的最有价值的视角之一，也是我选择医学和精神病学的原因之一。从解剖学和生理学到病理生理学、神经科学、药理学和微生物学的课程，以及从外科、妇产科到儿科的临床轮转培训，让精神科医生得以窥见健康的全貌，使他们能够有意义地参与患者的综合治疗计划。从药物间相互作用到精神疾病的常见医学表现,以及其他疾病的精神症状,我们都能意识到心理和身体是多么息息相关。作为一名精神科医生,我确信一件事:没有心理健康就没有身体健康。

将目标与你的目的或核心价值观联系起来,还有助于确定你的推进(或犹豫)是为了取悦他人或向他人证明自己,还是出于对任务本身的兴趣。需要他人认可、渴望荣誉或其他成功的外部标志以及害怕批评,都会导致严厉的自我批评,这会削弱自我效能感,导致拖延、放弃和自暴自弃。当你对某件事不感兴趣的时候,可以暂停或者后退一步,对其重新加以评估。

回顾过去的成就

我们大多数人的能力都远远超出了自己的想象。你可能需要提醒自己,你是一个多么能干、聪明、坚强的人。

你可以基于事实观察你的优势和成就。回顾你的童年时代,想想你的校园生活、体育运动、社交技能、工作生涯、业余爱好和人际关系。这相当于你借用了另一个领域的能力来支援自我效能感衰弱的领域。

例如,作为五个孩子中的老大,莉娜在成长过程中经常承担照顾弟弟妹妹的责任,她的需求并不排在第一位。我请莉娜描述一下,尽管她的童年令人失望,但她学到了哪些积极的经验。"嗯,我的父母很依赖我。我很可靠,至少我变成了这样。我想,我有能力掌控大局。""这对你的人生有什么帮助吗?""当然。"她说,"但有趣的是,我不想以那种方式看待它。"

有时别人能比我们自己更清楚地看到我们的潜力——当自我怀疑的时候,这很有帮助。我在接受培训和在国际合作项目工作期间认识了一位杰出的同事,她建议我争取担任创伤项目医疗总监的机会,因为他们之前向我伸出了橄榄枝。我非常敬重她,如果她认为我可以胜任这份工作,那么也许我真的可以。

如果给年轻时的我做心理咨询,我会说:"你不是这个国家最顶尖的创伤专家,这样比较是不公平的。但你具备所有基本要素。你善于倾听,富有同情心。你曾与来自不同社会、经济和种族背景的人共事。你知道如何从病人身上抓住要点。如果你不知道答案,你也知道如何进行研究并寻求信息和支持。你是从竞争激烈的申请者中脱颖而出的。如果他们认为你不能胜任这份工作,就不会选择你。此外,你有一个很好的团队,项目创始人是一个你很钦佩又敬业的女性临床医生。"

提醒自己,虽然你以前可能没有完成过这项特殊任务,但你曾经处理过其他棘手的情况。

障碍3:疲惫

通过自我关怀进行自我支持会对你保持自我效能感有帮助。在工作、学习和人际交往中,有了自我关怀,我们更容易从挫折中恢复过来,并对未来的尝试更有信心。一项研究表明,具有自我关怀心态的学生在面对期中考试失败时,会采取更好、更灵活的积极应对策略。在另一项研究中,拥有自我关怀的学生能够重新投入并在考试中付出更多努力和时间。研究表明,在工作中保持自我关怀的心态能增加工作热情和适应能力,有助于更好地实现工作目标,更深刻地体悟人生意义感。

自我关怀允许你温和地接受自己,让你能够自由地学习、寻求帮助和不断尝试。因此,自我关怀始终让你朝着最好的自己前进。想要深入了解这个话题,请阅读第五章中"GRACE:培养自我价值感"一节,你的自我效能感会感谢你的!

自我支持包括照顾你的身体。特别是在追求目标或迎接挑战时,你需要足够的休息、放松、适当的锻炼、健康的食物和充足的睡眠。我特别留意那些说"无论我做什么,我似乎都不能……"的病人。我们经常会探讨一些医疗或心理健康问题是否会成为(例如)减肥、精力充沛、积极向上或坚持完成任务的障碍。有时,我们需要帮手来支持我们,比如注册营养师、健康指导师或健身教练。

除了休息,雪莉和我在治疗过程中和在家时都会专注于渐进式肌肉放松和正念练习。她参加了我们项目中的艺术治疗、瑜伽治疗和一个认知行为治疗的创伤小组,也继续接受因暴露于"9·11"事件的灰尘和碎片而导致的肺部和鼻窦问题的身体监测。

经验 = 能力

莫拉维·鲁米说:"不要满足于故事,不要满足于别人的经历。创造你自己的神话。"正如前面提到的,培养自我效能感的最佳途径是亲身经历。但尽量不要直接把自己扔到深水区!成功能培养自我效能感:我们的付出需要一些回报,否则效能感就难以维持。理想情况下,任务应该具有足够的挑战性,以刺激你并鼓励你坚持不懈,因为坚持可能是决定一个人能否成功的额外因素。

在投身重大改变之前,先尝试做出一些小变化:想成为更好、更有说服力的演讲者吗?从阅读相关资料开始;观看演讲大师的视频;参加关于公开演讲的网络研讨会;尝试一些低风险的情境,比如在你的礼拜堂带领一个委员会,或者培训辅导孩子;学习制作赏心悦目的幻灯片教程,将你的新技能融入工作提案和展示汇报中。

鼓励自己时,要提醒自己这就是构建自我效能感的方法。小步前进,循序渐进;安打,而不是全垒打;稳扎稳打;放轻松,慢慢来。

如果焦虑让你陷入困境,那就试试行为激活法。不要等待想做什么的冲动,现在就开始吧——一点一点去做。仅仅去做就能建立自我效能感,这是对抗焦虑的强大武器。

不要轻视你的成就。许多人把自己积极争取的成果归因为运气,或以其他方式淡化自己的成功。这是一种负面思维的扭曲。

随着雪莉感觉越来越好,她的情绪、睡眠、精力和注意力都有所改善。在工作中,她感觉更专注了,她开始自愿参与一些项目。她甚至开始觉得在大型团体和公开演讲时更加自在。她的老板注意到了这一点,给她升了职,这是自我效能感的一大胜利。"我可以变得更好。"她说,"事情可以变得更好。"自我效能感带来希望。

雪莉的成长以及我在其他病人身上看到的变化,对我来说也是一个转折点。他们的痛苦和失落都发生在我的办公室之外,我意识到,他们的收获也在那里。给一个人赋能意味着通过他们的成功经历,恢复他们对自己、对世界、对未来的信心。帮助我的病人通过现实世界中的胜利获得力量,这成为我的实用乐观主义项目的基础:让个体成为改变自己生活的主理人。

通过观察来学习

你曾目睹过你的老板巧妙地进行交易谈判吗?钦佩过父母安抚孩子的能力吗?看过棒球运动员挥动球棒的视频吗?受到过某人处理逆境或病痛的鼓舞吗?无论何时,只要你通过观察来学习,你就是在实践替代经历。在有了直接的个人经历之后,观察能力突出的实践者是最好的学习方式。这就是为什么在医学培训中,跟踪实习是重要的组成部分。

心理学家利昂·费斯廷格的社会比较理论认为,人们有一种评价自己的内在驱动力,通常是与他人进行比较。看到同龄人的成就(横向社会比较)或榜样的成就(向上社会比较)有助于我们衡量自己的能力、特质和态度。只要这些比较不是遥不可及到让我们对自己的前景感到绝望,它们就会启发和激励我们:如果我认同的这个人能做到，我也能做到。

成长型思维

我们在本章的前面谈到了采用成长型思维模式，或者说用这样的视角来看待自己，认为自己有能力在完成任务或实现目标方面不断进步。这种心态能让你保持开放，学习前进所需的关键信息，掌握特定技能，并在掌握技能的过程中发展情感洞察力。保持好奇心能增强灵活性和适应性（我还能尝试什么？我还需要了解什么？），帮助你体会到进步的感觉（看看和开始的时候相比，我现在知道了多少）。它还能帮助你克服不可避免的挑战（我需要继续工作，付出努力，而不是认为自己不擅长做这个）。

高能量语录：

▶ 外界的认可可以帮助你获得成功，但无法帮助你维持成功。真正的成功及其带来的幸福感来自随着时间的推移逐渐克服小障碍后建立起来的掌控感。

挫折，甚至是失败，都为我们提供了重整旗鼓、以自我关爱的心态再次尝试的机会。研究表明，这有助于我们坚持不懈，不轻易放弃："这带给我挑战，而且是全新的。我需要一些时间来掌握。感到害怕或跌跌撞撞是很自然的。"

我清楚地记得我第一次有机化学考试失败的经历。那不仅仅是一个糟糕的考试成绩。有机化学以高难度著称，是阻碍医学生实现医生梦想的一门课程。它基本上是阻碍我完成梦寐以求的学业最大的障碍之一。如果我连第一次考试都过不了，又怎么能通过后面的考试呢？后来我知道，我并不是唯一考不好的人。这让我开始意识到自我关怀中人性的共通之处：这种情况可能发生在任何人身上。虽然我仍旧担心，但我坚持了下来——下定决心，加倍努力学习，同时寻求帮助——最终取得好成绩，尽管我还要兼顾三份工作。后来，我成了系里的一名辅导老师（并在读书期间继续为医学预科生和健康科学专业的学生讲授这门课程），帮助他们揭开这门让很多人摸不着头绪的课程的神秘面纱。从那时起，每当我需要克服障碍时，我都会鼓励自己，提醒自己不仅从那段经历中获得了广博的知识，还学到了获得掌控感和自我效能感的方法：我曾经做到过，所以我也能再次做到。

在这个新设立的管理岗位上，我需要学习的东西很多。我认为这份工作需要的是具体能力。如果你缺乏能力，你会怎么做？立刻行动起来，去提高能力，对吗？

在开始工作前的几个月里，我深入研究了心理健康项目的组织和管理方式。我参加了会议，与诊所负责人会面，了解他们的项目，并向大型综合项目的负责人讨教。

在工作中，我利用同事们的集体智慧。我们相互依赖，开会讨论复杂的病例，因为我们要治疗的人群多种多样——高管、服务人员、急救人员、社区居民——每个人都受到了集体创伤的独特影响。我们还成立了期刊俱乐部，阅读并讨论相关文章。回想起来，我相信我对学习的需求和意愿促成了一种更少等级制度观念的团队文化，使我、我的同事和我们的患者都受益良多。

正如我提到的，成长型思维包括情感洞察力。虽然我不认为每个人都应该接受心理治疗，但这可能是学习新的有效应对技巧的重要一步——对我个人来说确实是这样的。莉娜告诉我，她有时在她的大家庭中感到自己像是隐形人。他们家的餐桌不够大，无法坐得下所有人。她说："他们希望我帮忙准备晚餐，这意味着我和妈妈最后才能上桌吃饭。"她对此有什么感受？"好像我不够重要，无法成为家庭集体用餐的一部分。"

我们谈道，这种照顾者的角色可能也会在工作中出现，她在完成自己工作的同时帮助他人，但发现"很难说出自己想要什么——这样做好像是自私的"。

"我真心不介意帮助别人，"她说，"我只是想要和其他人一起坐在桌边。"这让我想起了纽约国会议员（也是第一位进入国会的非裔美国女性）雪莉·奇泽姆的一句名言："如果他们不给你桌边的座位，那就带一把折叠椅来。"创造性、灵活性和坚持帮助莉娜提升了她的效能，消除了一些她能够控制的"隐形"障碍。

寻求有效的反馈

莉娜和我讨论道，或许由于她的单一视角创造了一个闭环，她把知名度和晋升等同于公司对她的重视程度。我问她还有什么可以表明她对团队和上司的价值。她说："我可以征求反馈意见。"这正是班杜拉提出的培养自我效能感的四种方法之一。我们决定让她向老板寻求反馈。有了这些，她就可以决定下一步行动：要求在会议桌前占有一席之地，还是看看其他选项。

寻求反馈是成长型思维模式的一部分。在莉娜的案例中，她老板的反馈将帮助她不再将关注点聚焦在自己对事情进展的看法上，而更多地关注她可以做的具体事情，成为一个有影响力、有价值的贡献者。但是，反馈也可能来自一个了解你、真心为你着想、有相关经验，也许还有更多生活阅历的人。

征求信息和意见，或者像莉娜那样寻求建设性的反馈，有助于避免自我效能感因不断怀疑自己的表现而损耗。意见或反馈可以是基于知识、技能或心态的。什么使它具有建设性呢？理想情况下，它应该具备以下特点：

1.权威性：它来自一个有能力知道他们在谈论什么的人。也许他们长期了解你的工作，与你密切合作，或者知道你可以改进的地方。权威性并不意味着他们必须是权威人士。有时我们从自己尊重的人那里学到的东西最有价值，而他们并非权威人士。虽然莉娜决定向她的老板寻求反馈，但我们也讨论了她可以通过一个工作项目找到导师，她在项目中与公司的一位高级合伙人建立了牢固的关系。相比之下，莉娜更喜欢从和她没有直接上下级关系的人那里获得意见，而不是在老板面前表现出脆弱的一面。她承认，有些时候她会对老板建设性的批评耿耿于怀。

如果你要接近一个不认识的人，那就需要提前准备和建立联系。我不能直接给医疗主任打电话，占用他们几个小时的时间询问如何运营治疗项目。我会参加他们将出席或发表演讲的会议。我花时间找到他们，介绍自己，请他们花几分钟时间分享作为项目主任的经验，然后从这个话题聊起。有时，我会先阅读他们的论文与他们取得初步联系，并在会议上提出以后继续联络；或者我会在他们演讲结束后与他们接触，甚至在一般性问答环节中向他们提问。

2. **具体性**：专注于你需要提高自主性的特定领域。我做了背景阅读，所以我有备而来，能够提出具体问题来填补知识空白。我寻求有关创伤的知识，例如，我们邀请领军专家向我们的团队讲授创伤心理治疗，并担任案例顾问。对与管理项目的技能相关的意见，我会与医疗主任联系。而有关心态方面的意见则由 L 博士负责。

3. **坦诚友好**：委婉的实话是最理想的，但有时反馈意见也很尖锐。自我关怀者会这样想："哇，那感觉不太好。但那个人是这个领域的专家。我很庆幸能与他交谈。我很高兴我有勇气提问。"

有时，人们会担心自己寻求反馈或帮助会显得愚蠢、不自信或不合格。你必须积极努力避免类似的自我暗示。运用自我关怀："没有人知道一切。承认自己有所不知是有力量的表现。"

高能量小·贴士——表扬和表扬不一样

如果你将要接受或给出反馈，要知道有些表扬方式能否提高效能感。

研究表明，一味地表扬可能会适得其反。事实上，有一项研究发现，那些得到 C 等成绩的孩子在得到"你们很棒"的表扬后，学习动力反而会减弱。告诉一些完成任务的人——尤其是年轻人——说他们"是个了不起的人"，并不一定能帮助他们建立努力与成功之间的联系，反而会让他们觉得自己的能力已经到了极限。相比之下，给予有条件的以努力或任务为导向的表扬——"你在这件事上付出了努力，因此做得很出色。干得好！"——这是我们可以控制的。它将我们与能够精通某事的能力联系在一起，这就是成长型思维。

这里存在一个平衡点。在无条件的表扬与有条件的、以任务为导向的表扬之间找到平衡点，既能肯定一个人的重要性和价值（是一个有价值的人），又能强调他的努力会带来变化。例如，在工作场景中领导可以这样表扬员工："你是公司的宝贵财富，我们很高兴你在这个团队中（无条件的表扬）。当你为客户提案而努力工作时，你的团队就会为我们带来好结果——神奇的事情就会发生（有条件的表扬）。我期待你在下一个项目中有更出色的表现。"或者，在学校情境中老师可以这样表扬学生："你照亮了这间教室（无条件的表扬）。你投入的时间和精力——记笔记、复盘你的试卷以了解如何改正错误——都得到了回报（有条件的表扬）。你真的很努力，继续加油！"

正向设想

我们已经讨论过自我效能感的两个组成部分:对自己执行特定行为的能力的信心(自我效能期望),以及对这些行为带来预期结果的信心(结果期望)。这里有两种方法,可以通过更积极地"看待"这两者来提高自我效能感。

我经常通过角色扮演来帮助我的病人,我让他们想象自己能够实现目标,并有能力为压力情境做好准备。在莉娜的治疗中,我扮演老板,让她练习在反馈谈话中提出自己的要求。作为她的老板,我会给莉娜一些反击,比如"我不确定我们是否需要在会议中增加人员"。对此,莉娜在经过练习后会说(先是角色扮演中对我说,后来对她的老板说):"我明白(承认老板的观点)。同时,参加会议有助于我了解公司的愿景和优先事项,我可以运用于工作中并向我们的客户清晰阐述,以增强他们对我们公司的信心(为她出席会议可能对老板和公司带来的好处给出了强有力的理由)。"我们还进行了角色扮演,模拟了莉娜在提高自己的表现之后申请晋升的场景(她承认由于她的自我效能感低下,在过去的一个季度里没有投入必要的努力,在此时期望晋升是不现实的),以及对"公司人员编制中没有晋升的空间"这一说法该如何回应。

你还可以每天花几分钟时间进行引导式意象,来想象最好的情况。如果你在尝试减肥,想象自己正在做运动,想象运动带来的回报(这是关键):感觉更有活力、更专注、更快乐。

创造正向反馈循环

在探索新体验的过程中体验积极情绪,是培养自我效能感的关键方式。关注你在面对任务或挑战时的感受,不要只是埋头于下一项任务或挑战。记住努力工作、学习、尝试和成功(即使不是完全成功)的感觉是多么美好,这是一个重要的学习线索。

当你取得成功时,拥抱那些美好的感觉、成就感和满足感。如果事情进展不顺利,请回顾我在前文提到的关于克服障碍的策略,以确认你的情绪,确保你没有陷入消极思维和扭曲认知,并为自己提供支持,让自己轻松地重新回到这个进程中来。

尽管莉娜和她的老板的谈话进行得很顺利,但在她最想要的更多地参与新项目和会议方面仍然遇到了阻力。好在她并没有放弃,也没有把它个人化。一个周五,也是她的老板休假的前一天,莉娜主动提出当他不在的时候由她来负责会议组织。虽然提出这个请求让莉娜感到有些焦虑,但她已经在和老板的其他对话中练习过如何管理她的焦虑(一点一点地)。

她的老板同意了!莉娜信心倍增——这正是她重振工作热情所需要的。"我正在学习为自己的需要发声。这很重要,否则我会在精神上放弃!"她告诉我,"我的老板正在学习慢慢放松缰绳。他休假回来后,又让我参加了几次会议。"这对她在工作中的感觉有什么影响?"我感觉好多了,好像我终于得到了一些认可。我觉得自己更有兴趣,也更愿意承担更多超越职责范围的工作——最近我一直都是这样做的。"

莉娜利用那些胜利带来的自我效能感的提升,让自己在会议上被听到和看到。这并不是一朝一夕的事情，而是因为莉娜致力于培养自己的自我效能感，推动了工作效率和工作表现的良性循环。莉娜终于在工作中体会到了自我效能感，这给了她额外的动力，最终敢于要求并接受她应得的加薪，打破了她之前陷入的低效能－高回避－低参与的恶性循环。

雪莉决心从创伤带给她的影响中走出来，这让她一步步走向治愈。当治疗将要结束时，她的丈夫要求参加最后一次治疗。"瓦尔玛医生，重新看到她的笑容，我感到非常高兴。我就是因为她的笑容、她的笑声、她无忧无虑的天性爱上她的。我不确定还能不能再看到那样的她。她再一次成为一个充满希望的人。感谢这个项目的所有工作人员，给了我雪莉 2.0。"

雪莉 2.0？

雪莉告诉我，她的丈夫注意到她的变化了。"他说我变得更平静了。当他对一些看似微不足道的事情抱怨，比如路上一个司机对他按喇叭，或者排的队伍太长，我只是笑笑。我告诉他，'不要为小事烦恼。我们有彼此，我们健康，我们活着。这才是最重要的，对吧？'"

高能量小贴士——从自我效能感的角度问问自己

如果你面临挑战、任务、情况或目标，以下问题可能对你培养自我效能感有用。不要觉得回答这些问题有压力，它们只是帮助你从提高自我效能感的角度考虑如何重新构思或考虑问题。考虑你的想法、情绪和行为在自我效能感中扮演的角色——它们如何帮助你,它们在哪些方面造成了困惑、拖延和低效,以及你如何获得可操作的清晰指导方案。

了解我的情绪需要:

1. 我的哪些感受需要被接受和认可(或者被谁接受和认可)?始终得到他人的认可是不可能的。在这种情况下,把你的感受写在日记里。

2. 我是否需要一些时间来为失去的伤心?如果是这样,我可以通过哪些方式促进情绪和身体恢复平静,并对自己展现出宽容?(参阅第五章中的"GRACE:培养自我价值感"一节。)

3. 在努力实现目标的过程中,我注意到了哪些身体感觉?我的心跳加速了吗?我的手心在出汗吗?我有些颤抖吗?我的心脏因兴奋或恐惧而怦怦跳吗?

4. 面对这些情绪我做了什么?我会和别人打电话分享我感到多么震惊吗?或者我希望自己能做得更好?还是两者都有?

了解我的想法和认知:

如果任务和目标看起来太困难,问问你自己:

5. 我为什么要这样做?即,想要实现这一目标的根本目的是什么?我这样做是为了得到别人的认可或赞赏吗?如果是,我希望我的生活因此发生什么变化?我想取悦谁?我想证明什么?

6. 我是不是在回避新的挑战和机会?因为我将过去的挣扎(或扭曲)投射到未来的可能性上。如果是,我有哪些认知扭曲？例如：灾难化（"我没希望了"）；全或无思维（"太晚了"）；不公平的比较（"他们比我好太多了"）。（提示：尝试运用第四章和第五章中提到的 ABCDE 技巧）。

7. 我怎样才能重构情境或对于情境的认知来帮助减少负面的心理联想？（提示：尝试第四章提到的 5 R 策略。）我能否将这一挑战视为一个机会？在接近目标的过程中，我能否更友善地对待自己？

8. 如果我无法改变情境、我与情境的关系（我的参与）或事情的结果，那么，即使事情的结果不能如我所愿，它能教给我什么有价值的东西呢？

将想法和情绪转化为行动：

将计划付诸行动涉及几个组成部分（无特定顺序），所有这些部分对提高效能感都有巨大的好处。

9. 树立信心：我已经拥有的哪些品质是可以转化的？

10. 搭建资源：我需要哪些具体的东西？是否有我可以向他人表达的具体需求（例如休假）或我可以为自己提供的（例如休息）？

11. 积累知识和技能：在信息、技能或心态方面，我需要了解或学习什么？可以向谁或哪些资源学习？哪些课程、视频或讲座可能对我有帮助？我可以提出对别人进行简短的信息访谈吗？在其他情况下，哪些能力能给我很大帮助呢？

12. 建立支持和反馈：什么样的反馈——基于知识的、基于技能的、基于心态的——以及来自谁的反馈会对我有所帮助？谁会愿意与我分享他们的经验，并让我在努力的过程中定期与他们交流？（也许是已经实现了我设定的目标的人？）

13. 建立愿景：我能否每天花 3 分钟的时间来想象自己在朝着最完美的方向发展？我能否在日记中或与我信任的朋友一起，通过角色扮演模拟一些选择？

14. 建立承诺和替代方案：我怎样开始行动，才能让自己从亲身经历中学习？我是不是应该把事情分成几个小步骤，每次定期解决一个问题？如果 A 计划行不通，我的 B 计划是什么？

15. 通过回馈来提高自我效能感：我所学到的东西能带来什么？我如何回报那些在我成长过程中帮助过我的人？

  与雪莉一起工作是我在自我效能感方面最有力的专业课程之一。我无法还给雪莉她往日的生活。我无法重塑她或其他人的生活——包括我自己的。我们无法改变过去。但是通过提升自我效能感，我们可以充分利用现在，努力开创未来。想想 L 博士办公室里那只美丽的金缮花瓶——因有破碎和修复，而得以更美、更有价值。我意识到，我可以帮助我的病人在他们破碎的地方涂上爱与关怀的金色胶水，不是把它们藏起来，而是拥抱它们，打造一个更强大的自我，以及一个更美好、更健康、更快乐的明天。

  这是我工作的精髓，也是我们一生中工作的精髓。实用乐观主义使我们能够为自己的康复承担起责任。它是我们不时需要的金色胶水，让我们重拾生命之美。愿它能为你带来巨大的益处，像它带给我的一样多。

>> 第七章

活在当下：
夺回我们的注意力

关注是最稀有、最纯粹的慷慨之心。

——西蒙娜·韦伊

"请给我们一张双人桌。"我对也许是镇上唯一一家咖啡店柜台后面的老先生说。在一次旋风式的葡萄牙之旅中,我和丈夫误打误撞,最后来到葡萄牙南部一个渔村的一家小咖啡馆。

当我们坐下来拿起菜单时,我问道:"先生,有没有 Wi-Fi?"我虽然懂一些葡萄牙语,但我需要谷歌来翻译菜单。我们的手机快没电了,信号也不稳定。无线网络会将事情变得更容易。

他微笑着,指了指身后的牌子。上面用英语写着:

在无线信号弱的地方,人与人的连接就会变强。

我又饿又累,急需谷歌的"神谕"。它能告诉我们如何到达目的地,应该给多少小费,天气如何。

我什么时候变得如此依赖谷歌了,以至于无法访问谷歌时就会紧张?然而,在葡萄牙的即兴对话和冒险经历让我们津津乐道——讽刺的是,在那里,我们使用互联网工具来"远离网络"。所以,或许这个标牌是一个及时的提醒,让我们停止规划路线,而只是坐下来享受一杯咖啡。

据我们了解,乔是这家咖啡馆的老板,今年 85 岁。当我丈夫解释说我们计划开车去拉戈斯吃晚饭时,乔意味深长地笑了。"在我们的餐馆,你们就是我们的客人,我们希望你们吃饱喝足。"他说,"你们在两个半到三个小时内不太可能离开。这就是为什么我们的餐厅只有一两个座位。一般来说,你们今晚要是没有预订是无法在拉戈斯用餐的。"他挥了挥手,用葡萄牙语嘟囔了几句,然后走开了。

原本只想快速喝杯浓缩咖啡,顺便蹭一下无线网络,结果却变成了这样!

我们点了乔推荐的传统菜肴。他和他的妻子下厨,他的儿子和儿媳在前台招待。他们都来关照我们。乔和我们一起享用了波尔图葡萄酒和葡萄牙蛋挞。两个半小时后,我们离开了,带着美味的食物和更精彩的故事。

我在想,如果有无线网络,我们的用餐体验可能会有什么不同。我们是否会更少交谈,中断用餐去翻看手机,查看地图、工作邮件和社交媒体?我们还会和乔以及他的家人聊天吗?

这些习惯已变得司空见惯。我明白网络平行世界的吸引力——科技为我提供了许多职业和社交机会。我理解它为我与亲人保持联系带来的便利。我也明白它能多么悄无声息地侵占人们的注意力,就像我发现自己在生完孩子后的凌晨查看工作邮件。

我希望虚拟世界能在我的生活中占据适当的位置。我渴望自己足够清醒和专注,能够充分欣赏现实世界围绕在我身边展开的一切美好。

我知道,能否找到这种平衡靠我自己。

根据显示智能手机使用情况的应用程序 MobileDNA,截至本书撰写之时，我们平均每天解锁智能手机 80 次，每天收发 94 条短信。根据应用程序监测公司 data.ai（前身为 Annie）的数据，我们每天花在手机上的时间约为 5 个小时（占我们清醒时间的 1/3！）。常识媒体（一家位于旧金山的非营利组织）的一项研究表明，青少年平均每天花在手机上的时间长达 9 个小时。2018 年皮尤研究中心的一项研究显示，大约一半青少年"几乎始终"在线。

这些数字可能会让你感到震惊。但更令人担忧的是，有一项研究探讨了技术的使用与同理心的减少之间的关联。2011 年的一篇研究论文回顾了近 30 年来的 72 项研究，发现大学生自我报告的同理心下降了 40%——2000 年后下降最显著——其中部分是由科技引起的。还有什么下降了？我们的道德/伦理关注和乐于助人的行为，认知能力（好像智商下降了），孩子们的阅读、写作和社交/情感技能。这对我们人际交往的深度有何影响？研究显示，仅仅是看到有可能会打扰我们的手机，就会影响交流：交流的质量和深度会下降，双方对交流的投入程度也会降低，可能会降低他们之间的连接感，甚至影响彼此间的共情。技术的超可用性很重要。一项针对无设备儿童夏令营的研究发现，与正常使用电子设备的对照组相比，仅仅在 5 天之后，孩子们识别和解读面部表情的能力就得到了提高，更能关注和解释社交线索。

我们的交往越来越缺乏深度，这就是所谓的"浅化假说"。专家们认为，我们开始期待从人际关系和现实世界中获得与科技世界同样的便利，这导致我们对他人和世界失去耐心或不满意（我们对挫折的容忍度下降了），甚至在某些情况下失去了对他人的共情。不可避免的是，现实世界和人们永远不会像科技那样可预测或能够提供即时满足感（提醒你，即使是我们的设备也不是完美的！），这让我们对现实世界和人际关系感到失望。

浅化假说还延伸到我们处理信息的方式。我们的阅读理解能力正在下降，但我们却对已经理解了的阅读内容过于自信。在线阅读让我们养成了快速浏览和滑动屏幕的习惯，这与深入理解所需的仔细斟酌和反复阅读背道而驰。

但是……

我开始意识到，推动这些和其他变化的不仅仅是数字世界。在过去的30年里，社会发生了巨变。密歇根大学安娜堡校区的萨拉·康拉特领导的一项发表在《人格与社会心理学评论》的研究报告探讨了可能导致自我报告同理心变化（可能受到技术的影响）的潜在因素：

- 我们的榜样以及他们的价值观会影响我们。真人秀节目大行其道，它推崇以自我为中心的行为和自恋，奖励攻击性。
- 我们越来越看重外在的成就，而忽视了友谊。对朋友投入的情感越来越少，把关注点更多放在了他人的外在成功上。因此，我们开始把朋友视为竞争对手和潜在威胁。此外，根据皮尤研究中心2018年进行的一项"青少年、社交媒体和技术"调查，大约10个青少年中就有4个认为"义务太多"是他们不在校外花时间与朋友见面的原因。一个人在科技产品上花费的时间是否应该用来与人面对面交流呢？同一项调查显示，青少年正在面对使用社交媒体带来的负面影响——保持积极形象的压力、受到欺凌以及在朋友关系中不必要的虚情假意。另一项研究发现，15~24岁的青少年与人交流的时间显著减少，从2003年的每天150分钟减少到 2020 年的仅 40 分钟，减少了近 70%。
- 我们被暴力、战争、恐怖主义和其他灾难新闻和媒体消息轰炸，有可能变得麻木不仁，可用于体验和表达同理心的情感通道越来越窄。
- 我们更少阅读了，而阅读（尤其是小说）与更好的换位思考能力或从他人的视角看待问题的能力相关。
- 作为父母，我们可能并不总是有时间或耐心去验证孩子的经历，给他们表达自己情绪的空间，培养他们换位思考的能力。
- 我们更少花时间去了解身边人的想法和感受，因为我们的注意力被分散了，也因为我们在更多的表面关系中体验到了暂时的满足感，而没有发展出更深层次关系所必需的付出、给予和情感默契。

虽然这份清单可能看起来令人沮丧，但也有一个好处：它让我们认识到，同理心并不是固定的，而是一种流动的特质。同理心可以减少，也可以增加，但这需要去实践。同理心的重要性怎么强调都不为过，因为它不仅是人际交往成功的重要组成部分，也是一个人社会化的标志。

这就引出了我的主要观点。我认为科技放大了一个根本性问题：很多时候，我们的时间和思想都不属于自己。

少量使用社交媒体可以给人们带来连接感、意义感和目标感——只要他们对连接的基本需求在现实世界中得到了满足。事实上，社交媒体为人们创造了学习机会，也为没有被充分代表的人群和社区提供了分享想法、经验和事业的平台。

真正的危害来自虚拟世界：

● 让我们远离面对面的交流，或者更常见的是，我们继续在面对面使用电子设备，而我们的对话又围绕着电子设备上的内容。

● 让我们接触到影响自我感觉的内容（与他人或不切实际的理想进行比较）或经历。（有趣的是，这些比较会随着年龄的增长而减少，这与我们的幸福感随着年龄的增长而增加相关。）

● 妨碍我们照顾自己的身体和情绪（特别是睡眠和锻炼）。有一项发表在《柳叶刀·儿童与青少年健康》杂志上的研究，通过对近万名青少年进行的为期三年（2013—2015 年）的观察，发现青春期女生频繁地使用社交媒体（每天使用 3~5 小时）与抑郁有关，与此相关的关键行为习惯包括：睡眠减少、锻炼减少、接触有害内容增加和网络欺凌。

这些不一定是信息高速公路上的默认目的地。我们每个人都可以问自己这些问题：

由于我的数字生活习惯，我是否：

● 睡眠减少或睡眠质量下降？

● 不再经常与朋友见面？

● 经常看到令人不安的负面内容，或者亲自在线上或线下参与负面互动？

● 放弃体育锻炼或活动，或者发现自己基本都在坐着？

● 把时间浪费在社交媒体上，而不是完成我想做的其他任务？

我们无法改变自己的基因，但我们知道改变生活方式可以影响基因，有时甚至是巨大的影响。科技也是如此。我们不必对科技怀恨在心，但可以有意识地决定它在我们生活中的角色，并相应地修改或调整我们的行为。记住，你拥有你的数字摄入量的控制权。

实用乐观主义者不会让事件（或不良习惯）控制他们将注意力放在何处。我们可以夺回自己注意力的主权。在本章中，我们将探讨是什么分散和限制了我们的注意力，我还将分享通过学习活在当下来重新获得注意力的策略。

高能量语录：

▶ 时间和注意力是我们最宝贵的资源。它们不是无限的，它们必须被保护。

我们的猴子心

想象一下蹒跚学步的孩子在玩具店里的场景。他们会指来指去,兴奋地大叫,拿起每个玩具,坚持要带回家。

这就是你思考时头脑所做的事情。正如佛教徒所说,我们的"猴子心"在各种想法之间摇摆,就像猴子在树枝间跳跃一样。它抓取概念,编织故事,做出判断:哇,酷!哦,可怕!唉,真丑!

这很自然。我们应该感谢我们的前额叶皮质,正是对新奇感的这种生物学偏好促使我们关注新的刺激。对树叶突然发出的沙沙声保持警惕,能让我们的远古祖先活着在火堆边烤火。

现在,在数字世界里,我们每周 7 天接连 24 小时地接触着数以百万计的"猴子心",对新奇的偏好驱使我们听到电子邮件提示音的第一时间就去查看,或者在我们关注的社交媒体上寻找新帖子。我们试图缩小外界发生的事情与我们拥有知识之间的"好奇心缺口"。

我们的大脑也有通过寻求多巴胺这种大脑化学物质来体验愉悦感的本能倾向,多巴胺与愉悦感密切相关。从进化的角度来说,多巴胺通过一种类似于某些人从毒品中体验到的感觉,鼓励我们寻求积极的、有奖赏的行为。

纵观历史,我们学会了通过一些相对无害的手段来获得些许的愉悦感,比如音乐和书籍,它们在给人们的生活增添巨大价值的同时,也带来了一些多巴胺。在手机成为头号敌人之前,人们也同样担心收音机、电视、电子游戏甚至书籍会破坏人类的心智。但是，我们不断浏览手机体验到的短暂多巴胺刺激使手机更加令人上瘾。点击次数越多，我们就需要更多刺激来获得快感，甚至只是为了恢复到基本的幸福感。

在所谓的选择悖论中，选择和决策也可能变得更加困难。有选择是好事——除非我们有太多的选择。很多人在面对更多选项时会不知所措，回避放弃。根据《哈佛商业评论》报道的一项研究，在农贸市场，果酱摊位如果提供了更多选择，销售额就会比只展示几种果酱的摊位少（尽管更多的选择吸引了更多的路人）。疲劳和选择超载进一步削弱了我们的决策能力。[1]

因此，虽然现代世界提供了数不胜数的选择来适应各种生活方式，但也让我们中的许多人产生了决策疲劳。

还有分心冲突，也就是当两件你珍视的事情争夺你的注意力时，你很难做到"在场"，比如你面前的人与来自其他人的电话、短信在手机上冒出来的提醒。我们根本没有足够的精神带宽来接收高速的互联网信息，也无法进行深入、缓慢的对话，而这些对话能让我们真正看见彼此并建立持久的情感联系。

在这种刺激海啸的冲击下，我们的"猴子心"开始超负荷运转，想要弄清一切。但它无法区分哪些是需要采取行动解决的实际问题，哪些是"没什么大不了"的问题。本应转瞬即逝的想法或情绪，却可能因为我们的大脑无法区分哪些是合理、真实并需要我们关注的事情，哪些不是，而毁掉一天、一周或一个月。

---

[1] 在一种被称为"网络超载"的感官超载中，我们被信息和通信淹没，导致社会责任感减弱，与周围的社会和物质环境疏远，对他人的同理心减少。网络超载被认为是城市超载理论的现代化延伸，该理论最初由心理学家斯坦利·米尔格拉姆提出，用来解释为什么城市里的人比小镇上的人更不可能帮助陌生人。该理论认为，城市居民每天都会受到大量的外部刺激，他们已经适应了关闭自己对外界环境的反应，以便度过一天。

真叫人精疲力竭。

那么,大脑为什么要这么做呢?正如我们所说,大脑的工作是让我们活下去,而不是确保我们快乐。想要快乐?那是我们自己的事情。那就是"活在当下"发挥作用的地方。

高能量语录:

▶ 所谓"活在当下",就是意识到心智的自然倾向,并用意念和觉知来引导我们的注意力。

夺回我们的注意力：
三大认知陷阱

当我们的"猴子心"占上风时，我们就很难有意识地活在当下。我们会被邻里间的闲言碎语、下周的会议、我们犯过的错误、别人拥有或做过而我们却可望而不可即的东西所困扰，诸如此类。我们困在"猴子心"里有三种主要方式。我称之为三种认知陷阱：

1. 困于过去：对昨天的反刍和遗憾。
2. 困于未来：对明天的担忧和假设。
3. 困于比较：在比较中评判我们当前的生活——无论是与我们认识的人还是与我们内化的某种标准。

让我们来看看这些陷阱通常是如何表现出来的。

困于过去

症状

- 专注于过去的事件，为没能成功的事情自责或者希望事情能与现在不同。
- 耿耿于怀或难以原谅或放手。
- 后悔错失良机，或执着于"错过的那个人"；认为有一个合适的人、工作或机会从指缝中溜走了。
- 回避当前和未来的经历，或因为过去的"失败"而不愿再试一次；坚持认为一切都太晚了（不管别人怎么说）。

- 相信某些事情需要改变,但又感到困顿,不知道如何前进。

对过去反刍会让人产生悔恨、内疚和羞耻感,如果任其发展,可能会导致抑郁。有人说,后悔比失败更让我们难以忘怀,而不行动和优柔寡断也会让我们付出代价。当我们培养起当下正念行动的能力,仔细权衡每项行动的风险和收益时,我们就能更好地做好现在的事情,避免将来后悔。

困于未来

症状
- 经常想"如果……那么……",灾难化思维,妄下结论。难以应对不确定性,几乎倾向于一个确定的结果,即使是消极的。犹豫不决是这一陷阱的另一种形式,因为它本质上是对"如果……那么……"的焦虑。
- 难以放松,总是专注于接下来的事情,即使是在完成了重大项目或成就之后。难以庆祝胜利——只要感觉有压力,必须马上回到行动中。
- 身体出现症状,包括心跳加速、下巴紧张、频繁的紧张性头痛、肠易激综合征,失眠、不安、易怒和疲劳。

对未来的执着会让你的身心处于高度警觉状态,无法安于当下,也无法平静地规划未来。

困于比较

症状

- 经常拿自己与他人进行比较。
- 觉得自己比不上别人,无论是拥有的东西、外貌或取得的成就,并因此责备自己,或感受到巨大的追赶压力。
- 认为美好生活对别人来说似乎很容易。
- 感觉到被冷落,导致悲伤、孤独,以及对社会后果(融入、被喜欢、被排斥等)过度敏感。

我认为数字世界让我们更容易陷入这个陷阱。我们是社会性动物,因此我们对他人的兴趣是正常的,与他人比较也是正常的。正如我们在第五章中所看到的,这是现实地评估自己或渴望进步的一种方式(通过榜样或导师)。这些比较有时会让我们健康地追求卓越,但当我们对自己的标准变得僵化、武断、毫不留情时,就会变成不良型完美主义,这会让我们承受巨大的压力,导致我们对自己产生不好的感觉。当我们情绪低落时,我们常常会去找一些想象中会让我们感觉良好的东西。对许多人来说,这意味着拿起手机。大多数人在起床后 15 分钟内就会查看社交媒体,一天中每小时查看 8~12 次。

与看电影类似,浏览社交媒体也能提供暂时的精神避难所。但是,不断接触他人精心策划的信息,包括美丽的身体、成功的事业和完美的关系,会让人产生自卑感,并可能对从成就到浪漫的一切都抱有扭曲的期望:我工作很努力,为什么这些事没有发生在我身上?就像前面提到的,当发现在生活中看到的人和网络上不一样时，我们可能会感到失望。有关美丽和成功的趋势在网络上不断变化，他们看起来无法触及，与之绑定的幸福感也是如此。

比较可能导致嫉妒。良性的羡慕可以是想要别人拥有的东西，恶意的嫉妒则更进一步：希望别人没有。因此，比较可能会剥夺我们在生活中的快乐，失去为他人的好运气感到高兴或对他人的不幸感同身受的能力（即幸灾乐祸）。

高能量小·贴士——错失恐惧症

今天是周五晚上，经过漫长的工作日，你决定待在家里休息。但到了晚上9点，你很好奇其他人都在忙些什么。你开始浏览社交媒体。你看到了希腊海滩、攀岩探险、浪漫晚餐、女生之夜、与宝宝依偎在一起等。

你问自己，为什么我的生活没有那么精彩？

根据研究人员的说法，错失恐惧症，或者说害怕错过，是"一种令人不安，有时甚至是难以自拔的感觉，即你错过了——你的同伴正在做的、知道的或拥有的比你更多或更好的东西"。它被认为由三种关键状态组成：烦躁、焦虑和不足感。错失恐惧症不仅仅是害怕错过，而是对被遗弃的恐惧。根据自我决定理论，归属感与胜任感和自主性一样，是我们三种与生俱来的需求之一。

其结果可能是，我们试图通过不断查看和滚动信息来缓解一种不安的感觉。尽管知道这是一种干扰，但人们还是会在夜间醒来时，或者在开车、吃饭、与家人一起、工作或学习时查看社交媒体。失去焦点让重新回到任务中的转换成本很高。错失恐惧症会对我们的情绪、生活满意度、睡眠和注意力造成负面影响，并侵蚀我们的自我价值感。

我的病人说他们会出现胃痛、心悸、头晕、失眠、易怒、紧张性头痛等症状，特别是当错失恐惧叠加了拒绝和社会孤立感一起袭来时。

自我比较和错失恐惧一直存在。但是，我们通过社交媒体体验到的错失恐惧是一种极致的自我比较，这种比较会威胁到我们的自我意识。

大多数人都会偶尔陷入这些认知陷阱。但正如我们将要了解到的，它们并不一定是我们的默认目的地。花时间在这些认知陷阱上的危险在于，它们会导致我们过度关注自我，科学家认为这至少是导致心理健康危机加剧的部分原因。一些关于自我的思考——我们如何将外部世界发生的事情与我们自己联系起来——在自我反省时是有帮助的。但是，过度的自我反省会把所有事情都想得太复杂，表现为适应不良的反刍（我有什么问题？），这是悲观主义①的一个关键特征。当我们的关注点聚焦在"我们是谁"与"我们认为自己应该是谁"之间的差距上，我们就不再能体验或享受当下的时刻。

在功能性脑成像中，过度自我关注和反刍可以表现为前额叶皮质中线结构的大脑活动增加。我们将在本章探讨的所有技巧都

---

① 悲观主义确实会对健康产生影响，而思维反刍被认为与抑郁发作的严重程度和持续时间以及复发风险有关联。如果你正在与反刍做斗争，并希望进一步探讨这个问题，可以考虑与心理咨询师交谈。

能让这些过度活跃的大脑区域平静下来。

首先，让我们承认，我们天生好奇，喜欢探索新事物，我们很容易受到信息和决策超载的影响，并经常陷入自我比较的深渊。与其将数字世界妖魔化或责备自己，不如用我们的理性思维来反驳这样的谬论：我们真的能跟上这一切，甚至我们应该跟上。

本章接下来的部分提供了一条达到这一目标的路径，还有我的"当下处方"，用于温和地与你的"猴子心"合作，引导和指引你的注意力。

培养当下时刻的觉知

当下时刻觉知（PMA）是一种能让我们在此时此地看到并观察现实的正念练习。当下时刻觉知允许你暂停，在外界刺激和你的反应之间创造一个空间。在这种中立、健康的情绪距离中蕴含着自由、选择、力量和注意力。

当下时刻觉知可以增加愉悦感，帮助你保持当下的状态，欣赏眼前的美景，从夕阳的无限色彩到挚友的拥抱。即使是专注于生活中更平凡的时刻，如穿衣、洗澡、喝咖啡、做早餐，也能让你锚定当下，保持头脑清醒。如果你一心一意、专心致志，我保证你会做得更多、更准确、更高效。

当下时刻觉知的一部分就是学会善待你的"猴子心"。我建议病人观察自己的想法，就像观察机场传送带上的行李一样。你会注意到别人的行李，但你不会拿起来检查，也不会把它带回家。你可能会简单地评论一下，但你不会深陷其中，你会让它过去。

我的许多病人都发现，在练习正念之后，他们面对冲突的态度不同了，感觉更有耐心，如果事情不成功，也不会被深深刺痛。当下时刻觉知带给他们一个视角，能够看到他人可能陷入了扭曲的思维或恐惧之中。

有关培育当下时刻觉知的书籍和资料比比皆是。探索吧，享用吧！我还在下面的处方中提供了一些使用当下时刻觉知的小技巧。

品味你所处的时刻

想象一下:一杯高脚冰冻饮料。

感受一下:猫咪毛茸茸的皮毛。

闻一下:新鲜出炉的巧克力曲奇饼干。

我们天生就有品味的感官能力。我们可以通过想象来品味事物。比较总是让人分心,它可能会让我们忘记品味当下绽放的时刻。我将品味视为我的愉悦练习。

你可以在日常生活中注入品味的元素,比如盛装出席周末的家庭聚餐会,或者带上笔记本电脑和小折叠桌椅把办公室搬到海边(我就这么干过)。我曾经穿着喜欢的衣服去上那些不太有趣的医学院课程,并为在假期通宵值班的工作人员带去点心。

我们还可以通过回味过去和未来的事件(称为品味回忆和品味期待)来振奋此时此刻的精神。

然后是品味人:现实生活中的关系,既充满了脆弱、灵魂的袒露,也有着无与伦比的美好时光。给朋友发短信需要选择好时间和地点,但你无法像品味爱人的声音那样品味短信。这种感觉就像心灵的良药,因为这些互动会引发激素反应,减轻压力,增加积极情绪反应。

一项于 2010 年发表在《皇家学会会刊 B:生物科学》上的研究,追踪了 61 名处于困境中的青春期前的女孩,发现她们在与母亲联系寻求安慰的过程中,声音的接触(通过电话)能够降低她们的压力水平,并促进自然连接和舒缓激素释放,而当她们通过短信从母亲那里收到同样的反馈时这种情况并没有发生(当只有声音和短信这两种方式作为选择时)。

当下处方

- 深呼吸和身体扫描练习是两个我常对病人使用的当下时刻觉知过程。它们能让人非常放松！尝试第三章中的"与呼吸做朋友"和"与身体做朋友"练习，或者尝试使用冥想应用程序，找到适合你的方法。我还喜欢渐进式肌肉放松——一个接着一个部位地绷紧和放松肌肉群——来缓解紧张。另外，网上也有很多相关资料。

- 品味你一天中的细节：微风的味道，夜晚柔软的床。或者试着慢慢品味一餐，欣赏盘中的食物。小口咬，慢慢嚼，细细品味食物的香味、口感和味道。这对你的体验有什么改变？

很难保持当下状态？试着投入地玩一个小时。将注意力集中在一些既有趣又有适度挑战性的事情上，比如与孩子一起玩棋盘游戏或电子游戏。播放一些不会分散注意力的内容（不是感官过载或放纵观看），比如喜剧片或自然风光纪录片。或者做一些健康的不需要太多脑力的事情，比如散步、洗澡，然后再做一些有趣的事情。

克服心理疲劳

还记得果酱摊的例子吗?我们可能会因为看似简单的选择组合而停滞不前。由于我们的注意力总是分散在各种相互竞争的需求上,即使身体并不感到疲劳,我们也会感到精神疲劳。

睡眠不足会影响记忆力、认知能力、注意力、学习能力、创造性思维、利他倾向和决策能力。一项研究表明,睡眠不足会导致同理心、理解和倾听意愿、慷慨和冲动控制能力下降。例如,法官在一天临近结束时批准假释的可能性较低,当病人提出要求时睡眠不足的医生不太可能开出止痛药。

当我们的能量出现问题时,我们往往会放大自己的丧失,并容易掉入自我比较的陷阱。我们可能会陷入对未来的担忧,对"我们必须做的一切"感到畏惧。

有关健康睡眠的资源随处可见,带有舒缓的自然声音的应用程序、引导式冥想和音乐都能提供帮助。有时,你需要的不是更多的休息,而是正确的休息。值得注意的是,早睡一小时、早起一小时可以减少抑郁。

但是,休息不仅仅是睡觉。休息可分为三类,理想的做法是这三种休息每天都能有一些:

1. 身体休息:必要时可进行被动休息——睡眠和小睡——和主动休息,如伸展或按摩。

2. 精神/感官休息:暂停生活中的喧嚣,试试下面的"当下处方"。

3. 社交情绪休息:找到独处与共处的平衡点(详情请参阅第

八章）。有意识地区分友谊：投身于那些让你充满活力的友谊，放弃那些让你精疲力竭的友谊。决定什么时候、多长时间、多频繁地与他人在一起，这可能会随着你的生活和日常需求不断变化：" 我带孩子出去的时候，我们能一起散散步吗？""我要在截止时间前疯狂赶工，但我们能在电话里聊聊吗？"

当下处方

- 为自己设计一个家里的独处空间。那里可以有一张舒适的阅读椅、用来小睡的枕头和毯子、蜡烛、日记本、植物、特别的照片、纪念品或艺术品——任何能让你感到平静和安宁的东西。对有些人来说，一个简单清静的空间或井井有条的区域会让人感觉治愈，可以提高工作效率、减轻压力和改善情绪状态。
- 用仪式感为一天画上一个清晰的句号。关闭电脑，收起手机，播放音乐或焚香。
- 让清晨充满宁静。我们的一天往往是从服务他人、查看社交媒体或信息开始的。如果可能，在一天中最早的时间段里留出一部分时间来做只属于你的例行程序。比别人早醒20~30分钟，在阳光明媚的窗边或室外享用咖啡。早晨的阳光会告诉大脑关闭褪黑激素，让你在想要保持警觉时更加清醒。这样，褪黑激素就会在晚上逐渐升高，有助于夜间睡眠。
- 冥想，愉悦地阅读，写日记，散步。
- 留出我所说的"绿洲时刻"——小块的时间，哪怕只有5分钟。和接下来要做的事情相比，重新专注于现在。闭上眼睛，做几次深呼吸。
- 正如第五章提到的，休闲活动可以确保你不仅仅在有时间的时候才去照顾自己的内在，而是作为一种有价值的活动来参与。休闲时间促进了人际联系，可以降低血压和抑郁情绪，放松身心，提高你的整体幸福感。比如享受一杯茶，独自或与朋友一起吃一顿健康的午餐，花时间锻炼，重新评估你的目标和时间线，去接受治疗，小睡一会儿，给朋友打电话，等等。

重要的是，与休闲相关的幸福感并不仅仅取决于我们是否参与其中，而在于我们是否从中发现了价值。那些认为休闲没有价值的人更容易出现抑郁、焦虑和压力水平升高的情况。时间不是赚来的，是生命赐予我们的一部分，是宝贵的礼物。

高能量小·贴士——如何停止忧虑和反刍

正如我在本章前面提到的，关于过去或未来的消极想法会阻碍我们感受到平静，也阻碍我们与当下的联系。以下是一些可以释放这些会消耗我们的恼人想法的策略：

- 在指定时间用担忧日志或日记写下担忧。设定一个时间：把你的烦恼从脑子里调出来写在纸上，感谢自己的分享，继续一天的工作（这可能会帮助你入睡——我们中的许多人都太忙了，以至于一躺在枕头上，烦恼就会袭来）。
- 另一种消除忧虑的方法是：在待办事项清单中列出你的任务，清空你的头脑，把注意力集中在当前任务上。
- 试着写下你对过去那些困扰你的事情的感受。如果你能回到过去帮助自己，你会怎么做？你会如何拯救或安慰年轻时的你？如果你正在与愤怒或过去的创伤抗争，请在治疗师的帮助下做这件事。如果你写的是关于未来的事情，你能做些什么来解决问题？

- 如果你因过去的情况对某人怀有愤怒，可以考虑给他写一封信，即使你不会寄出。如果对方还活着，这段关系值得修复吗？你希望原谅自己和他们吗？没有人说你需要宽恕，但请尝试从对方的角度看问题。怎样才能减少愤怒对你生活的影响？

- 每当你想到或说出"太晚了"时，请列出一件你现在可以做的事情。（例如将"太晚了，我不能_____"替换为"我还可以_____"）

- 你是否对失去什么感到后悔？试试写日记吧："这是我失去的：_____。"然后接着写："这是我现在如何把它还给自己：_____。"很多人对失去的时间感到遗憾，他们没有好好地陪伴爱人、培养兴趣爱好或争取晋升。试着说："这已经发生了，但现在我能做什么呢？"如果什么都做不了，问问："我想满足的深层需求是什么？"

对某些人来说，想安于当下需要先接受过去。并非所有事情都可以或应该改变。有时，接受或只是尊重过去——承认哪些事情发生了，哪些事情没发生——会帮助我们振作起来，为我们的伤口涂上药膏，感觉自己更加完整。

感恩的力量

在第五章和第六章中,我们讨论了感恩和自我关怀如何极大地提升我们的自我价值感和自信心。感恩还能帮助我们享受当下的生活和人际关系——通过对过去失望、遗憾、羞耻和失败的松绑,我们可以避免陷入过去或未来的认知陷阱,这有助于我们面向未来的思考和可能性敞开自己。

感恩只需几秒钟。暂停。在脑海中记下此时此刻你所感激的几件事。也许是为了你终于花了几分钟时间读完床头柜上的书,也许是为了无数双将食物送到你餐桌上的看不见的手,也许是为了生活本身。

感恩为错失恐惧症(FOMO)提供了主要解药:JOMO(the joy of missing out,错过的快乐)。JOMO 是指按照自己的意愿,基于有意识、感恩的选择来生活。意味着你会选择从派对中离开,因为你已经决定,最适合你的方式是在家充电,好好和你的伴侣或朋友在一起,或者什么都不做。JOMO 和感恩让我们收回注意力,尊重自己的生活选择。当我们忙于享受自己的当下时,我们就没有时间与他人比较。

自从你开始新工作后,很多有趣的事你就不再做了,而你的朋友却仍旧在做。不要为此沮丧(我以前更自由,现在我是个苦力),而是让感恩来调节你非黑即白的思维:"我现在处在人生的不同阶段,这份工作是我自己的选择,我很感激有这么美妙的机会能够为我喜欢的工作努力奋斗。"你甚至会为你的朋友心生感激:"没有人能阻止我做出改变,我可以从现在开始每周腾出一个小时的时间用来娱乐。"

还要记住，你很可能只是看到了这个故事中精心挑选的一部分。故事中的人物可能已经面对过挑战，甚至心碎。感恩让你为他们的好日子感到高兴。

在人际交往中，说一句"非常感谢"会将感恩之心进一步对外延伸。或者，与其因为别人的梦想假期、目的地婚礼、工作上的成就或孩子的重要里程碑而陷入自我比较的陷阱，不如用评论、短信、电子邮件、电话或便条（手写的）为他们欢呼。向熟人表达谢意更有可能将他们变为朋友。

在交流中，你可以通过相互探讨和深入倾听来传播感恩，让你的全然在场成为一份礼物。正如一行禅师所说，"你的倾听只有一个目的：帮助一个人清空他们的心灵"。

当下处方

- 创建一条感恩箴言："我感激我取得的成就。我感激得到的机会和支持。我感激我拥有的健康。"
- 以书面或口头形式向他人表达你的感激之情。
- 今天有人帮助你吗？有人安慰你吗？提醒自己不要忘记别人的善意。
- 你正在应对挑战？写一张支持自己的纸条吧。一项研究表明，那些每天进行 15 分钟自我关怀写作练习的父母，其内疚感会更少，并且能够更好地应对育儿挑战。允许你自己像对待朋友一样，对自己的旅程、障碍、局限性以及成就给予同样的关怀。

找到你的心流

在第二章中，我们讨论了心流——或者许多人所说的身临其境——一种完全沉浸于挑战、乐趣、兴趣和意义的混合体验。心流体验让我们沉浸于当下，忘记了时间。这种自我意识的减弱可能来自大脑的变化，也许是去甲肾上腺素推动了这种变化，而多巴胺和血清素则提升了愉悦感、减轻了疲劳（只有当你把它作为逃避其他重要当下任务的方式时，心流才会是一个问题，但在大多数情况下，心流是许多注意力被劫持者的解药）。

心流与减少自我关注和担忧有关，它帮助人们平息对过去、现在或未来的动荡情绪（大脑扫描确认了这一点）。与无休止地刷手机屏幕相比，这绝对是更有效、更健康的应对机制。

高峰体验通常来自你高度感兴趣的活动，在这些活动中，你会体验到一定的胜任感和一定程度的挑战，但不足以产生压力。它们将目标、游戏和当下时刻混为一口烈酒。结果就是：快乐。

如果你很难找到能让你进入心流状态的活动，请考虑一下你曾经喜欢的度过时间的方式，它们可能已经随着你生活中出现的其他需求而被丢在一旁。几乎我认识的每个人都能找到至少一种活动，能让他们感觉沉浸其中而忘了时间。对我来说，那就是为这本书做研究和写作的时候，或者是全心全意给医学生上课的时候，抑或当我在热爱的领域发表演讲时。对我丈夫来说，是和孩子们一起滑雪的时候。他和孩子们互相鼓励，不断提高滑雪技能，这样他们就能挑战更具难度的项目——黑钻和猫跳滑雪场，这些项目需要专注、放松和技能的独特组合。对我的一位病人来说，是随着马克·安东尼的音乐跳萨尔萨舞；对另一位病人来说，是烹饪周日的晚餐。我母亲的外科医生的办公室里摆满了雕塑和画作，那是他在手术室外体验心流的方式。我有一位55岁的病人，在压力巨大的投资银行工作，经常加班，我建议他接触能给他带来很多快乐的事物。他决定重新拿起吉他——这是他大学时摇滚乐队的遗物。额外的收获是：他可以和16岁的儿子一起在乐队里登台演出，他的儿子是个打击乐高手。另一位病人决定不再被社交焦虑症、广场恐惧症、抑郁症和强迫症的症状所消耗或限制，重新和团队一起参加了自行车越野赛，最终赢得了比赛和铁人三项。

我们每个人都有一个能让自己感觉舒适沉浸的地方。重新连接这些活动可以帮助我们再次感受到与当下的全然联系，并能让你忽略周围的噪声——无论这对你来说意味着什么。

也许现在是时候寻找新的爱好或挑战了。如果你对朋友的爱好或运动乐趣、他们正在上的课程或取得的成就感到好奇，这可能是一个信号，预示着你已经把某些事情搁置太久了。如果你投入到这些好奇心中去，可能会找到一种新的获取高能量状态和心流时间的方式。

当下处方
- 尝试你一直感兴趣的爱好或体验，或者重拾曾经让你由内而外感到满足的事情。
- 安排心流时间。争取每天至少15分钟，告诉你的家人你将暂时失联，手机和电脑放在看不见、听不见的地方。利用这段时间参与或探索可能带来心流的活动。

去大自然中，保持敬畏

科学家们正在研究人与自然的关系。人类与自然的连接可分为三个层面：认知层面（我们是否认为自然是我们身份和健康的一部分，并看到保护自然的价值）、情感层面（自然是否会激发我们的积极情绪）和体验层面（我们是否会寻找自然或对自然感到舒适和熟悉）。但有一点是明确的：我们与大自然的联系越紧密，我们的积极情绪、生活满意度和活力就越高，我们的自主性、个人成长和生活目标感也就越强。对我来说，花时间待在大自然里就是"一站式购物"。联合国预测，到2050年，全球68%的人口将生活在城市环境中，我们需要有意识地去寻找（和照顾）大自然。

不过，这里的"自然"其实是一个包罗万象的术语，指一切能引起敬畏的事物。敬畏能让我们超越世俗，包容难以忍受的事物，甚至面对艰难的真相。敬畏体验能让我们超越消极的自我对话、先入为主的观念以及先验判断带来的限制。这就像是思维的暂停，只有当下正在展开。在那个珍贵的时刻，没有"猴子心"——停止了判断、比较、后悔和对未来的思考，有时甚至没有言语，因为在我们的心里没有其他经历可以与之相提并论。

任何能让我们从反刍中解脱出来的东西，都是让我们在当下时刻发现奇迹的机会。也许你必须在黎明前起床去赶早班车，但你看到的日出是多么令人惊叹，你穿过的桥梁是多么天才的设计。

当下处方

- 在户外坐 15 分钟。闭上眼睛,聆听周围的声音。
- 尝试徒步、园艺、山地骑行、散步、游泳、观星或露营等活动。
- 寻找"令人敬畏"的新环境或新体验。它们可能就在很短的车程、通勤或步行距离之外。看看建筑、公园、美术馆、森林、历史遗迹、博物馆,欣赏一些音乐或舞蹈。

夺回你的时间

只有你能改变你在地球上的时间打开方式。

你可能要先放下一些东西。我从来不想放弃任何对我来说重要的东西。但在我写这本书的时候,很多社交活动都被搁置了。我必须允许自己灵活地平衡自己的活动,这样才能更有效率。当你不能像你希望的那样履行义务时,保持"当下"的心态很重要——例如,"我现在没有时间和朋友聊天"。这消除了一种悲观假设,即正在发生的事情是永久性的,并且会在可预见的未来持续存在。

如果你感到力不从心,考虑一下你需要优先考虑的三件事,把你的时间花在上面。如果可以,删除那些拖你后腿的任务,把精力集中在那些能让你振作起来、让你感觉更有意义和目标的任务上。这可能需要寻求帮助和支持(也许是从你的伴侣、老板或同事那里),或者与朋友交换任务,或者放弃这项任务。如果这些人以任何方式支持你——帮助你完成与你的意义和目标相关的重要任务,或者在旁为你加油——那么我们就称他们为"目标伙伴"。

当下处方

- 快速转移任务?欣赏每个任务的积极影响:洗完碗了,明天早上我就可以享受看到干净水池的快乐了;终于发出了那封难写的邮件,做得不错;今天和女儿一起出门采购真不错,我们有机会聊天,也完成了采购任务。这可以增强你的当下意识和对目标的感觉。

我很想告诉你,在乔的咖啡馆吃完晚餐后,我再也不会在全然面对现实世界和社交媒体的快速多巴胺刺激之间纠结了。但事实并非如此。科技让我以一种上一代人无法企及的方式与他人建立联系。当我回复来自病人、朋友、粉丝和媒体的信息时,偶尔也会听到女儿的喊声——"妈妈,你又在玩手机吗?"

至少现在,对我来说社交媒体和工作与生活间的模糊的平衡将继续存在;对许多人来说,可能也是如此。这是我们获取新闻、信息、与亲人保持联系、工作和娱乐的方式。所以,让我们尽可能以最健康的方式驾驭它。对我来说,意味着我要有意识地控制在线时间。我用正念面对我喜欢的网络资料,我发现当我花时间让我的生活、心灵、身体、与外界联系保持丰富、滋养和活跃状态时,错失恐惧就可以得到控制。

并非所有社交媒体的使用都会导致幸福感降低。当我们主动参与而不是被动滚屏时,对社交幸福感的负面影响就会比较小。例如,使用社交媒体给人发信息,与人保持联系,直接给他们写点什么并与他们互动。

关于在社交媒体上发布自己的敏感信息,你要意识到你正在留下数字足迹,要对你决定分享的内容有警惕意识。对于正在为此纠结的咨询者,我建议他们考虑一下:我的目标或目的是什么?有什么正面和负面影响?我可以接受负面影响吗?假设目标是"我想敞开自己来获得支持",但你真的能得到支持吗?除了在社交媒体上分享,还有其他获得支持的途径吗?

当下处方

- 夺回你的时间：第1级
  - 追踪你的屏幕使用时间。许多设备都有预设的时间限制。有些应用程序可以阻止特定网站和程序的使用，或者在刷机时设置警示闹钟。
  - 将"当下"意识融入浏览过程。注意你使用社交媒体的目的（信息？兴趣？关注朋友动态？看新闻？找灵感？）。在线下尝试对这些领域进行补充。
  - 建立神圣的时间和空间：在用餐时、睡觉前或睡觉中设置无网络时间和区域。
  - 以冥想代替刷机，开始和结束一天的生活。
- 夺回你的时间：第2级
  - 每天定时关闭社交媒体一两次。我有时周末不发帖。这样可以消除查看的冲动：谁点赞/评论了？然后：（寂静）……没人喜欢我。
  - 删除不常使用的应用程序。
  - 那些你每天都要删除的新闻和广告推送呢？取消订阅。
- 夺回你的时间：第3级
  - 在浏览社交媒体后，关注当下的感受。被鼓舞？更焦虑？漫无目的？嫉妒？这可以成为改变不健康行为的催化剂。
  - 用眼睛看，而不是用手机拍。留意围绕在你身边的人、景色、气味和触觉。将生动的当下体验编制成一本心灵相册。

- 夺回你的时间：第 4 级
  - 与朋友在一起时，把手机收起来（如果你觉得必须查看手机，以防有人真的需要联系到你，让你的朋友知道你需要在指定的时间查看手机，但尽量保持简短）。
  - 有意识地专注地阅读，加入印刷品和书籍。我们的大脑常常认为我们可以快速浏览网上资源，并高估自己对刚刚阅读内容的理解能力。因此，我们的理解能力往往会大打折扣。通过有意放慢速度，认识到一项任务的重要性，鼓励你的大脑集中精力分配更多的精神资源。关闭所有通知（信息、更新、提醒）。减少其他干扰。选择一个安静的空间。在屏幕上或纸上做笔记，记下关键词和摘要，就像尝试用简单的语言向别人解释一样。
  - 由于我们的大脑会将在线资料与滚屏联系在一起，因此阅读纸质书会提示我们的大脑放慢速度，在吸收的同时不断回顾。页面上出现关键点的视觉提示有助于固化和强化它们。一项"不要扔掉你的纸质书籍"的元分析研究，对超过 17 万名参与者进行了调研，表明纸质材料在阅读理解方面优于数字文本。我们习惯于快速获得回报，比如在网上获得点赞带来的多巴胺激增，因此才会喜欢快速浏览和扫读。我们可以通过享受阅读纸质材料的小火慢炖来平衡这一点。
  - 在假期或节假日，请关闭社交媒体。如果你愿意，可以过后再发帖。
  - 问问自己：我的电子设备是否为我所用（例如，发展我的事业,帮助他人,自我学习,有效巩固友谊,等等)?我频繁地使用它单纯是为了分散注意力还是别的目的?它是否让我陷入错失恐惧或者不公平的比较?

高能量语录:

▶ 愿你的过去平静,愿你的现在充满成效和快乐,愿你的未来无忧无虑。

此时此刻，星光灿烂

当我们在夜晚看到星星时，感觉它们的光芒就在眼前。然而我们知道，这些光波从开始传播到它们击中我们的视网膜的那一刻之间有一个延迟。根据美国国家航空航天局的数据，太阳——距离我们最近的恒星，在大约 9300 万英里（约 1.5 亿千米）之外——它的光线需要大约 8.3 分钟才能到达我们的视线。我们看到的太阳总是在 8.3 分钟之前的样子。距离地球最近的下一颗恒星在 4.22 光年之外。我们看到的星光是它几年前发出的光。

因此，也许真正地活在当下是不可能的。但正如许多传统智慧所理解的，有时候奖励就是努力本身。在古希腊，斯多葛派认为注意力实践是良好精神生活的基石。本章开头引用了法国哲学家和政治活动家西蒙娜·韦伊的话，她提出"关注是最稀有、最纯粹的礼物"。练习活在当下恰好就是一种实践。你怎么做每天都会不同，因为时间和生活在流动中变幻莫测。这就是当下的美丽可能性。就像星光一样，它流向我们。我们在途中相遇。遇见的那一刻会发生什么……取决于我们自己。

>> 第八章

人际关系:
和可以滋养你的
人待在一起

独行快,众行远。

——谚语

本章简要讨论了自杀问题，而更大的主题是发展和维持健康关系。如果你觉得这个话题太敏感，可以跳过；如果你感觉可以接受，也可以多停留一会儿。请注意，如果出现任何抑郁症状或自杀意念，请务必与训练有素的心理健康治疗师讨论。

莉兹[①]，在她人生的前六十几年成就卓越，她是刚刚从纽约退休的广告策划、马拉松运动员、母亲和祖母，她是那种你觉得她拥有一切的人。而她却从桥上跳了下去。

她活了下来，但身体严重受伤，在她面前的是一条漫长的康复之路。在经过多次手术并在重症监护室度过了多个夜晚后，她被转到了精神科病房。

她坐在轮椅上调侃道："他们正试着把我重新组装起来。"这是我第一次看到莉兹的纽约式幽默——我很高兴看到她仍然拥有这种幽默感。

虽然莉兹30多年来一直有严重的抑郁症，但这是她第一次试图结束自己的生命。她说："我不想再成为任何人的负担。"

我能看到莉兹身体上有多处伤口。从她的病历中我了解到她的慢性抑郁症病史和最近的手术，但最让我受冲击的是无论石膏、绷带、清晰可见的伤疤还是病历都无法揭示的东西：孤独的

---

① 你所了解到的莉兹的情况是她的故事的浓缩版。我节选了她案例中必要的部分和治疗片段来讨论本章的重点，即人际关系的重要性和它是如何受到我们早年成长经历和孤独感的影响的。每个个体的成长经历都是独一无二的。我无意建议或尝试对自杀及其风险因素或现有的心理治疗方法进行全面讨论（因为在医疗保障服务方面存在差异，并不是所有人都能获得这些服务）。

伤口。我想起了在印度一家医院工作的日子，那里总有病人的家属陪在病床边。我想到我们可以用药物治疗身体疾病——但治疗绝望和孤独的方法是来自他人的爱、支持、关心和同情。理想情况下，人们能二者兼得。

莉兹离婚后，她的孩子们和父亲住在一起。"除了工作，我不知道自己还能做些什么。我每天都在和抑郁症做斗争，我的病历就像一本精神药理学教科书。"

莉兹已经有一段时间没见过她的孩子和孙子了。"他们很忙。我不想给他们增加负担。""负担"这个词在这里又出现了。"没有人再需要我了，"她说，"我觉得活着没有意义。"

莉兹的儿子和儿媳从全国各地赶到她的病床前，当我与他们交谈时，他们对莉兹的爱似乎比莉兹感受到的要强烈得多。莉兹说："我想他们只是可怜我。"难道莉兹对支持的感知有问题？那这种感知是如何影响她现在要应对的每一件事的呢？

———

好朋友①会允许你做自己。你的友情是否如你所愿？无论你的社交生活是需要提升还是需要拨打自杀和危机生命热线，我的目标都是帮助你像实用乐观主义者那样对待友谊：充满智慧，意图明确。

我所称的蓬勃发展的"人际关系实践"是一个良性循环：积

---

① 在本章中，朋友指的是你所有的人际关系，包括家人、伴侣、工作、团体及其他社会关系。

第八章　人际关系：和可以滋养你的人待在一起

极的心态促进积极的行为,反之亦然。我们在人际交往中的心态——积极或消极的期望——实际上会通过塑造我们对他人的行为方式来影响他人如何对待我们。一项关于同学们对课堂社交环境(冷漠还是热情)的看法的研究表明,他们对社交环境的看法主要取决于他们的行为。那些与他人互动的人认为环境友好,那些独来独往的人则认为环境是冷漠的。这就是所谓的自证预言。

如果你无法看清自己,你就很可能会扭曲别人对你的看法,从而影响你的人际交往行为。俗话说,拥有朋友的最好方式就是成为朋友。这也包括与自己交朋友。

本章将分享与他人和自己建立滋养关系的方法。我将一一击破那些通常会削弱友谊的扭曲想法。尽管友谊需要付出努力——实际上研究表明,那些认为友谊不需要付出努力的人更不可能拥有成功的友谊——但它并不需要过于复杂。我会帮助你了解你的人际关系历史和风格、各种类型的友谊,以及巩固友谊或建立新关系可以采取的步骤。

我们为何孤独？

社会隔离在人类历史上一直被当作一种酷刑是有原因的。社会联系是人类的基本需求，就像食物、住所和休息一样，是我们必须优先考虑的。因此，以下统计数据着实令人担忧：

- 2020年1月，信诺保险公司对全美一万多名18岁及以上的人进行的一项调查显示，61%的美国人感觉很孤独（这还是在全球性疫情使大部分人长期隔离之前）。信诺公布的疫情后的数据显示，高孤独率仍然持续存在。2022年的一项研究显示，58%的成年人报告说他们感到孤独，其中年轻人（18~34岁年龄段中感到"被冷落"的人数是其他人的两倍）、父母（尤其是母亲）、低收入人群和代表性不足的种族群体的孤独感最高。尽管社交隔离曾经一度与老年人有关，但在2021年，年轻人报告的孤独率是65岁以上成年人的两倍。

- 2021年，美国生活调查中心正在进行的一项社会调查显示，美国人的密友数量大幅下降。30年前，33%的美国人表明自己有10个或10个以上的亲密朋友，这还不包括家庭成员。如今，这一比例仅为13%。只有不到一半的受访者说他们有一个最好的朋友。

- 同一份报告还显示，人们与朋友交谈并依赖朋友寻求个人支持的次数越来越少——男性甚至更少："每10位女性中有4位（41%）表示在过去一周内得到过朋友的情感支持，而男性的这一比例为21%。"

出于各种各样的原因,我们的友谊被置于次要地位。原因包括:工作时间延长;强调生产效率、地位和成就;通勤时间延长;远程工作;父母比前几代人花更多的时间陪伴子女;礼拜场所的参与次数减少,公民参与度降低;社交媒体的使用,甚至转向网上购物。我们中的许多人已经远离家乡,因此可能失去了许多由大家庭、同学、邻里乡亲和社区成员曾经提供的"软组织联系"。

孤独不仅仅表现在连续几个晚上独自在网飞的剧集中狂欢。它是一种渴望建立有意义联系的状态。孤独与我们的社交接触的数量无关,而与其质量有关。我们可能没有多少社会交往,但对其质量感到满意;我们也可能被熟悉的人包围,但感觉不到真正的连接。正如喜剧演员罗宾·威廉姆斯在电影《世界上最伟大的父亲》中扮演的兰斯·克莱顿说的:"我曾经以为人生最糟糕的事情就是孤独终老,其实不然。生活中最糟糕的事情是当生命终结时还和那些让你感到孤独的人在一起。"

我相信很多人对自己的关系并不完全满意,但他们并不认为那就是孤独——然而那确实是。阿曼达(你将在本章后半部分见到她)喜欢她的朋友,但觉得他们并不了解她——这是我们很多人都有的经历。

孤独可能是隐形的。如果你问莉兹在她每周100小时的工作时间里是否感到孤独,她一定会滔滔不绝地说起那些商务午餐和慈善晚会来证明她并不孤独。莉兹被人群围绕,但她很孤独,当她退休时,她意识到这些联系消失了——在一种崇尚职业成就和可视化成功表现的文化中,这是危险的。

孤独对健康的影响是惊人的。孤独会改变基因表达,引起非炎症性反应，长期如此，带来的影响涉及从心脏健康[1]到认知能力下降等各个方面，增加罹患癌症、脑卒中和精神障碍的风险，甚至加速衰老。孤独感会改变我们的大脑功能，急性社会隔离会在大脑中形成一种独特的神经特征，这与抑郁的神经特征相差不大。与孤独相关的应激反应会让我们更容易在社会情境中感知到危险，进而削弱把自己从社交隔离中拉出来所需的特定技能。

人际关系是应对压力、疾病和抑郁的减震器。对像莉兹这样容易因生理和环境因素感到孤独和抑郁的人来说，我相信有意识地培养人际关系是全面综合治疗计划中的重要组成部分。对莉兹来说，这包括药物治疗和心理治疗，以及住院病房提供的各种团队治疗。重要的是，莉兹告诉我，她自己有决心变得更好。

良好的社会关系可将过早死亡的风险降低一半。在一项针对中年女性的研究中，那些对婚姻感到满意的妇女，患心血管疾病的风险低于那些对婚姻不满的妇女。但是，你不一定非要和支持你的人结婚。科学家们认为，与我们的朋友一起出去玩可以帮助减轻压力带来的躯体症状。在压力大的时候，向朋友伸出援手，会诱发照料与结盟的反应，增加催产素和内啡肽的分泌，有助于减轻我们的压力。

社会支持有助于降低胆固醇，增强免疫系统，加速术后伤口愈合，降低皮质醇水平。关于社会支持相关益处的科学文献遍布

---

[1] 2016年发表在《心脏》杂志上的一项涉及23项共181000名成年人的元分析研究显示，缺乏社会和情感支持会与心脏病和脑卒中的患病率增加有关，使心脏病患病风险增加29%，脑卒中患病风险增加32%。研究发现，孤独感导致的心血管风险与吸烟和肥胖相当。根据2015年发表在《心理科学透视》期刊上的一项元分析，孤独感影响了我们的死亡率。具体来说，自我报告感到孤独的人死亡的可能性增加了26%，社交隔离的人增加了29%，独居的人增加了32%。

各个医学专业。紧密社交关系能带来益处,这不仅体现在个人生活中,在工作场所拥有密切的社交关系,对员工的参与度、创造力、生产力和留任率也有积极影响,并能最大限度地提高员工的健康水平,最大限度地减少工作事故和因压力、疾病和工伤导致的病假。在工作场所缺乏同伴支持甚至会影响死亡率。社会支持的益处还能延伸到社区,提高人们应对自然灾害并从中快速恢复的能力。

而长期冲突则会产生相反的影响。研究表明,与家人和朋友之间令人失望或消极的互动和身心健康状况不佳有关。一项有趣的研究发现,当夫妻间发生充满敌意的争吵时,会出现免疫力下降的迹象。心碎综合征是真实存在的。人们可能会因为关系中的重大或长期压力,出现心律失常或心律不齐和血管痉挛,有些人甚至会心脏病发作。

研究表明,包括家人和朋友在内的4~5个人形成的亲密关系可能是减少孤独感的理想范围。但也有人说,我们应该庆幸能有一两个能够理解我们的人。我认为,哪怕只有一个知己,也能让我们走得更远。虽然互联网提供了与各种各样的人即时接触的机会,但关于网友是否与现实生活中的朋友一样有益处,证据不一。

我们抵御孤独的最佳方法是把它看作一种引导我们满足归属感需求的内在线索。虽然有些人有孤独的遗传倾向[1],但基因并不能决定我们的命运。如你看到的,莉兹很可能有孤独和抑郁的

---

[1]《神经精神药理学》杂志上发表的一项关于孤独感的首批全基因组关联研究表明,虽然没有一个基因完全代表孤独,但孤独可能是一种遗传特征。

遗传基因，但随着时间的推移、自我关怀和持续的心理健康治疗，她能够将新的思维模式和习惯付诸实践，翻转她的社交剧本，因为环境和个人努力在基因表达方面扮演的角色比我们许多人想象的重要得多。

如果说我们的认知和行为塑造了我们的人际关系，那么是什么塑造了它们呢？这要从我们彼此连接的第一课说起。

依恋：我们最早的关系

在我们出生的那一刻，拥有 1000 亿个神经元的人类大脑就已准备就绪，随时准备学习。即使在子宫里，我们也已经在学习了。早期的照料者对我们的身体和情绪都至关重要，胎儿在母体中就开始了解母亲——体验声音和触觉，探测羊水的气味和味道——并在出生后立即表现出对母亲的气味和味道、声音和触觉的天然偏好。这就是印记的开始，它将通过一个叫依恋的过程贯穿我们的童年。

我们与他人建立连接的能力取决于我们的依恋类型，而依恋类型是在童年早期形成的。依恋被认为是一种本能需求，源于我们对生存的生理需求和对安全的心理需求。英国精神病学家和精神分析师约翰·鲍尔比将依恋描述为人与人之间持久的心理联系，它将影响我们成年后的情绪调节和自我安慰能力，我们的互动方式，我们是否有足够的安全感来形成信任的纽带，我们能否寻求他人的安慰和帮助，并进行探索。依恋为一切定下基调。安全型依恋能在重视自己和重视他人之间建立健康的平衡——也就是第五章中埃里克·伯恩提出的"我很好，你也很好"的状态。

在婴儿时期，照料者对我们的需求的反应最终将决定了我们的依恋类型。20 世纪 70 年代，心理学家玛丽·爱因斯沃斯等人对母婴关系进行了研究，将依恋类型分成了两大类：安全型和不安全型。当养育缺乏温暖和关怀或这些难以持续时，可能导致不安全依恋——回避型或焦虑型。①如果我们没有觉察，这两种类型都会破坏人际关系。

回避型依恋风格

当孩子们的感觉被忽视，他们没有被共情时，他们会内化这样的信息：他们的感受没有存在空间。当他们成年后，可能对他人和自己的情感都不够敏感。他们可能会筑起心墙，不信任他人，试图变得过于独立，显得冷漠，过早结束人际关系，并且对他人情感表达的容忍度较低。

过度依赖自己有时会带来严重后果。临床医生认为，一般来说，自杀率上升的原因是美国社会过于强调自力更生，包括当人们在心理健康问题中挣扎时，这导致人们回避寻求专业帮助：我应该自己处理这些问题。（我会告诉你，这些"应该"是很危险的！）

一般来说，在人际关系中不寻求帮助的倾向在回避型依恋风格的人身上表现得尤为明显。他们也可能不太能够识别和回应他人的求助需求，除非别人明确地提出请求。

那些具有回避型依恋风格的人可能看起来冷静沉着，但让他们处于困难情境时再去测量，发现他们的心率和血压都会升高，这揭示了他们身上存在着自己尚未意识到的压力。这会使人身心疲惫。我见过病人由于压抑而出现情绪崩溃的情况。我经常说，如果你在一个地方压抑情绪，它们就会在另一个地方冒出来，表

---

① 后来增加了一种类型——混乱型，在某种程度上是前两种类型的结合，但我们将重点讨论焦虑型和回避型。

现为（随便挑一种）腹泻、头痛、皮肤溃烂等。不安全型依恋与更高的心血管疾病、疼痛、疲劳、焦虑和抑郁发病率有关。

莉兹曾遭受过严厉、喜欢控制、冷漠、过于严格和挑剔的父母的管教，这可能会培养出一种回避型依恋风格。家族中长期焦虑的病史和很可能未经治疗的精神疾病也加剧了她家庭生活中的痛苦。莉兹描述她的母亲在人际交往中非常焦虑，害怕被拒绝，而她的父亲则回避冲突，在某种程度上也回避亲密的人际关系。考虑到她的家族史，莉兹也许在遗传上就有抑郁和孤独的倾向。现在的表观遗传学揭示，童年时期极具惩罚性的环境所带来的长期压力，会导致基因最终表达方式发生变化，并与后面的抑郁症有关（更不用说童年时期的长期压力会导致大脑加速衰老）。事实上，我们的父母在不利情境下发生的表观遗传生命变化会传递给我们。

莉兹从小就被灌输这样的观念，她的价值在于对他人有用，在于取得外在的成功；有情绪、寻求帮助或伸出援手都意味着软弱。莉兹坚信，她在这个世界上是孤独的，是不被人喜欢的，是个负担，如果她流露出脆弱，她就是软弱无能的。

成年后，莉兹将精力投入到职业成就中，并加入了慈善委员会。她为了自我保护筑起的高墙让她看起来很冷漠，但她的内心却是完美主义的、自我苛责的、苦恼困惑的，尽管她有很多活动，但内心依然是孤立隔绝的。如果莉兹认为自己在工作中受到了轻视，她就会责备自己（她内化了父母的声音），并加倍努力工作，进一步隔绝自己。她会与儿子们接触，但很少主动联系。她试图自杀这件事震惊了整个家庭。莉兹成就卓著，受人尊敬，有很多兴趣爱好，孩子们爱她，但她的基因、长期抑郁和早年生活中的逆境蒙住了她的眼睛，让她看不到这些积极的方面。

焦虑型依恋风格

相比之下，焦虑型依恋风格的人——被认为出于不一致的养育方式——往往渴望与他人建立连接，难以忍受人际关系中的自然起伏，当他们认为这种连接受到威胁或面临拒绝时，就会变得极度焦虑和高度警惕。前几章提到的山姆、妮可、萨迦和莉娜就属于这种风格，他们努力取悦他人，往往以牺牲自己的幸福为代价，如果得不到他们需要的认可、安慰或赞美，他们就会心碎沮丧，生活在被拒绝或断绝关系的担忧和恐惧中。他们可能饱受自我怀疑的困扰，不敢在工作中寻求帮助，或在人际关系上时不时斤斤计较，并高度警惕"证明"他们担心关系或工作会结束的线索。有时，他们的恐惧会成为自我实现的预言，因为他们的行为（在极端情况下）会疏远他人。

安全型依恋风格

如果让我来总结一下不安全依恋风格，我会说这就像一条手臂过度发育或过度活跃，而另一条手臂发育不足或不够活跃。在回避型依恋中，自立能力过度发展，而寻求帮助的能力发展不足或不活跃。这可能会导致过早或突然结束人际关系。然而，当他们的伴侣能够表示出欣赏时，回避型依恋风格的人会明显受益，因为他们知道自己是被关心的，这会增强他们回馈的意愿和能力。在焦虑型依恋中，有一个过度发达的威胁系统（对丧失、被遗弃、被拒绝或关系中距离的高度敏感性）和一个可能未被充分激活或发展不足的内部自我安慰系统。这可能会导致长期停留在友谊中或紧抓住友谊不放（甚至是不健康的友谊）。在这两种风格中，低自我关怀会在社会交往中转化为畏畏缩缩或咄咄逼人。但是，无论我们是哪种依恋风格，只要愿意花时间，有意图改变，加上一些帮助，我们就可以逐渐练习挖掘我们的内在照顾策略，同时还可以寻求将情绪处理和情绪调节融入我们与他人的关系中。

理想情况下，正如我们在安全型依恋中看到的那样，我们觉得自己可以依靠他人，可以伸手接受（和提供）帮助，但我们也可以适当地自我安慰和依靠自己，同时也给他人留出同样的空间。也许是因为从照顾者那里得到了更一致的安慰，安全型依恋的人表现出更多的自我关怀，享受健康的自我价值感，并能更有效地调节自己的情绪：我能认识到自己的现实情况，积极对待自己，能够努力关注和处理自己的情绪。当他们没被善待时能够相信自己的直觉，要求他们应得的东西，并在必要时继续前进。他们希望伴侣具备支持性，并倾向于看到别人最好的一面：我相信我在你心中很重要，也相信你对我有积极的看法。我知道在有需要的时刻，可以向你寻求帮助并且依靠你，就像你可以找我帮忙依靠我一样。这种积极的期望会增强他们对他人的支持——我积极地看待你——也会激发出他人最好的一面。

与安全型依恋相关的众多健康益处包括减少疼痛、疲劳、焦虑、抑郁和易怒；提高能量水平，拥有养成并保持健康的生活习惯的能力；避免孤独的弊病。甚至一些雇主也开始关注员工的依恋类型及其对工作的影响，以最大限度地增进信任、合作和沟通（以及乐趣）。

练习 了解你的依恋类型

下面提出的思考或许会让人感觉是个大问题，会激起强烈的情绪。请随意跳过那些让你不知所措的问题。但如果你对某些问题产生了共鸣，请花点时间思考一下。我们可能没有亲身经历某些事情带来的困扰，但却因为他人提起而意识到这是一个问题。

你的答案组合可能有助于说明哪些情况容易触发或激发你的某些想法、情绪和行为。没有一个答案能将你归为一类或另一类。你可能在工作时有一种感觉，而与朋友在一起时又会有另一种感觉。有些变化是正常的，重要的是你的整体反应模式。这个练习只是为了帮助你对自己的总体倾向有更清晰的认识。你可能希望与值得信赖的人或训练有素的心理健康专家进行更深入的探讨。

心理治疗可能有助于处理随之而来的问题、担忧和情绪。

下面的每组问题都是根据前面讨论过的过度活跃/不活跃的动态组织的：

过度独立

1. 一般来说，在大多数人际关系中，你是否更喜欢有一些个人空间而不是与他人在一起？
2. 在遇到困难或压力时，你是否倾向于完全依靠自己，并引以为豪？

3. 你是否发现自己经常靠自己，因为你认为别人不值得依靠或依赖？
4. 你是否注意到自己处于别人认为的压力情境中时，反应并不强烈？或者别人会描述你"冷得像根黄瓜"，或说你对他们认为有压力的事件"反应不足"？
5. 你是否有时会想，既然你可以依靠自己，那又何必对友谊大惊小怪？

难以寻找帮助/给予帮助

1. 你是否从不向他人敞开心扉？
2. 你是否尽量避免激发感情冲突？你倾向于坚持实事求是吗？
3. 你是否与人保持距离？当朋友或恋爱对象开始靠近你时，你是否会失去兴趣？
4. 你是否会避免寻求帮助，认为别人不会帮你，或者不想给别人增加负担？
5. 别人是否对你提供情绪安慰的能力表示不满？你是否觉得很难抚慰他人，或很难告诉别人他们对你意味着什么？

欠缺自我安抚能力

1. 你是否渴望与人共处，害怕独自一人难以应对？
2. 你是否发现自己不断地从亲密关系那里寻求关注/赞扬/安

慰，尽管你知道你在这些关系中是被爱着的或受到积极评价的？
3. 你是否经常取悦他人和寻求他人认同，甚至不惜突破自己的底线，或者当你遇到困难时经常向很多人寻求帮助、抚慰和建议？
4. 你是否经常对他人试图安慰你的方式感到失望，或者感觉自我安慰是不恰当的？
5. 当受到轻视或拒绝时，你是否很难安慰自己？

过度活跃的威胁系统

1. 一般来说，你是否会倾向于在人际关系中做最坏的打算？例如，你是否经常担心一段关系即将结束？你是否会担心别人（包括朋友）不喜欢你，或者当你没有立即收到某人的回复时，你是否会担心出了什么问题？
2. 你是否（偷偷地）担心你的伴侣会找到更好的人？
3. 当别人不同意你的观点时，你是否会认为他们不喜欢你？
4. 你的人际关系是否可以被归类为动荡或不稳定？
5. 你是否很容易受他人情绪影响，并努力让每个人都开心？

如果早期照料者对我们的养育漫不经心或者彻头彻尾地忽视我们，或苛刻地对待我们，我们中的许多人就会感到挣扎。也许是照顾者用心良苦、竭尽全力，但他们提供的东西无法满足我们的需要，或者他们自身的局限性使他们无法满足我们的需求。

如果你没有形成安全型依恋，请明白你的幼年生活并不是终身监禁。虽然早期环境对依恋风格的塑造有很强的神经生物学基础，但这并不是不可改变的。你那了不起的成人大脑是复杂的，你负责塑造它。这需要洞察力和毅力，但你现在坐在驾驶座上，可以为自己选择一条不同的道路。实用乐观主义可以帮助那些生来并不乐观或对人际关系缺少自信的人，也可以帮助我们采取措施来了解自己的依恋倾向，并意识到潜在的起反作用的或不容易适应的行为模式。

友谊的四种类型

我们不需要很多好朋友，只需要几个经常联系的好朋友。了解不同类型的友谊可以帮助我们有意识地培养友谊。

1. 有深度的友谊。他们在你身边，他们支持你，他们理解你。你们一起经历了风风雨雨。你们为彼此的成功欢呼雀跃，也能带着爱意坦诚地讨论对方的缺点和挣扎。

积极意义：你知道你被爱因为你是你，而不是因为你拥有什么东西、取得了什么成就或你能为他们做什么。你们在彼此的生命中，是因为你们深深地关心着对方。

连接小贴士：即使是最亲近的关系，如果没有对生活中起起伏伏的分享，亲密程度也可能逐渐消退。当然，发送趣事短信和照片也是可以的——但要有意识地保持联系，最好是定期进行面对面交流和语音交流。

2. 有意义的友谊：这种友谊充满活力，既有共同的经历，又有适度的情感亲密。也许你们都在应对人生的各种境遇（如创业、抚养孩子、上学或恢复单身/退休）。

积极意义：你们让彼此的生活变得更好——有形的是信息和经验，无形的是倾听和情感回应。

连接小贴士：共同活动和交谈时间可能会让你们建立深厚的友谊。其他的联系顺其自然就好，或者当你们的生活交集减少时，联系也有可能自然而然地消退。

3. 兴趣/活动/专业伙伴：例如：你最喜欢的跑步搭档，在董事会上与你聊天的人，工作中值得信赖的项目伙伴、商业咨询委员会成员。

积极意义：你们不会交换很私密的信息，但你们喜欢彼此的陪伴。你们使对方的即时体验明显变好。

连接小贴士：这个类别的朋友可以培养有意义的友谊，因为通过定期互动、共同朝着目标前进以及资源共享，可以建立信任。如果想的话可以继续深化关系："嘿，有空一起喝个咖啡/吃个午餐吗？"如果这些友情结合了你生活中的多种背景——你的瑜伽伙伴也是孩子同学的家长，你的跑步搭档也是同事——这可能有助于加深联系，但如果不是，也没关系。

4. **微连接**：我用这个词语来描述微小但情感上令人满意的互动（如作家芭芭拉·弗雷德里克森所称的微时刻），这些互动存在于我们的日常生活中——可能是和咖啡师、公交车司机、交警、店员、保安、子女同学的家长、宠物爱好者或通勤时的同路人。他们算不上朋友，但却是你们共享世界中友好的熟人。

积极意义：我们低估了与陌生人或熟人之间频繁接触产生的力量。微连接可以抵御孤独感，并提供微小但有效的提升。弗雷德里克森称之为"积极共鸣。其特征是：共同的积极性，相互关怀和关心，以及行为和生理的同步性"。目光接触可以启动行为同步，在这种情况下，我们的非言语手势与共享时刻的情绪火花一致——可爱的小狗、可爱的孩子、长长的买单队伍、好天气。没有什么是沉重的。你的心情和你的一整天都会被点亮（据说接受或目睹善意的行为都被认为可以缓冲/减弱我们的压力反应系统）。世界也许会变得明亮：一项社交实验表明，相比对照组，接受善意者更有可能将善意传递给他人。

连接小贴士：从目光接触、微笑或点头开始。根据弗雷德里克森的观点，积极的非言语情绪（第五章中提到的积极的安抚）会邀请我们的大脑相互模仿，进入同步状态。你可以转向对方并暂停手头的事情，表明交谈的意愿；也可以进行一些简单的交谈：分享一些笑话或表露欣赏之意；或者通过提出适当的问题来加深联系："最近怎么样？""斯巴克的爪子怎么样啦？""安雅在她的生日派对上玩得开心吗？"如果他们问你过得怎么样，可以说一些愉快、积极的话，或者承认你很忙。

虽然微连接不能替代更深层次的关系，但经过培养，它们可以成为令人愉悦的支持性关系。店员会把我们想要的东西放在一边；当我们去取忘带的东西时，保安会帮我们看着并排停放的汽车；我们与邻居交换照顾宠物，出城时帮彼此代收邮件，或许还可以互相送对方去看病。

微连接或"社交零食"可以在不知不觉中为我们的"社交饮食"增添多样性，让我们接触到各个人生阶段和背景的人。经常的微量元素的补充可以滋养我们的灵魂，提供积极性、安全感、归属感和连接，从而提高情绪、健康和整体幸福感。

练习　明确你的友谊类型

不要想太多，记下你对这些问题的答案：

1. 你是否一想到社交就觉得精力充沛？或者，如果你觉得社交给你带来的情感满足比你认识的其他人少，你是否会回避制订社交计划？

2. 你是否有时会在社交方面过度透支自己（例如，你感到筋疲力尽，无法完成自己的事情，或者因为没有足够的独处时间而感到愤懑）？

3. 你是否感觉到生活中有人能倾听并理解你，确信有一些人真正支持你？

4. 你是否对生活中有深度的友谊、有意义的友谊、兴趣/活动/专业合作伙伴和微连接的平衡感到完全满意？（例如，天平是否倾向于许多表面上的社交互动，但缺乏深度？）或者只有少数亲密朋友，但他们分散在全国各地，当有临时活动或紧急情况时没有人可以求助？如果有，你认为哪个类型的友情是可以改进的？

5. 你会优先考虑自己的社交生活吗？你是否倾向于等待别人的邀请？在过去的一个月里，你有多少次突然打电话向别人问好？你和朋友的相遇，是面对面，还是通过视频或电话？如果时间是个问题，那么在你的一天中（例如，在散步或通勤途中）能否抽空建立联系？

本练习中的问题想要帮助你了解你的基本友谊类型，你可能缺少的友谊类型和质量，以及你在打造社交生活方面的目的性——不是为了指责或确认责任归属，而是为了弄清楚哪些对你的社交有益，哪些无益，以及你可以对此做些什么。如果你曾经享受某些人的陪伴，但现在你却连最好的朋友都不想见了——这让你和你在乎的人都感到担忧——而且你的情绪、动力、能量和对曾经关心之事的兴趣都降低了，那么你可能需要和心理治疗师谈谈。

如何有效建立联系？

下面的技巧可以帮助你更有效地建立联系。其中一些技巧能促进交流，其他的技巧能帮助你实时管理心智和情绪。

支持性倾听：觉察、反应、行动

无论我是对公众、病人、朋友还是孩子们讲话，我都会努力记住一个简单的公式：觉察、反应、行动。它包含了一种被称为"积极倾听"的技巧。它可以改变人际关系，保护健康。[1]

- 觉察：这意味着当有人告诉你发生了什么时（他们在试图传达什么？），倾听——不插话、不打断——同时也要观察：也许他们会说他们没事，但垂头丧气的脸、耷拉的肩膀和单调的声音却暗示着相反的情况。

- 反应：接下来，用语言表达你听到的内容。先接收信息：转述他们说的话："我听到你说的是……我的理解正确吗？我说对了吗？"这也是一个对观察到的行为、情绪表达或面部表情做出反应的机会（我们治疗师也会这样做）："你好像流泪了"或"你好像很开心"，然后让他们继续说下去。这让他们有空间澄清。克制想要插入你的解释、经验或建议的冲动，也别用积极或安慰的陈词滥调来填补沉默——这些听起来都忽视了别人的感受

---

[1] 2021年发表在《美国医学会杂志》上的一项研究发现，那些具有认知功能衰退遗传倾向但在生活中有支持性倾听者的人，患脑卒中和痴呆的概率较低。另一个有趣的事实是：生活中有支持性倾听者，可以让你的大脑年龄年轻多达四年。

和处境。能够根据别人告诉你的信息更新自己的想法是具备认知灵活性的标志。

- ◆ 然后是信息登记：对你感受到的情绪表示赞赏："我听到你有多么悲伤/愤怒/担忧。""哇，你的痛苦也击中了我。"
- ◆ 最后是信息回应。这是表明你能够理解对方的时候。不要提供分析或建议（"也许你应该……"），而是尝试一些类似"我明白这对你来说很困难""听起来这是一段让你压力很大的日子""你有很多事情要处理"的表达。提供建议虽然出于好意，但会关闭别人与你分享的机会。不要低估只是简单倾听带来的益处。当他人分享痛苦时，给他们空间去找到自己的"啊哈"时刻，那是当我们自由地向信任的人倾诉时可能出现的时刻。
- ◆ 现在可能是适当自我暴露的时候了。要同样小心，不要提出建议或将焦点转移到自己身上，只需表达你的同情，以减少人们在遭受痛苦时体会到的孤独感。向他们保证他们并不孤单，或许还可以分享一段可能会引起共鸣的经历："虽然我没有经历过你所经历的事情，但我曾经经历过……那真的很艰难。我很遗憾。"言简意赅，不要对你们的情况进行比较。如果在对方描述自己的痛苦时自我暴露并不合适，那就别说。

- 行动：在这里你将共情转化为行动——这就是关怀的精髓。
  - ◆ "我在这里陪你""我能帮上什么忙？"如果合适、有依据并且受欢迎,你可以提供切实的解决方案。或者,如果你有能力并真心希望,也可以提供具体的帮助。仅仅作为一个回声板也是一种行动,如果这正是他们想要和需要的。

- 然后持续提醒他们你一直都在,用言语、行动或二者齐用来支持他们。哪怕是一张写着"我一直记挂着你/请好好照顾自己"的卡片,也会意义非凡。
- 如果你能持续地出现,让一个正在遭受痛苦的人感受到真正的支持,那么我的朋友,你就是天使。

这种方法适用于四种友谊类型中的任何一种。假设我刚到某个城市,我报名参加了一个徒步系列活动,以了解这座城市并认识一些朋友。我开始和一位女士聊天,后来我们在前两次徒步中一起走。第二次徒步结束后,她问:"你怎么会搬到这里来?"

也许到那时,我就可以安全地分享,我刚经历了一场令我心碎的失恋,希望搬到这里开始一段新生活,后来公司重组,我被解雇了。她倾听并带着认可和同理心给出了回应:"哇,这么短的时间里有这么多变化。最近事情进展如何?"突然间,我们的对话变得更深入了。

然后,她将同理心付诸行动:"我很乐意把你介绍给我的一些朋友,你为什么不加入我的瑜伽课呢?我们会经常在课后一起喝咖啡。"就这样,两个人都在扩大和深入社交圈。

莉兹的治疗方法之一是与他人建立联系。她的自我意识是以工作为中心,但她的病友们感兴趣的是她,而不是她的专业成就。渐渐地,她学会了与他人沟通,学会了接受他人,学会了示弱，而不仅仅是表演。她的好奇心和对细节的关注使她在工作中取得了成功，也使她在人际交往中取得了成功。她成了一个读书俱乐部的小组带领人，带领大家进行热烈的讨论。莉兹告诉我，教学一直是她的挚爱，但她的父亲却把教学贬得一文不值。要我说，她骨子里是个教育者。

解决冲突的 XYZ 技巧

XYZ 技巧[①]对于实时互动非常有效，尤其是在情绪强烈的时候。虽然这个项目原本是为了帮助夫妻建立关键技能，来加强伴侣关系，促进冲突的解决，并防止婚姻问题升级和离婚，但我发现它对长期关系和不同类型关系的人同样有用，不论是友情还是亲子关系。它不仅适用于冲突关系，也适用于维持健康的人际关系。

XYZ 技巧使讨论集中在行为和情境上，而不是某个人身上。不会有人身攻击或"厨房水槽"（对一个人的泛泛而谈）或全或无思维的陈述。用一句话来表述就是：

在 X 情境中，当你做 Y 的时候，我感到了 Z。

● **在 X 情境中**：描述在你们的关系中引发问题的具体情况——一个问题，而不是一连串问题。

---

① 改编自"预防和关系增强计划"（PREP），该计划教授夫妻如何有效地解决冲突并增进情感。

- 当你做 Y 的时候：描述具体行为。
- "我感到了 Z，然后我（行为/反应）"：用第一人称来解释你的感受或受到的影响，和你接下来的反应。这种反馈可以帮助你纠正消极行为。

还记得第四章中为家务而争吵的南希和沙伦吗？他们在治疗中和家里都练习了这种技巧。例如，沙伦说："南希，当你等到度假前的最后一分钟才给孩子们收拾行李时，我感到了巨大的压力和被轻视的感觉。我会变得非常焦虑（有时还感觉受到了伤害）。"

关注情境给你带来的感受，而不是一味地指责对方。正如第五章中所讨论的，有条件的负面交流和无条件的负面交流是有区别的，有条件的负面交流会给人可操作的反馈，让人知道他们的行为是如何对他人造成负面影响的，而无条件的负面交流中那些伤害性的话语会让人对自己的身份感到无助和羞愧，这往往导致逃避而不是修复。我建议在低风险的情况下练习这种技巧，这样在紧张情绪升级时更容易运用。

XYZ 也适用于积极行为。南希和沙伦使用感恩 XYZ 陈述来强化积极行为："当你星期天早上提出带孩子们出去玩，让我可以多睡一会儿，我感到很感激、被重视还有被宠爱。"有条件的积极交流鼓励我们做出更多我们赞赏的积极行为。也请记住无条件肯定的力量，比如说一声"谢谢！""我爱你""你是个非常棒的人"，或者拥抱、微笑，也可以是帮别人做件好事。著名人际关系研究专家约翰·戈特曼提出了人际关系中的神奇比例——5：1，对一段稳定而幸福的人际关系来说，在冲突中每发生一次消极互动，就要有5次（或更多）积极互动来对冲。

重塑你的认知

根据2014年发表在《实验心理学杂志》上的一项研究，芝加哥的地铁通勤者普遍相信，与陌生人互动是不舒服的、不受欢迎的，或者会耽误他们的时间。但是，当他们真的与邻座陌生人交谈时，他们突然发现这种经历能提升情绪，对于短期幸福感有积极的促进作用。如果我们在挑战关于微连接的假设时都能做到这一点，那么想象一下有深度的友谊会带来什么影响！

感受到他人的支持会给我们的大脑发出信号：我们可以放松下来，我们在被照顾，我们是安全的。由于我们在进化过程中是群居动物，因此被排挤到部落外围会让我们感受到威胁。因此，感觉自己受到保护对心理健康是有益的。

这种感到被支持的认知会带来更强大的社交网络系统，营造一种充满希望、积极向上的氛围，有助于人际关系的成功。这种影响并不限于社交圈，感到被医生支持或理解的患者会与医生建立更融洽的关系，因此更有可能遵医嘱并坚持复诊，获得更好的治疗结果。

积极的人际关系期望能创造积极的结果，因为我们是抱着双赢的态度来投入的。还记得前面提到的课堂社交环境研究吗，该研究认为，如果我们期望得到他人的接纳，我们就更有可能散发出温暖的气息，进而让他人接纳我们。

有了积极的期望，我们就不太可能把中性行为个人化地理解为消极行为："也许他们并不是在敷衍我，而是忙着照顾他们吵闹的宝宝，或许是因为我看到了他们衬衫上的冰激凌印子而感到尴尬，或者他们只是度过了糟糕的一天。"当我们遇到反复让我们失望、对我们不友好或侵犯我们边界的人时，我们也能清晰地意识到问题，而不是回避。

遗憾的是，有时由于早期的依恋经历，我们对自己和他人的负面假设会阻碍我们结识新朋友、与认识的人更进一步或重新与老朋友联系。或者，我们可能会对归属感焦虑，在人际关系中迷失自我，害怕哪怕是微小的动荡也会带来最坏的结果。无论如何，我们都害怕被拒绝或不被喜欢。

我们假定自己喜欢别人多于别人喜欢自己，这种偏差被称为"喜欢偏差"（liking gap）。我们并不是一生下来就如此。5岁以下的孩子不会表现出这种倾向——它通常在我们开始关心别人对自己的看法时出现。此外，在所谓的"美丽困境效应"（beautiful mess effect）中，我们甚至会害怕适当的自我暴露，认为表露脆弱会导致负面或批判性的评价。

高能量语录：

▶ 我们常常低估了别人对我们的喜爱程度。

认知行为技巧，如 ABCDE 疗法和情绪调节与现实问题解决的 5R 方法（请参阅第四章和第五章），可以帮助你挑战扭曲的认知，给自己一个机会，也给别人一个机会。

ABCDE 疗法带来的新视角

莉兹很难跳出她围绕自己的孤独所构建的叙事来看待自己的处境，甚至认为家人到医院探望她是因为"他们只是觉得我很可怜"。我们需要改变她的认知。以下是一个假想例子，说明如何使用 ABCDE 方法来挑战莉兹的假设：

前因：我的家人飞到医院看望我。

信念：他们这么做只是出于对我的同情。

后果：感到孤独，无价值感，情感麻木。

扭曲：他们来只是因为可怜我（读心术，贬损思维）。如果我是一个更好的母亲，也许他们会真的想见我（后悔倾向）。如果没有事业我就是没有价值的/无趣的（全或无思维）。没有人真的关心我（灾难化），所以我只能靠自己（情绪化推论和选择性负性关注）。

拥抱：我有过抑郁史，我的家族史也告诉我，我不值一提。这很痛苦，但我不必让它主宰我的生活。我可以全心全意地相信我的孩子，用我父亲从未相信过我的方式。如果他们看到了我的优点，也许他们是对的。我在医院里交到一些朋友。他们喜欢我是因为我是我，并且提醒我，我的内在价值远超工作成就。我的挣扎使我更能共情他人。向别人伸出援手，也能让我自己感觉很好。我不需要是完美的——对完美的不断追求反而是有害的。我可以对自己更友好一些。

这些洞察并不是莉兹一夜之间获得的。但是，随着我们的练习，ABCDE 技巧可以帮助我们捕捉并挑战消极的自动思维，并鼓励我们的大脑用更现实、更准确、更积极但更真实的联想来重构框架。

认知黑客

以下是一些改变常见人际关系认知的方法：

情境：有一群好友总是在一起玩。

  认知：他们是小团体／不友好。

  黑客：你有什么证据证明他们真的是这样的？问问你自己，你做了什么去融入他们？如果你尝试过，但他们拒绝了你，那么这个结论可能是合理的。但是，如果你一直独来独往，对没有人接近你感到愤懑，那么是时候承认这种认知，选择接近他们，看看会发生什么，或者顺其自然，不去在意。

情境：你受邀参加一个活动，但你并不认识活动中的大部分人。

  认知：我不想认识新的人，虽然我知道这对我有好处。我无法想象这个活动是有趣的。我谁都不认识，不知道该期待什么，也不知道该说些什么。

  黑客：通常，这些认知背后潜藏着非黑即白的思维：我不擅长与人交往／我不适合做这件事。或者是自我比较：我不像别人那么风趣／漂亮／聪明／酷／有趣／受欢迎。或者是身体形象的自我意识：我现在对自己的身体不满意／现在穿衣服不好看／没有适合社交场合穿的衣服。或者是感到脆弱：我刚刚丢掉工作／和伴侣分手，不想让人问起这些事。提醒自己你的能力，你过去遇到的挑战，你拥有的可以运用的技能，就像莉兹将她对人的好奇心和洞察力应用到交朋友上一样。

  你认识参加过这个活动的人吗？问问可以期待什么，是什么能让这个活动变成一次愉快的体验。如果你认识任何将会参加的人，你能和他们一起去吗？如果你可以带客人，那就邀请别人一起去。有哪些能让你放松的活动细节（例如，学习的机会）？不知道该说什么？转变你的焦点——大多数人有很多关于自己的话要说。在微笑和自我介绍之后，可以聊聊这次活动：他们为什么会来？先是倾听，然后跟进提出问题。要提出开放式问题。我可能会问某人他们的夏天过得怎么样，或者他们喜欢哪些书籍、电影或播客——这些信息碎片能提供有价值的洞见，以及基于共同兴趣的潜在联系点。对他人表现出真诚的兴趣就足以让你在他们中间取得成功。

情境：你需要一些帮助，但犹豫不决难以开口。

认知：我不想麻烦别人。我会感到尴尬。如果他们拒绝怎么办？

黑客：市场研究公司 OnePoll 在 2022 年的一项调查显示，近一半的受访者直到感到不堪重负时才寻求帮助。现实情况是：我们的请求给他人造成的负担并没有我们想象中那么重。当我们向人们展示真实的自我时，就会形成一种纽带。

给予和接受帮助对双方都有多方面的好处：降低血压、减少压力激素的分泌，以及提升免疫力。

从小的请求开始：在餐厅多要一些纸巾，或者在健身房里询问是否有人能在你举重时保护你。随着时间的推进，你的不自在会越来越少。对于更大的请求，要具体明确（不要只是暗示，希望别人能读懂你的心思）："我要去参加一个派对，可能会遇到前任。如果你能一起来，那会帮我一个大忙，也会更有趣。""我要去参加第一次约会，我想安排一些后续计划，这样约会就不会没有结果了。"一个非常好的主动例子：一位女士与她徒步俱乐部的成员分享了她的谷歌日历,她说她在手术后的那个星期不需要护理,但她确实希望有人陪伴,她邀请人们报名去探望她。

当然,也 3 要表达感谢,并在他们需要的时候给予回馈。

情境:你与某人失去了联系,或者很久没有见到你想要进一步了解的人。

认知:我搞砸了。太长时间没联系了。

黑客:"为时已晚"是人们不与新老朋友主动联系的主要原因。其变体包括:我会打扰他们 / 我不想给他们添麻烦 / 他们不需要更多朋友了 / 我已经太老了,交不到新朋友 / 我们曾经有过争执——他们可能还在生我的气。

现代生活并不利于自发建立联系。我们必须创造机会。几周、几个月,甚至几年后——让别人知道你想着他们,永远不会太迟。事实上,研究表明,人们喜欢收到别人的短信,而且越是出乎意料,接收者就越受益。在我年轻的时候,我并不擅长保持联系。然后我会想,时间太久了,现在联系会看起来很奇怪。我们似乎已经渐行渐远了。现在我意识到,也许对方也有同感!所以我就抛出了橄榄枝。

当我们敞开心扉、愿意分享、寻求帮助时,人们喜欢听到我们的信息。我们最小化了自己对他人的意义,也会弱化一条突如其来的短信的意义。表达和接受赞赏有益于心理健康,能提高生活满意度和幸福感。它创造和巩固了联系纽带,并与更好的人际关系满意度和关系承诺相关联。

作为重新建立联系的一部分,莉兹联系了她的大学室友,她是波士顿母校的一位经济学教授。莉兹又开始写书法了——她为了得到父亲的认可,放弃了这个爱好和其他许多让她感到舒适的事情。莉兹给她的老朋友寄去了一张她亲手书写的卡片，她们已经有 10 年没有说过话了。她在医院收到了一封回信——这是一个迹象，表明她不仅主动发起联系，也开始真正地敞开心扉。

因此，主动联系同一个学校、同一个工作单位或童年时代的老朋友。给他们发邮件，告诉他们你在想他们，想知道他们过得怎么样。提醒对方你有多喜欢和他们谈话，你们在哪里相遇过，以及你们分享过的趣事或笑话。发送一篇他们可能感兴趣的文章。你不必完全敞开或提议见面，只要重新点燃对话的火花。如果你收到了回复，并且感觉彼此还有共同点，那么就从那里开始建立联系。可能有时我们的努力得不到回应，我们也要有一个开放的心态来接受。无论有没有收到回复，我们都应为自己的主动联系感到高兴。

如果你和老朋友之间的沉默只是由于一个简单的误解，或者你认为某人已经不再喜欢你了，那么要开诚布公："我想念你。已经过了很久，我想谈谈发生的事情。"准备好讨论艰难的事情，承担应承担的责任，并表明你愿意继续保持联系或寻找一个好的结束。

高能量小·贴士——关于宽恕

宽恕是一种力量，可以让我们放下对伤害我们的人的怨恨。如果他人的行为破坏了你们之间的关系，你仍然可以给自己一些选择：

1. **完全免责**。如果一个人确实犯了错误,如果他真的没有意识到自己行为的严重性(比如,他还很年轻),或者他愿意负全责,而你又想维持这段关系,那么原谅他是很容易的。当然,最好的道歉是行为上的改变。但在没有改变的情况下,以下是一些处理持续伤害或不良行为的方法,或者当某人还没有完全承认自己的不良行为或还未改正时的处理方法。

2. **信任但要验证**。这可能适用于不真实的关系或不真诚的道歉,比如你也会受到部分指责(对方试图合理化或解释他们的行为,这已经不是第一次了)。也许你别无选择——出于重要的原因,你需要继续这段关系,或者说你只是需要继续前进。你可以原谅,但不要忘记,你的座右铭是"信任但要验证"。

3. **活在当下,然后放手**。在这个选项中,基于不执着或彻底接受的理念,我们不会宽恕或认可伤害性行为,通过接受、不执着和放手,来选择我们的理智和心灵的平静。根据佛教思想,众生皆苦,而痛苦则是我们通过对观念、记忆、人和过去的执着而赋予它的旋转。相信我,我也经历过"如果这一切没有发生就好了"的时刻,但它还是发生了。接受糟糕的情况并不是纵容它:我们是在把自己从束缚中释放出来,因为我们不想成为过去的囚徒。

有时,允许自己愤怒(除了承认它之外不一定做什么)可以让我们在悲伤的同时选择原谅。对一个为你付出了很多的人感到愤怒是有可能的。有时，我们哀悼的可能是一段关系的丧失，或者仅仅是我们对这段关系期望的落空。我们有时会把接受等同于逆来顺受，或等同于容忍糟糕的情况或糟糕的行为，但事实并非如此，宽恕可以防止把愤怒转化为怨恨，有利于你尽快摆脱相关的负面情绪。

树立健康的边界

很多时候，人际关系的冲突实际上是我们与他人的价值观、目标、需求和愿望之间的竞争。但也经常存在着内在冲突：我们不喜欢让别人失望。然而，如果一味地将他人的需求和愿望置于我们自己之上，这就会成为愤懑的诱因。

解决办法是什么？边界。边界可以保护和尊重所有相关的人。它可以帮助我们补充情感储备，让我们有足够的资源去爱我们所爱之人。

在我与莉兹共事多年后，我遇到了一位名叫阿曼达的病人。莉兹的高情感边界将她与他人隔绝开来，而阿曼达缺乏边界感，这导致了一个反复出现的问题。她的事业刚刚起步，很难找到自己的立足点，因为她觉得自己有义务履行社交承诺。和我的许多年轻单身病人一样，对阿曼达来说，友情至关重要。她天生喜欢社交，集体是她文化传统的核心。但现在，随着她的朋友们开始订婚和结婚，用她的话说，参加婚礼成了她的全职工作。这意味着演出、礼物、时间和旅行花费，如果她是伴娘，还需要"礼服、鞋子和派对"。

在很多方面，阿曼达都已将结交朋友和维护友谊的艺术发挥到了极致。但是,她对归属感的需求与她对自主、能力和经济保障的基本需求发生了冲突。她放弃了独处的时间,放弃了出去玩、骑自行车和瑜伽培训。她发现自己很难拒绝别人不言而喻的期望,投入金钱以实现在场。她把朋友的需求放在首位,却觉得自己的需求从未被考虑在内。

虽然莉兹和阿曼达看起来是截然相反的两个人,但她们都需要审视自己对人际关系的理解,思考自己的情绪如何影响了她们在关系中的决定,以及她们可以做些什么来获得更满意的社交体验。

在阿曼达的案例中,最让我印象深刻的是她的反刍,她认为如果她不按照朋友的要求去做,他们就会抛弃她。她的自我价值感似乎取决于他们的认可。她花费了数年时间和数千美元优先考虑朋友的需求,而不是她自己的。她缺乏健康的边界,这让她对自己所爱的人产生怨恨。她有被人喜欢和渴望归属感的需求,也有达成财务目标以及做出让生活更真实、更满意的决定的需求,而这两者相冲突。

与尊重和信任的人建立健康的边界,是为了保护这段关系。当不可避免收到下一个伴娘邀请时,阿曼达和我一起制定了策略,在支持朋友的同时建立健康的边界。

首先,她告诉朋友自己为她感到非常高兴,感谢邀请她参加这么特殊的时刻,并给自己留出思考的时间:"我真的很想参加你们邀请我的所有活动。我真为你俩感到兴奋。让我看看我的日程表(和预算),过几天给你答复。"随后,她再次联系了她的朋友,说她很荣幸能成为伴娘,但不能去新奥尔良参加单身派对,她给了朋友一个选择,接受她在时间和经济方面非常合理的边界，或者找其他朋友来担任这个角色。

阿曼达的边界：

1. **意图**：健康的边界不是被动的，也不基于愤怒。阿曼达考虑了她的选择。

2. **同理心**：体贴、善意的边界可以包括你能做什么、你不能做什么："真的很抱歉，我不能参加在新奥尔良举行的单身派对——很遗憾，我的日程和预算都不允许。但我很高兴能参加婚礼！"感激之情表明你重视双方的关系和请求背后的意图："非常感谢你能想到我""非常感谢你邀请我参加""感谢你的邀请"。

3. **协作、合作、创造**：阿曼达最大的感悟——也是最有效防止潜在怨恨的感悟——就是她仍然可以通过参与派对策划、装饰布置和游戏（在她的时间和经济能力范围内的活动）来为朋友们"露一手"。你可以尝试这个想法："虽然我不能举办晚宴，但我非常乐意带几道菜并帮忙收拾。"不同的人有不同的长处、资源和方式来表达关心。有人提供时间，有人提供房子，还有人提供钱包。各显其能。

4. **明确**：阿曼达既清楚地表达了她的兴奋、热情，也清楚地表达了她无力参加单身派对的遗憾。没有猜测和惊喜。

5. **灵活**：友谊很少是全有或全无的。阿曼达意识到，她并不是只有全情投入才能被别人接受。

6. **强化**：当她的边界受到挑战时，阿曼达再次表现出理解但坚定的态度。当她的朋友说："我很失望，你就没有办法参加单身派对吗？"阿曼达考虑了一下，然后明确地强调了她的边界（没有重申她的预算，因为她的朋友已经知道了）："我迫不及待地想在派对和婚礼上见到你，但我确实不能参加单身派对。我很高兴能帮忙策划,也很高兴其他女孩能去参加!"

7. 开放:根据关系的亲密程度,你可以选择分享更多你的决定背后的原因:"我真的需要专注于学业/工作/家庭/休息/心理健康。"在朋友之间,这是让他们知道"不是你,是我"正在关注我自己健康的一种方式。

令阿曼达感到惊喜的是,虽然她的一些朋友自然而然地表示了些许失望,但没有一个人不再与她联系。随着时间的推移,阿曼达习惯了设定边界的新常态。

设定边界可能会让人畏惧,但请记住它的好处:

● 设定边界的目的是促进亲密关系。为了维护长期关系,树立边界有时需要我们在短期内承受失望。最终,它们有助于管理期望,减少误解。

● 边界帮助我们照顾自己。我设定边界,才能在他人需要时做最好的自己。

● 边界不是绝对的。在一段相互支持的关系中,边界更像篱笆而不是围墙,因为在尊重彼此需求的前提下,我们同意在需要时灵活地对待边界。

● 边界可以成为通向力量的桥梁。有时,篱笆需要变成围墙。建立边界可能是决定结束一段关系的第一步。

先和自己做朋友

在本章开头,我指出最好的交友方式的就是先与自己交朋友,特别是当你感到不安或痛苦时。研究表明,人有时可以通过一些关键词、图像和练习来唤起记忆中的照料者和他们内心的照料者,来获得更多的安全感——这个过程被称为"安全感启动"。

下面的观点聚焦于培养我们最亲密的友谊——我们与自己的友谊——这是健康地与他人交往不可或缺的组成部分。我们中很少有人拥有理想的成长环境。无论我们早年或当前的人际关系经历如何,我们都可以在内心创造一个恢复性的、令人安心的大本营。自我关怀可以打破循环,促进治愈,并允许我们以最完整、最美好的自我与他人相处。

● **帮助你的伴侣帮助你。** 你的伴侣可能并不是总能想出正确的话语帮助你平静下来,但也许他/她可以用其他方式来表达支持,你可以告诉他/她你很感激(坐在你身边/拥抱和背部按摩/为你做一顿丰盛的晚餐)。记住——你们两个都可以练习成为对方的积极倾听者,表达感谢和理解。[①]

● **提出你的需要。** "你的话总能给我安慰。今天能和我分享几句智慧之言吗?我今天过得很艰难,你的信息总能让我振作起来。"

[①] 表达感激对每个人都有效,无论是哪种依恋风格,但对回避型依恋风格的人来说尤其有效,无论是人际关系还是工作中。我们知道,管理者说"谢谢"可以激励他们的员工。感恩可以提高生产力,鼓励我们更努力、更长时间地工作。

- 写下或重拾一段积极的记忆。一个让你感到安全、被重视、被爱的记忆。
- 给你未来的安全自我写一封信。你希望自己怎样？你希望能够给予他人什么？你需要给自己什么？你觉得自己应该得到什么（休息、睡眠、认可）？你想改变什么模式？你觉得什么做法行不通（例如，畏缩后退、逼得太紧）？

虽然这些练习可以提供一定程度的安慰，但在心理治疗中探索一个人的依恋风格有助于深化你的洞察力，提高你的应对技能。

独处练习

独处练习既教导我们，也提醒我们每个人都有自我给予的能力。这是一种刻意地、有意图地享受自我陪伴的状态——给予自己积极的抚慰。它让我们充满电，从而能够全然地呈现在他人面前，重新看待自己的价值，并帮助我们不再回避情绪、逃避挑战或期待他人来填补内心的空虚，确保我们和我们的人际关系不受困扰。它提醒我们，我们才是自己快乐的源泉。

对许多人来说，独处可能会感觉不舒服。一项研究发现，有些人宁愿电击自己，也不愿独自一人无所事事。对独处的核心恐惧源于一种误解，即快乐来自外部世界或我们的归属感。当我们在他人的陪伴下享受快乐时，我们可能会将这种快乐与他人联系在一起，却没有意识到，我们在他人陪伴下体验到的乐趣、快乐、笑声以及体验和表达积极情绪的能力，早就是我们的一部分，等待着我们去认领。别再等待别人给你享受内心家园的许可。你——你自己的思想、你自己的身体、你自己的精神——是你自己快乐和幸福的源泉。虽然社交拒绝和孤立会伤害我们（归属感是人类的基本需求），但我们的意义感和归属感最终还是取决于我们自己的舒适感。

没有干扰的独处时间可以揭示我们的希望、梦想和行为的大量信息。大脑只有在休息和安静、专注的时候才能建立联系。独处帮助我们调节情绪（特别是允许我们消除强烈的负面情绪），促进自我觉察，解放我们的思维，使我们能更有效、更有创造力地解决问题；为我们的电池充电，让我们重启；使我们能更好地与他人相处，增进我们对他人的共情和理解。当我们在愉悦的独处和有意识的共处之间取得平衡时，我们的注意力、生产力和创造力都会提高。当我们独处时，即使与他人积极交往，也会分散我们的注意力，影响大脑在积极休息状态下所需完成的重要工作。因此，虽然某些人（莉兹）更喜欢独处时间，但学会如何有意义地独处是一项重要的技能，也是有效平衡生活的一部分。

上面提出的对自己友好的提示可以成为你独处练习的一部分。但这不必是一件大而沉重的事情。你可以在家里任何一个安静的地方进行独处练习，也可以在公园长椅上、渡轮上或咖啡馆里的人群之中练习独处。不要看手机。请参阅第七章，了解激发敬畏、感恩、品味、游戏、正念意识以及心流的活动。

独处练习提醒我们，体验和表达快乐的能力就在我们内心，等待我们像对待珍贵朋友一样去认领。我们的归属感首先属于我们自己。

高能量语录：

▶ 你是自己快乐的源泉。

滋养你的关系将改变一切

莉兹在自杀未遂8周后出院。"很多人努力把我重新拼凑在一起,我很高兴他们做到了。"莉兹说道,露出了我在此前从未见过的灿烂笑容。

之后不久,有一天我被叫到护士站。在那里,科室职员递给我一束美丽的白色兰花,上面写着:"感谢你给了我们新开始。"

这是莉兹儿媳送来的。莉兹与她的家人在波士顿度过了一个夏天。她的儿子儿媳来到纽约帮助她收拾行李,准备搬到马萨诸塞州,以便离家人更近一些。在那位收到她亲笔书写的卡片的大学室友的帮助下,她还在母校担任客座教授,继续挥洒她对教学的热情。随着时间的推移,持续的心理治疗、药物管理以及对连接和正念的努力,莉兹能够感受到并接受家人的爱——并且,生平第一次,她对连接的需求与对自主性和胜任力的需求实现了平衡。

从我与莉兹开始接触,20年已经过去了。无论当时还是现在,我都觉得她令人鼓舞的地方在于她的意向性。这是一位绝望、抑郁和孤独到要轻生的女性,但她找到了自己的方式,给朋友寄卡片,带领读书小组,搬到离家人更近的地方,开启第二次职业生涯。莉兹的心路历程是复杂而微妙的——是她早年生活压力、独特的依恋风格和世界观、遗传倾向和个人抑郁史、晚年的丧失和孤独的混合体。但这也是一种关于恢复、希望和实用乐观主义(虽然当时我还不知道这是实用乐观主义)的混合体。在一生中大部分时间都筑起情感高墙的莉兹决定在人际关系中展现脆弱和真实想法。虽然莉兹很幸运能够得到专业人士的帮助和治疗，从而"将碎片拼凑在一起"，但她在这一过程中的投入也提醒了我，重新建立联系——发掘未知潜力，带着慈悲去挑战，绕过自己的局限——永远都不晚。这开始于理解我们不仅仅是发生在我们身上的事情的总和，我们有能力在当下治愈，并通过与他人和自己建立滋养的关系塑造我们的未来。

当我们这样做时，一切都会改变。

>> 第九章

培养健康习惯：
让理想生活自然
发生

不断重复的行为造就了我们。所以，卓越不是单一的举动，而是一种习惯。

——威尔·杜兰特

"我知道我需要做什么，我只是做不到。"

斯坦[①]，3个孩子的父亲，今年44岁，在过去的一年里，他开始服用抑制血压和胆固醇升高的药物，并得知如果不通过调整饮食和锻炼来扭转局面，下一步将不得不服用糖尿病药物。"理想情况下，我想看看我是否能摆脱这些药物。总的来说，我想为家人和自己保持健康。但我似乎无法坚持下去。"

斯坦向来身体都很健康，他也一直把健康放在首位，但现在的他已不再像以往那样积极乐观，转而与各种代谢紊乱做斗争。不幸的是，他时常感到束手无策。他的内科医生怀疑他出现了抑郁症状，将他转介给我，希望我能帮助他管理压力。

斯坦沉湎于失去父亲的悲痛中，他的父亲因长期患有心血管疾病，在前一年死于心脏病。虽然父亲的去世警醒并激励着他应对这一家族健康风险，但斯坦却在动力方面挣扎不已。他说，在

[①] 你所了解到的斯坦是一个浓缩版的故事。我不得不从他的病例和治疗记录中挑选出与本章要点相关的部分，本章的重点是培养和保持健康习惯的重要性。每个人的旅程都是独一无二的。我无意建议或试图全面讨论抑郁、悲伤和新陈代谢问题、医学疾病及其风险因素，或现有的心理健康或医学治疗或生活干预措施（鉴于医疗保健和整个社会的差异，我也并不认为所有人都能广泛使用这些措施）。重要的是要与你的医疗保健提供者讨论你的具体情况。

开始新的饮食和锻炼计划后的一个月内,他的情绪、精力和动力都有所减退。各种状况不可避免地干扰了他:地下室淹了水,妻子最近被确诊患有自身免疫性疾病,小女儿在学校面临学习挑战。无法坚持重要的健康习惯让斯坦士气消沉。

工作的变化也打乱了他的健康习惯。在远程工作之前,斯坦上下班要么坐地铁,要么步行 3000 米。他经常在办公楼层之间走楼梯。他的办公楼有一个免费的健身房,他有时会在午餐时间和同事们一起健身。现场工作也为他的工作日按下了一个硬性停止键,这样他就可以下班后和孩子们一起活动(他曾经是孩子们运动队的教练),吃一顿家庭晚饭放松一下,然后准时上床睡觉。远程工作模糊了这一界限。斯坦随时都在接听电话,周末也不例外。

我让斯坦回想他曾经是多么投入和专注,以及他所承受的压力有多大。他既要悼念父亲,又要帮助妻子应对慢性病,还要帮助小女儿在一个并不总能适应的学习环境中应对神经多样性带来的挑战。我们还谈到斯坦的抑郁症状是如何导致他难以坚持饮食和锻炼计划的。"当我情绪低落时,我会取消锻炼计划,吃垃圾食品、熬夜。我不和朋友见面,在家里也很暴躁。这不是我。"

抑郁、悲伤和压力都会削弱我们的兴趣、精力和动力,使我们更难实现目标或做我们曾经喜欢做的事情。无法兑现对自己的承诺加剧了斯坦的抑郁。情绪低落、计划取消、失落、悲伤和巨大压力只会进一步削弱他的自我效能感,从而使抑郁恶化。斯坦不仅需要提升情绪的活动,还需要提升效能感的活动,以打破这种羞耻—低效能状态—抑郁的循环。

这就是为什么习惯如此重要。好的习惯对健康大有裨益，同样重要的是，这些习惯赋予并确认了我们的身份，让我们能够信守对自己的承诺："我是一个（如：说到做到、合理饮食的）人。"因此，好习惯会带来双重积极效果：健康和身份。乐观就是乐观主义者在做的事情。

斯坦有轻度抑郁的迹象，但他告诉我，药物不是他的首选，因为他已经服用了很多药物。有些病人可能想要药物治疗（另一位医生甚至可能向斯坦建议过药物治疗），在多数情况下，药物治疗是合适的，可以挽救生命、改变人生。不过，我对所有的可能性都持开放态度，最重要的是，我会听取病人的想法。

在过去的一年里，包括丧父之痛在内的各种压力让斯坦失去了他所掌握的应对技巧。和我们很多人一样，斯坦也养成了对别人做得太多、对自己做得太少的习惯。虽然他对自己的健康状况感到沮丧，但他仍然想改善它，而且他的绝望感还没严重到无法自拔的程度。

斯坦不仅想看看如果不使用药物，还有哪些心理健康治疗方案，而且希望能停用其他药物。我们达成一致，将从非药物治疗方法入手，帮助他建立改变习惯的能力。我会继续密切关注他的情况，如果有必要，我会迅速采取其他治疗方案。就像我一直以来对病人所做的那样，我们还讨论了他是否曾想过、计划或尝试自杀和自残，以及他自杀或自残的历史，斯坦都否认了。

我告诉他："你的一些病可能是家族遗传的，所以有一定的遗传倾向。不过，不管你信不信，其实你控制病情的能力比你想象的要大得多。"

我们中的许多人即使没有斯坦所面临的挑战和损失，也都在为健康的生活习惯和目标而奋斗着。也许，你也像斯坦一样，渴望实现某些目标，也知道自己需要做些什么，但仍然一直苦苦挣扎。[①] 人们在超过 75% 的时间里知道在睡眠、锻炼、营养方面该做些什么，但大部分人没能做到这些。

也许，你和很多人一样，会因为自己错误的选择而责备自己。但如果关注选择其实也是问题的一部分呢？

我们往往认为，健康的生活就是做出正确的选择。没错，在一定程度上是这样。然而，还记得我们说过的"决策疲劳"吗？我们每天都要做出成千上万个决定，其中有 200 个是关于食物的！过多的选择和决定会导致错误的选择或无法选择。再加上情绪、生活中的起起伏伏、诱惑和干扰，这些都会导致我们无法周密地执行计划。

实用乐观主义者明白，他们有能力也有责任做出正确的选择，这也是创造良好健康结果的部分前提。然而他们也会意识到，他们可能并不总是有能力做出这些正确的选择（有时候，尽管他们有强烈的企图，也尽了最大的努力，但可能还有其他更大的系统性阻碍和不公平现象在起着关键作用，而这些是他们无法控制的）。

因此，他们会做出对自己有利的选择。他们学会了有些时候

[①] 在焦虑和抑郁的情况下，动机也会减弱。如果你总体上感觉动力减退，而且已经有一段时间了，你可能需要考虑与心理咨询师谈谈。

根本不用做选择。看起来是好选择，其实往往是好习惯。

积极、有意识的选择需要深思熟虑和周密的计划，这就是所谓的慢速思维。根据思维的双重过程模型，我们有一种基于习惯的快速思维和一种较慢的分析思维。如果我们能够学会从习惯出发，我们就不会在决定吃什么、什么时候锻炼等问题上纠结。我们只需要自动执行已被证实的积极结果。

习惯是自动做出的决定，通常是为了应对或预防问题。当一种行为绕过了有意识的思考，以至于我们不假思索地去做，它就成了一种习惯。习惯更能抵御外界的阻碍和力量，包括低动力、日常变化、选择、情绪，甚至其他不良行为。通过练习，健康的选择可以成为我们的第二天性，这样那些纷飞的思绪、偶然的念头、心血来潮的主意或者可能造成困难的关卡就没有机会给我们造成阻碍。

务实的乐观主义者知道健康的黄金法则：如果你想让一种健康行为持续下去，就要让它成为一种习惯，而不是一种选择。乐观主义者更愿意锻炼身体，吃新鲜水果和蔬菜，吸烟的可能性也更小。他们会定期去医院体检，并遵守治疗计划。他们更有可能定时洗手刷牙。但更重要的是，他们已经将这些行为自动化。

高能量语录：

▶ 动力被高估了。自动化才是成功的关键。

从牙齿健康到心理健康，乐观主义者养成了健康的生活习惯，仿佛生命就取决于此。因为，的确如此。根据 2019 年发表在《美国国家科学院院刊》上的一项研究，乐观可导致寿命延长 11%~15%。乐观的态度一直是那些长寿者（活到 85 岁以上）的标签。但是，长寿的关键不仅在于我们的寿命，即我们能活多长时间，还在于我们的健康寿命，即我们能健康地活多长时间。

与一个世纪前相比，美国人的平均寿命延长了 30 年。但是，与我们的父母和祖父母那一代相比，我们的健康状况并没有太大的改变：尽管美国在医疗保健方面的支出远超其他发达国家，但我们却把更多的时间花在了治疗疼痛或慢性疾病上（事实上，在 65 岁及以上的成年人中，有一半以上的人需要服用四种药物）。虽然美国人的寿命比过去更长，但在预期寿命上，美国却落后于其他高收入国家，肥胖和吸烟是造成早逝的部分原因。不过相对而言，乐观主义者更健康，他们的寿命更长，健康时间更长。也许是基因好的原因？

基因只是等式中的一部分。一项丹麦的双胞胎研究表明，基因对普通人的寿命的影响仅占 20%，生活方式的影响约占 80%。美国国家科学研究委员会和医学研究所的研究表明，美国多达一半的过早死亡是可以预防的，包括不良饮食习惯、久坐不动的生活方式和吸烟。表观遗传学研究正在揭示行为和环境如何与基因表达相互作用并改变基因表达。生物学不是宿命论。你对自己健康的掌控力远不止这些。

即使乐观也不取决于遗传。正如我所提到的，遗传只占乐观主义者阳光心态的 25%，另外的 75% 和其他人一样，都来自他们所处的环境和他们做出的选择。实用乐观主义是一种让每个人都能获得乐观力量的习惯。

你已经自动养成了许多好习惯：刷牙、洗衣服、记日记、遛狗等等。当然，坏习惯也会自动养成：太多的泡吧时光、快餐、外卖、借酒浇愁，以及马拉松式的工作让你忘了吃饭、锻炼和睡觉。

在本章中，我将帮助你采取措施，自动养成好习惯，逐步淘汰坏习惯。虽然你养成健康习惯的原因可能与斯坦不同，但我给他的建议仍然适用于你。

有时，我们会觉得培养健康习惯是一个难以达到的目标。当想到成本、时间、精力、获取途径、资源、练习、知识等，无数的障碍和挑战便涌上我们的心头。包括斯坦在内的大多数人，尽管知道养成良好习惯的重要性，但仍在苦苦挣扎。其实，我们需要意识到，也许"做到"是可能的。实用乐观主义者总会意识到自己的局限性。但他们也会问自己："考虑到困难和挑战，我有哪些选择和变通的方法能帮助我达成目标和养成好习惯吗？"

不知道从哪里开始养成健康的习惯？在本章的后面，我将分享我最为推崇的四种习惯，因为它们在带来快乐、愉悦和满足感的同时，还能引导人们养成其他好习惯。

如果你一直在练习我在其他支柱中分享的工具，那么你已经在养成好习惯了。本章将强化你正在做的事情。或者，你也可以从这一支柱开始，将其应用到其他支柱或者你的任何目标中。我希望能帮助你对培养习惯的努力更有信心。在健康决策和结果方面，我们拥有比想象中更多的权利、掌控感和选择权。相信自己有一手坏牌会影响你出牌的方式。你想满怀决心和信心地出牌，还是听天由命呢？如果你正在阅读这段文字，我想你知道答案。

从意图到自动化

我们更有可能长期坚持一种日常行为,并通过这些要点将其自动化:
- 便利
- 有趣
- 可得
- 愉快

习惯养成的一些关键步骤包括意图、决策、行动和自动化。我已经制定了一些关键策略,将这些步骤和上述要点结合起来,帮助你缩小"从意图到自动化"之间的差距(如何将意图收入囊中并让其自动化)。

意图

意图不仅仅涉及设定目标。意图是在问我们自己：为了实现目标，我需要做些什么？意图包括发现自己的强项、弱点和压力源，从而复制可行的做法，并修正无效的做法。意图通过以下几种方式帮助你避免"我是个失败者"的想法：

- 收集可行性数据，了解事情发生的时间、地点以及进展是否顺利的原因。
- 不轻易被动机不纯的人利用。
- 想做的事情尽量做到，不留遗憾。

练习　寻根旧习惯

要有意识地培养习惯，首先要承认我们现在所处的位置，以及明白我们目前的习惯是如何形成的，无论是几个月前还是很多年前。不带批判性的自我审视有助于你开始将自己从一直以来的行为中分离出来，并将精力转向你想到达之地。

在努力改掉旧习惯或发挥好习惯时，要考虑到：

- 在你的原生家庭中，用餐时间/饮食、锻炼、花钱、友谊以及其他方面是什么样子的？
- 从这些经历中，你学到了哪些习惯或者蓝图？
- 哪些习惯对你有用？哪些没有？

- 是什么心态和行为造成或延续了那些不利于你的习惯?

如前所述,根据我们感觉这些意图是否行之有效,我们的意图在过程中是会发生调整的。假设你的目标是参加继续教育或培训课程,而你需要在全职工作的同时复习入学考试。你计划下班后在家学习。但是一回到家,你就只想吃晚饭,放松一下。你将计划改为早起学习,但是工作日你的精力就会涣散。而周末挤时间学习也行不通。最后,你想到了一个办法:在公司多待一个小时,在那里学习。一回到家,你就知道学习已经结束,是时候放松一下了。你可以在晚餐时吃一份沙拉或三明治,或者在午餐时间打包点东西,这样饥饿感就不会影响你的专注力。你可以让这个习惯自动化。你正在实现你很看重的目标,并且已经解决饥饿感和精力等实际问题,确定了阶段性目标和备考时间(每天一小时左右,持续 x 个月就能完成任务),并确定了支持完成目标的两个积极暗示:

> 工作场所 = 工作和学习的地方
> 家 = 放松和休息的地方

练习 意图清单

在一周的日程表中详细记录你的时间都花在哪儿了。然后，以一种非评判性的方式问自己：
- 我对时间的使用是否符合我的习惯、价值观或目标？
- 如果不是，是什么阻碍了我达成它们？
- 本周我做了哪些符合我的价值观和目标的事情？
- 是什么帮助我实现了这些事情？
- 如何修改我的计划从而让我的好习惯更容易坚持下去？

细化

你可以通过制定具体、现实、富有同情心的目标来优化习惯自动化的机会。过于宽泛的目标("减肥健身"或"整理物品")和缺乏明确的计划会导致不知所措、拖延和失败。过于苛刻的期望值("3个月内通过每天步行10千米、每两天做举重训练、周末游泳和练习瑜伽来减掉20千克""每天晚上花一个小时整理房间,每周末都去募捐中心")会让我们变得偏离正题。一个没有自我关怀的框架——"别再做一个无组织无纪律的胖懒虫!"——只会通过强化消极的自我形象来削弱自我效能感。

如果你设定的目标是"更好或更多",那么问问自己,这些目标是否建立在与他人比较的武断标准之上。如果与个人价值观没有明确的联系,这些人为夸大的目标就会导致失败和更多的自责(请参阅本章"统一你的目标与内在价值观"一节)。

"细化"阶段的目标是创建一个足够具体的框架,让你开始行动;这个框架足够宽松,能让你找到自己的节奏;富有同情心和目的性的框架,会让你感到有吸引力和可实现:"我想制订一个计划,在未来一年里减肥,变得更健康,享受更整洁的家。"

练习 新习惯,新方向

选择一个你想开始或改变的习惯。然后考虑:

- 如何积极、热情、现实地塑造你想要的新习惯？（例如将"我不想再吃快餐了"转换成"我想做/吃能给我的身体和大脑补充能量和营养的食物"。）
- 你如何才能让你的意图和提案变得更具体？（例如"我想每周只吃一天快餐，买一本关于简单、健康的家庭烹饪食谱，并开始步行计划，也许是和朋友一起"。）

在日记中写下你的习惯目标。记住，当你了解到什么能帮助你保持健康习惯时，你可以对其进行调整。

自动化的一个关键步骤是制订活动计划：就实施新行为的内容、地点、时间和方式做出深思熟虑的决定。最有可能让一个习惯坚持下来的活动计划应该是详细的、可预测的，并围绕障碍制订计划（即应对计划），它能帮助我们设计出切实可行的习惯；确定切实要做的步骤，包括替代方案和应急措施；并且争取形成辅助习惯来服务作为更大的主要习惯的支架。

由于斯坦的远程工作模式模糊了他的职业生活和个人生活之间的边界，他的应急措施是与同事明确设定可行性边界：在特定时间后在他的线上软件中设置隐身或者下线，禁止工作会议或通话；当他与家人一起做饭或外出时，设置自动回复的工作信息。

> **练习** **细节决定成败：你的活动计划**
>
> 以下是你在制订自己的活动计划时需要考虑的一些问题：
>
> - **你将做些什么？**何时开始？多久进行一次？哪些天？几点？和谁？到什么时候？只要不是不切实际，设定一个截止日期可以帮助你挤出时间来做你想做的事情。我的一位病人是一位才华横溢的艺术家，由于公司工作繁忙，她很难抽出时间从事艺术创作。她很喜欢为朋友创作艺术作品，所以我建议她选择在每次朋友的生日时送上一幅她的作品作为礼物。
>
>   - 尽可能利用你的"高能时间"：为了避免打击你的效能感，不要在你非最佳状态时尝试完成高要求的任务。尽量将任务安排在自己最专注、精力最充沛、最不容易分心的时候。对我来说，就是在看完病人之后和孩子放学回家之前。
>
> - **你需要哪些工具和 / 或者信息？**器材、用品、服装、装备，还是一些指南？
>
> - **如何从小事做起？**研究表明，经常进行低强度锻炼（每周三次或三次以上）的人比每周只进行一次大强度锻炼的人更快乐。从定期做力所能及的事情开始。不要认为你必须在健身房锻炼 90 分钟，否则就不是真正的锻炼，而是去锻炼 15 分钟（如果你能做得更多，那就太棒

了！）。通过一个名为"逐步逼近"的过程，你可以通过强化形成最终行为的累积步骤来实现目标。抵制完美主义诱惑。相反，你可以先外出活动 15~20 分钟，然后做一些有趣的事情。之后再安排时间重复这个过程。安排时间可以免除选择/决定，从而鼓励行为自动化。奖励可以强化计划。积小胜为大胜，这句话告诉我们大可放心大胆设想，我们很有可能实现目标。

- **如何将你想要的习惯分成连续的小步骤？** 在日历中输入你的习惯养成计划。

问责

问责制通过了解自己是否实现了目标来帮助你为成功奠定基础。问责可能听起来很可怕(可能让你感到羞耻/自责)。让我们重新阐释一下:问责就是通过建立支持系统来控制你的习惯,让你开始行动、坚持行动、了解行动进展,并帮助你更好地行动。

练习　实践你的问责制

你会如何了解自己改变习惯的内心戏?问责制还关乎监控与习惯有关的想法和情感。我们绝大多数人都容易产生全或无思维,认为自己做得比实际情况更糟(或者更好)。事实可能介于两者之间。如果我们能找到并堵住旧习惯的漏洞,就能提高我们的自我效能感。

- **你将如何跟进自己的进展?** 不是为了惩罚自己,而是为了弄清自己离目标有多远,以及如何才能更接近。虽然我之前讨论过我对技术持保留意见,但我相信它是监测习惯养成的有效工具。无论你的习惯目标是什么,都可能会有一个相应的应用程序来帮你实现它。比如制作一张电子表格,或者记录在日记里。寻找自己的模式,尤其是遇到挫折时。发生了什么事情?当时是白天还是晚上?当时你在哪里？和谁在一起？是否感受到强烈的情绪、压力、饥饿或者疲劳？当时天气怎么样？为了取得更好的效果，你可以做些什么？是否需要进行一些情绪处理？你是否可以根据第四章和其他章节的内容，重构实时情境和扭曲的思维？

- **谁能提供帮助？** 有一个社会实验要求参与者测量斜坡的陡峭程度。单独完成这项任务的人比与朋友一起完成同样任务的人认为斜坡更陡。而相比单打独斗者，成群结伴参与成瘾干预的人从项目中获益更多。

  ◆ 实用乐观主义者不会独自坚持。他们通常会找到支持者、活动搭档、团体、俱乐部或者知己一同来支持他们的习惯养成之旅。

  ◆ 我对问责制的搭档定义很广泛。他们可能是与你一起养成新习惯的人。我们中的大多数人都不想辜负别人的期望。斯坦让他的朋友参与到他的健身目标中来，约他们一起慢跑或打棒球，这样能确保他会在场（并且玩得开心）。此外，问责制的搭档可能是为你提供信息的人，比如营养师、培训师、指导员或者教练；或者是医疗工作者——你的医生、治疗师或者其他专家；也可以是身体或精神上能安慰你的人——按摩师、通过电话或短信给你鼓励的可信赖的朋友，或是你的工作伙伴；或者那些为你提供后勤保障的支持者（斯坦的母亲为他的女儿们安排了特别的外出活动，这样斯坦和妻子就能过上一个二人世界的约会之夜，加强夫妻关系是他的目标之一）。

- **如何将自我监控系统化？** 记录你在养成理想习惯时的感受。事实证明，在各种环境下自我监控都很有效。使用"翻转脚本"练习（请参阅第五章）来实践重构自我批评陈述。要问自己的一个关键问题是：我的这些感觉或者想法有什么用处吗？
  - ◆ 斯坦和我创建了一个实用乐观主义习惯监控日记，以此来记录他的心路历程，跟进支持性的习惯，了解他的感受，甚至帮助他在睡前理清思绪，从而睡个好觉——这是他的另一个目标。抑郁症严重影响了斯坦的积极性，但通过实用乐观主义习惯监控日记，我们可以跟进他一天的情绪反应。他发现当他完成一项他一直回避的任务时，他的情绪往往是最高涨的。他感受到了与完成任务相关的自我价值感和自我效能感，最重要的是，他可以通过自己的跟进方法看到自己的进步。当斯坦想要逃避任务时，这两者都有助于激发他的动力。当我们情绪低落或不知所措时，往往会回避我们应该做的事情，而这些正是能让我们振作起来的事情。你会感到很吃力。但是，一旦迈开双脚开始行动，即使你一开始没什么兴致，你也会不可避免地感觉良好，并庆幸自己做了这件事。尤其是在面对抑郁症时，我们必须采取措施去做我们觉得愉快并擅长的事情。一开始，人们可能不会感到愉快，但随后就会得到积极的强化。斯坦就是亲身体会到了这一点。习惯监控日记比比皆是，因此，你也可以创建自己的实用乐观主义习惯监控日记。你可以从本章的策略（意图、细化、问责）入手，开发专属于自己的方法，跟踪你的情绪，评估你的障碍，制订你的习惯计划，然后看看它是如何开展的：什么在帮助你，又是什么在阻碍你。

喂饱好狼，饿死坏狼

是什么阻碍了自动化？嗯，人生……月亮、星座、逆行的水星。（实际上，我们确实将水星纳入了我的一位看重占星术的病人的护理计划中——他每天早上 7 点都会写一篇成功的营养和生活方式博客，并且从不让其他事情影响这个习惯！）

没有涉及如何应对挫折与阻碍的习惯养成讨论不是一个完整的讨论。大目标是：你要通过让好习惯容易养成、容易达成、容易获得来喂养好狼，而通过让坏习惯减少吸引力、减少机会、减少可接近性来饿死坏狼。（还记得第一章中两只狼的寓言故事吗？）

假设你在家工作。今天很不顺心——老板训斥了你；项目进展不顺利。有时你的伴侣会在一旁安慰你。不过今天家里没有别人，冰箱里则满满当当。当你需要伸展双腿、逃离屏幕、补充水壶或杯子里的水时，冰箱近在咫尺，里面放满了美味（但营养价值不高）的零食。你刚吃过午饭，却发现自己拿起一些不太健康的东西就吃，只因为这些东西唾手可得，而且能满足你的即时需求。

其实没什么大问题，对吧？这是当然，如果你偶尔为之。但我见过也亲身经历过那些并不是很好但却很舒服的习惯是如何反过来困扰我们的。

坏习惯之所以屡禁不止，原因是多方面的：它们简单、愉悦、方便、易得，因此是自动化的。

等等！这些都是我们希望养成的好习惯的特性呀！让我们把

它们交换一下位置！幸运的是，我们可以通过改掉坏习惯的方法来创造好习惯。

要想让习惯自动化，那就必须剔除动机、决定和意志力这三样东西。由于做出选择需要耗费脑力，大脑常常依靠启发式或快速思考来找到解决问题的最快方法，尤其是当我们的情绪或身体处于脆弱状态时，如压力过大、愤怒、焦虑、疲惫或者饥饿时。如果求助于食物或者其他不健康的行为是最便捷的途径，我们的大脑就会这么做。我们要做的就是在大脑中为好的行为铺设轨道，然后沿着轨道前进（多多练习）。我们做得越多，这些神经通路就会变得越强大。习惯自动化的关键在于有规律地参与。坚持不懈，尤其是在遇到阻碍时，这一点至关重要。

简而言之，这意味着要让与你的新行为相关的东西更容易被看到、获取和使用，从而降低健康习惯的进入门槛，并通过让不健康的习惯难以重复和弱化来提高阻挡不健康习惯的门槛。你说这是常识？是的。但是大脑中正在发生的反应非常重要。实际上，你正在将大脑中发生的让你感觉良好的化学反应从一件事情中解脱出来，并将其拴到另一件事情上。

高能量语录：

▶ 为积极行为设置低门槛，为消极行为设置高门槛。

我们渴望习以为常和频繁接触的东西。多巴胺是一种大脑化

学物质，当我们体验到与快乐相关的事物时，无论是新的还是熟悉的，都会释放多巴胺。与快乐源头联系的想法如此强烈，以至于只要一想到或会产生快感的活动，或看到与之相关的事物，多巴胺就会增加。我们可以在成瘾中看到这一点：与成瘾药物相关的人、地点和实物——经过喜欢的酒吧，看到注射工具——都会增加瘾君子的多巴胺。就像我们会对某些东西产生依赖一样（例如，我们习惯摄入的味道和对食物的喜好——我们可能喜欢吃某种特定咸度或甜度的东西），这些快乐源头都可以在几周内改变，只要改变我们的习惯就可以。我们看到，随着时间的推移，人们可以习惯于少盐或少糖的食物，而不需要味道替代品。我们习惯于什么，我们就能改变什么。正如我对斯坦说的："你的控制力比你想象的要强大得多。"

所以，下次当你责怪自己缺乏意志力而无法养成任何好习惯时，请记住这一点：你并不缺乏意志力，你只是习惯了一些你需要解除/去习惯化的东西。

如果我们渴望习以为常的事物，那么我们就让健康的习惯变得触手可及，让好的事物变得习以为常。我喜欢采用"就位"这个烹饪术语——指的是将食谱中所有的配料和工具都准备好，这样你只需轻松按照食谱制作美味就行。

我们其实已经自然而然地这样做了——把钥匙、墨镜和雨伞挂在门边，这样我们就可以随拿随走；把牙线放在牙刷旁边；把我们想看的书放在床头柜上。而且科学证明了这一点的有效性。利用诱发习惯的线索可以达到非比寻常的效果。例如，一项研究发现，提高回收率的一种方法是将回收箱放在垃圾桶边，而不是放在几米之外，因为一个人总是想着扔东西的地方。

如果你的目标是更健康的饮食和定期锻炼，要想让目标变得具有实操性，意味着你得把健康食品放在显眼的地方；将健身包收拾好并整装待发；将运动鞋放在门边，以便跑步时穿上；将自由重量器械放在电视机旁，以便边看健身视频或节目边锻炼；在你手机里的播放列表、博客和有声读物里添加动感单车课程；在日历上设置和朋友们一起打球的固定时间。

让积极行为的阻碍减少的方法可以是有条不紊地处理一些进程细节（加入健身房训练、购买一些器械设备），也可以是处理你的消极情绪（当我们不知所措的时候，我们会出现言行不一、自我效能感降低以及拖延等行为）。

你在新习惯中获得的积极体验越多，相关的快乐化学反应也会越强——为你庆祝自己的成功添加了一个理由。利用这种多巴胺系统的优势是我们在本章后面谈到的增加小奖励的原因。

跟踪进度有助于激发多巴胺的预期反应——只要一想到奖励就会感到高兴。你会看到自己在实现目标的道路上不断前进，并想象着实现目标的那一天——那将是何等美妙！

你可以通过应急计划和"如果……那么……"思维方式来预防阻碍和挫折。假设你在努力戒酒，如果你必须参加商务晚宴或应朋友之邀去酒吧享受欢乐时光，你得确保在出发前制订好应急计划，例如：最多喝一杯，提前离席，或者（如果是非强制性的酒吧欢乐时光）不去，提出一个在白天进行的变通方案，那样或许能少喝点。

反之，你还得让其变得不方便接触或者直接没有机会接触，甚至设置让你试图戒除这一恶习的各种提醒。在此重申虽然是常识但却很有效的一招：即使是像吸烟这样根深蒂固的习惯，遏制买香烟的一个重要方法就是降低香烟盒在商店售卖时的可见度。

在我们的健康饮食和定期锻炼的种子目标中,提高负面行为的门槛可能意味着把不健康的零食和食物放在视线范围之外,限量供应,或者(大部分时候)不放在家里。计划好你的三餐,列出购物清单,只寻找和购买列好的物品。把好的行为结合在一起用:在你需要补充水分的同时补充维生素片。打破那些对你的目标无益的行为与好行为之间的联系(如上所述,在白天聚会而不是晚上去酒吧享受快乐时光就是一个例子)。如果狂看电视会影响你锻炼,那就打破这种模式——也许可以在手机上设置一个看电视提醒,只有当它响起来时,你才能看。

高能量小·贴士——了解拖延症

当我们无法开始、坚持或完成自己想做或需要做的事情时,可能会感到不安和困惑。问题出在哪儿呢?

人们之所以拖延,并不是因为他们懒惰或没有条理,而是因为他们不相信自己想要的结果是可能实现的。拖延与其说是时间管理,不如说是自我管理。

当我们高估一项任务的重要性,低估自己的执行能力时,就会出现拖延。我们认为任务过于复杂或艰巨,超出了我们的技能水平,会让我们不堪重负,会超出我们的能力范围,或者会产生负面结果。当我们意识到并认为自己无法应对挑战时,我们就会放弃、回避或不主动去做。

高估任务难度 + 低估精通程度 = 拖延症

另一个因素是：你是否有完美主义或最大化倾向（你可以试一试第四章关于最大化倾向的测验），你相信只有通过全面分析才能找到正确的方法。如果没有时间进行分析，你就不去做决定。①

过度担忧导致我们动弹不得。有时我们会意识到这一点，但有时我们并没有意识到：我们会想，我还没有机会安排我的乳房X光检查呢，因为我忙着去做XYZ，而真正的原因是那些未被我处理的情绪让我忧心忡忡：如果我像妈妈一样得了乳腺癌怎么办？

大脑研究表明，少量的压力有助于学习和记忆，但大量的压力则让人虚弱。拖延症的根源在于看到任务全貌后的感觉——这未免太可怕了。

解决之道是：利用本章的策略，降低任务难度，提升你的自我效能感。当你努力完成任务并看到成果时，你就缩小了任务与你之间的可实现性差距。你开始将自己视为一个有能力取得这些成果的人。这就是我推行和实践健康习惯的核心理念。

排查故障技巧

排查习惯的阻碍和挫折问题的第一步是认识到，它们会以各

---

① 也请记住，人类在面临过多选择时会出现选择超载的倾向（详见第七章）。

种形式出现，包括逃避、拖延、缺乏责任感和放弃，而且往往出现在导致情绪波动的压力事件中——比如斯坦的情况，他正在处理悲伤和痛失亲人的问题。他的应对技能可能会受到影响，并被痛苦的情绪和抑郁所淹没。由于难以坚持一些关于生活方式的关键性干预，它们还可能表现为新发疾病或慢性病。

在遇到阻碍和挫折时，对自己问出自我关怀的问题有助于确保你喂的是好狼，而不是坏狼。

我能对挫折充满善意和好奇吗？

没有人会一边抱怨自己多么失败，一边自动养成习惯。当我们的大脑在努力适应新行为、放弃旧行为时，我们需要善待自己。要像对待朋友一样对自己无微不至。

斯坦应该停止自责。[1] 研究表明，自我关怀练习能让人产生更乐观的心态、复原力、成长心态（将失败看成学习和成长的机会）以及内在动机，即为了自身而学习或进步。自我关怀可以帮助我们承担责任，而不需要羞愧地自我评判，因为自我评判会告诉我们自己的不足，从而削弱我们的自我效能感。因此，自我关怀支持我们重新审视失败，寻求帮助后再次尝试。更妙的是，它似乎还能激励与健康有关的行为，而这些行为对我们很多人来说都是挑战，比如坚持节食、戒烟或开始健身计划。遇到挫折时，重要的是重新振作起来。当我们不能坚持对自己的承诺时，自我价值感和自我效能感就会备受打击，坏习惯会像雪球一样越滚越大。假设你有一个购物习惯，你知道这个习惯会影响你的财务安

---

[1] 无价值感、内疚感和羞耻感是抑郁症的典型症状。反刍，以及泛化的反刍思维与抑郁症的严重程度以及复发程度有关——这就是为什么我们要及早与它们做斗争，包括在需要时寻求帮助。

全。你越是这样做,就越不相信自己有能力戒掉,于是你就通过更多次购物来安慰自己。每个人都会有"滚雪球"的时候。责怪自己、自己的处境或他人都于事无补。面对挫折,自我关怀会让你更渴望进步。

面对挫折,要承认现实并从中吸取教训。作为一名实用乐观主义者,你不会把失败视为永恒。相反,你应该:

- 活在当下。我就在这里。事情就是这样。
- 激发同理心。你会对遇到这种情况的朋友说什么呢?
- 用一些关心但直接的问题来收回主导权。我渴望什么?我错过了什么?我真正需要什么?记住,质疑自己——迫使自己进行积极、有意识、深思熟虑的探究——是一种慢速思考的方式。在这种情况下,我们要放慢思考的速度,这样你的大脑就不会默认旧习惯。
- 无论你学到了什么或做对了什么,都要心存感激。也许你坚持的时间更长了,也许你找到了一个有用的应用程序,也许你制定了一个时间表而不是随心所欲。或者,你学到了一些经验,可以在调整计划时加以应用。
- 通过回顾过去的成功来增强你的动力。回顾过去的挑战可以帮助你调整心态,增强信心。对斯坦来说,这意味着重新唤起他在其他时候养成的习惯,那些时候他能够通过更健康的生活方式更好地管理自己的新陈代谢系统,也能够在体力允许的情况下指导孩子们参加体育比赛或全家一起骑自行车。你过去利用过哪些技能、能力或习惯?
- 暂停,不要放弃。如果我在健身房待了15分钟就觉得累了,我可以离开去休息一会儿。如果你感到力不从心,可以暂停体验，重新安排时间。暂停是一种自我关怀，能帮助你重整旗鼓，而不是放弃。如果你受到"坏狼"习惯的诱惑，暂停10分钟。问问自己现在这样做会让自己感觉更好吗？明天会感觉更好吗？

- 温和地挑战感觉、想法和信念。我曾听病人说过这样的话："我讨厌/厌恶自己不健康、身材走样"或"我让自己失望了"。消极的想法和情绪会干扰习惯的养成，强化"挫折都是永久性的、弥漫性的、个人化的"想法，从而引发悲观思维：情况永远不会好转，我失败了，这都是我的错/我是个悲剧。悲观使我们意志消沉：我做不到；我还不如放弃；或者，我需要等待合适的条件/更多的动力。使用 ABCDE 方法重构感受和扭曲思维，就像你在前面章节中练习的那样，有助于让你看到各种可能性。

  - 斯坦使用他的实用乐观主义习惯监控日记来监测自己的进步。承认自己遇到了困难，并提醒自己，任何人在这种情况下都会有同样的感受。自我关怀会引导你接受情绪——我知道这种情况会激起什么/带来什么。这很难，但同时提醒我们，情绪不等于事实。①

- 减少伤害。承认过程中挫折在所难免，并采取行动让挫败最小化。想吃饼干想疯了吗？给自己一份独立包装的，把整份包装的放在看不见的地方——眼不见为净。更好的办法是，提前分装好适合的量。无法锻炼吗？要不在院子里干点活，或者

---

① "曾几何时，我很害羞，认为人们不会对我说的话感兴趣。如果坚持这种想法，我今天就不会有幸与你们交谈。"一个实用乐观主义者对另一个实用乐观主义者说。

到附近散散步。语言课没做听力练习？可以收听一些该语言的广播电台节目。明天要加油了。

- **把休息时间也考虑进来。** 从某种行为中得不到满足，就会为挫折埋下伏笔。我们就会放弃，不会坚持，一直到自动化的程度。我们必须得到奖励。这种积极的强化会让我们相信，改变行为的决定是值得的。尤其是在经常遇到挫折的情况下，要定期设立停工日、休息日、"作弊日"、"作弊餐"，让自己在习惯养成的过程中拥有一定的灵活性或一些放松的时间。将休息视为对你一直以来好好表现的奖励，外加预防挫折的功效，实现双效合一，并将它们添加到你的实用乐观主义习惯监控日记中。

我的目标是否现实，还是需要重新评估？

我爸爸曾经分享过这样一个例子：你有一堆用橡皮筋绑在一起的铅笔。有人让你把它们都折断。你看着这束铅笔说："我不可能做到。"但是……没有人说你不能一次只折断一支。

当乐观主义者不以死板、武断或严格的标准要求自己时，他们会感受到更小的压力和更多的自我关怀。确保你的目标是现实的，这一点是对你而言，而不是针对你的朋友或兄弟姐妹、有影响力的人或名人，也不是针对那个有孩子之前的你、滑雪摔断腿或做两份工的你。

不喜欢早起？那就来一个高难度的，报名参加6点钟的高温瑜伽课程，要求你比自己习惯的时间更早一些睡觉，5点钟起床，狼吞虎咽地吃下一根蛋白棒，穿上绝美的瑜伽裤，通勤去见上早课的朋友，然后赶回家洗澡、穿衣，神采奕奕地到办公室参加一天中的第一个会议。这就是个失败的处方。就我个人而言，如果我必须改变五个习惯才能达到我最终习惯的养成，那我可能不会养成新习惯。

我不是说不要逼自己。但是，不尊重自己现状的刻板方法并不人性化，而且有可能导致习惯养成以失败告终。循序渐进，有一天，你也许会喜欢上日出时分的早课。

- 你的目标和标准是富有自我关怀的吗？它们是不是别人眼中的目标和标准？如果是，是谁？它们是否苛刻、挑剔、刻板、理想化？如果事情对你来说行不通，就请从长计议。你需要增加休息时间吗？要不要对自己的微小进步做一些庆祝的事？
- 认清坏习惯的诱因。漫长而紧张的工作日是否会导致你无意义地刷手机／吃东西／错过锻炼？当你了解了不良习惯的诱因，就能更好地制订计划来打败它们。
- 选择另一种生活方式，让自己从习惯性奖励中解脱出来。在紧张的工作之余，不要匆匆忙忙地跑到厨房，而是在办公桌旁边放一个瑜伽垫，然后在那里坐下来，做一些拉伸运动或听5分钟的冥想音频，直到这成为你的每日必行。
- 识别"许可"声明。当我们降低许可标准时，坏习惯就会悄悄潜入。比如，你熬夜刷手机——俗称"睡前拖延症"——试图挽回一天中失去的时间（我今天很累，我应该给自己找点乐子），或者不做你想完成的项目（反正我也不会有什么成果）。然后，第二天早上，你会逃掉锻炼的早课——尽管你已经提前付了款——然后睡个懒觉："我需要在工作中精神满满。"实用乐观主义习惯监控日记可以帮助你跟踪触发挫折的事件。斯坦学会了在出现"不需要去健身房"的许可状态时识别它们，承认它们，并将自己的想法重新引导到为家人过上更健康的生活的最终目标上来。

通过缓解情绪、认识自己的触发因素、控制环境暗示和识别许可声明，你可以在不良行为滚雪球之前抓住它们，或者在它们滚成雪球时进行破坏性控制并储备预防方案。

统一你的目标与内在价值观

实用乐观主义者用习惯来实现目标，用目标来坚持好习惯。前者似乎显而易见。那么后者呢？

实用乐观主义者会将自己的目标与更深层次的价值观联系起来。当你这样做时，你的"为什么"和"为什么不"——你为什么不得不去追求它——就会变得极具说服力。这就是所谓的目标一致性行为：行为与更大的主题或目的相联系。我们更有可能坚持目标一致性行为，因为我们的目标就像车头灯和引擎，照亮我们前进的方向，同时为我们的旅程提供动力。当你的目标与你的身份和价值观——而不是任意衡量成功的标准或外部标准——相联系时，它就是不容置疑的。因此，实现目标所需的习惯也是如此。建立与目标一致的习惯的一种方法是：让目标成为你身份的一部分。你知道谁经常跑步吗？跑步者。将自己视为"一个_____的人"，就更有可能自动养成理想的习惯。

完成这个句子：

我想把自己看作_____。

一些填补空白的想法：

……会做饭/做事有条理/身体健康/注重养生的人

……一位沉着冷静的公众演说家

……取得××执业资格的从业人员

……读者

……社区贡献者

斯坦希望掌控自己的健康，以便养家糊口。我要求斯坦设定影响其生活习惯的长期和短期目标。

斯坦的长期目标：最终控制住自己的血压和胆固醇水平，以便在医生的指导下成功摆脱药物治疗。他还有一个更长远的目标，那就是有一天能参加马拉松比赛。

斯坦的短期目标：指导他的孩子们参加体育比赛而不感到疲倦或气喘吁吁。他还增加了一个额外的短期目标：在一年内一气跑完5000米。这是一个可行的目标，可以作为他在坚持日常健康习惯方面取得成功的短期指标。我的许多病人都通过比赛来激励自己养成日常健康行为。我对任何适合你的方法都持开放态度。

为了实现自己的目标，斯坦承诺和医生、营养师以及必要时和教练合作，以改善他的血压、胆固醇和血糖水平。例如，并不是每个人都有资源或一定需要教练来实现自己的目标。审视一下自己的选择和需求，看看什么对自己有意义。

如果你认为自己是社区贡献者，你可能会花时间上网浏览搜索一些本地项目，而不是在各大社交媒体上刷手机。如果你是个会做饭的人，你可能会去附近的杂货店买点菜来做，而不是去附近的快餐店吃饭。你的目标越符合你所看重的价值观，你就越有可能坚持养成实现目标所需的习惯，即使挫折在所难免。

建立奖励机制

我们往往太注重工作，以至于我们在尽情玩耍时，会觉得是在自我放纵。记住这一点：与习惯相关的积极情绪会让我们感受到鼓舞、放松、回报、满足和自豪。这种情绪会激励我们坚持下去，降低养成习惯的门槛。对斯坦来说，在更好地照顾自己身体和情绪健康的过程中，把乐趣放在首位是非常重要的。他养成了一种基于乐趣的健康习惯，每周与朋友慢跑或打篮球2~4次。在消耗卡路里的同时还能看到朋友，这是一种极具激励作用的双赢方式（还增加了责任感）。

为自己取得的小胜利和小里程碑庆祝一下。比如减重2千克？一气爬到山顶？连续一周每天阅读一本书？[1] 你的庆祝或奖励可以是在心里默默击掌（我喜欢对自己说："你已经走了很远。"），也可以是给朋友或问责伙伴发一条热情洋溢的短信，还可以是在跟踪应用程序或智能手表上欣赏自己的进步，或者是吃点零食，让这一天感觉很特别。确保你的奖励能够支持你的目标（如果你想减肥，你的奖励就不应该是一口气吃下一整块巧克力蛋糕）。选择一些别的奖励，比如按摩。更大的里程碑则应享受更大的奖励。当斯坦的减肥之路走到一半时，他给自己买了新的高尔夫球杆。他不习惯在自己身上花钱，所以这个奖励是自我关

---

[1] 你知道读书可以延长寿命吗？一项研究发现，阅读书籍会对认知能力产生有益的影响（而不是参与者本来就有较高的认知能力——研究人员对此进行了调控），能有效延长寿命23个月（死亡率降低了20%）。获得这种益处的神奇数字是什么？每天只需30分钟。阅读可以提高词汇量、注意力、同理心、社交能力和情商、解决问题的能力、批判性思维和深度推理能力。参加读书俱乐部还能减少孤独感，这对认知也有益处。

怀和自我承诺的表现。

庆祝一路走来的胜利，可以增强我们的自信心、自我效能感和自我价值感，肯定我们的努力正在产生影响，防止出现"如果没有达到最终目标，我就是失败者"的苛刻想法。也许到同学聚会时，我们的体重还是没有减掉，但我们可以为自己开始定期锻炼而感到高兴，并为取得的成果而欣喜。

高能量语录：

▶ 永远不要轻视小胜利，因为它们会带来大胜利。

当我们刚开始养成一个新习惯时，往往会把快乐与达到里程碑或实现目标联系起来。当对活动本身的期待引起兴奋或愉悦时，你就已经开始养成习惯了。你在旅途中找到的快乐越多，你就会更轻松地坚持自己的习惯。如果像斯坦一样，社交活动能让你充满活力，那么当你和朋友一起做饭时，你的"我是一个会做饭的人"声明（利用身份养成习惯）会让你感到更加充实。你会受到自然环境的启发？那么试着在美好的户外上一节健身课程吧。如果你的目标是为社区做贡献，那就选择一项你喜欢的活动，而不仅仅是擅长的活动。会计师当然可以从事公益性的志愿活动，但如果这位会计师是一位充满热情的周末园艺家，那么志愿参加社区花园的活动可能会给他带来巨大的快乐和满足感。一项研究表明，每年志愿服务时间达到或超过100小时的参与者的死亡风险降低了 44%——如果这也算，这个数据也是将自己的习惯与志愿活动联系在一起的一种鼓舞。

符合心流标准的活动——具有一定的挑战性，但又能让人参与其中，充满乐趣或成就感——也能优化习惯的养成。一位在健身房里感觉无聊透顶的朋友从舞蹈中找到了自己的心流，并持续 40 年之久。舞蹈中的音乐和艺术表达的机会以及技术的精确性滋养了她的思想和灵魂，同时保持了她的身材。

有时，我们不得不坚持做自己不喜欢做的事情。当你达到目标时，通过重新部署你的注意力或计划给自己一个奖励来增加乐趣。也许你不喜欢做伸展运动，但也不介意一边做伸展运动一边看自己喜欢的电视节目。或者安排你一直推迟的年度乳房 X 光检查，然后与朋友或孩子一同玩乐。

如何让你选择的习惯或目标更有趣、更充实、更好玩？你的里程碑会是什么？你将如何为自己庆祝？

心理健康的 4M

听完斯坦的讲述，与他的主治医生谈完，并看完他的化验单和患者调查报告后，我认为斯坦得了情境性的轻度抑郁，或者说，他的情绪状态是发生了巨大生活事件的正常反应。虽然我支持将药物和心理治疗相结合来治疗抑郁症，但我认为传统的处方并不适合斯坦。我相信我们能在心理治疗中解决他的自我受限的信念以及痛苦的情绪困扰，优化他的应对技巧，并和他一起讨论家庭中和工作中的转变带给他的影响，包括当他成为一个"有点迷失方向"的人时遭受的重击。我们还继续处理了近年来他的生活中发生的所有事情（包括令人痛苦的全球性事件）所带来的悲痛。通过应对所有的挑战，斯坦开始发现，他能够以更广阔的视角来看待生命中真正重要的事情——这是我经常从经历过极大压力事件的病人那里听到的话。有趣的是，正是这些挑战最终增强了他对生活的乐观态度。斯坦是一个乐观主义者，在重重困难面前，他经历了悲观和沮丧，然后，我想说的是，他在意图、技能和实践的基础上建立了持久的乐观前景，实用乐观主义的本质就是一种心态、技能和行动。有些乐观主义者是天生的，有些是后天的，而有些则是两者的结合。斯坦现在能够利用他新发展的、经过精心打磨的应对技能，而且他相信这些技能会一直伴随着他。

斯坦和我学习了实用乐观主义八大支柱中的许多技巧。我们借鉴了一些我最喜欢的认知行为疗法的技巧，比如行为激活——行动先于动机——即使在你不喜欢的时候，也试着去做一项（之前）能够给你带来快乐、对你有帮助的事情。这改善了斯坦的情绪，增加了他的休闲娱乐时间。重要的是，他为休息和娱乐安排的时间越多，他就越有空间练习自我关怀；他越多地练习情绪调节和现实问题解决的 5R 方法（详见第四章），他的工作效率就越高。他告诉我，这不是工作效率的问题。即使在抑郁症最严重的时候，他的工作效率也很高——这种现象俗称高功能抑郁症，也就是即使在极度抑郁的状态下，我们依然拼尽全力试图继续履行重要的社会和角色义务。但是现在，他在家里更多的是倾听，而不是回避情感。他发现 5R 方法在他与妻子实时解决问题时特别有用："我发现她并不是真的想让我来解决问题。她只是需要感觉到我们是在一起的——我们是一个团队。"斯坦的妻子劳拉多次加入我们的治疗，他们一起练习 XYZ 技巧（详见第八章）来讨论她需要斯坦提供帮助的想法。劳拉告诉我，她很高兴"快乐的斯坦"又回来了。但是斯坦告诉我，他和以前不一样了。他怎么会有如此的变化？世界上很多东西都会变得不一样，这是我能理解并且能感同身受的一种情感。我父亲经常对我说，压力总有一天会转化为钻石。（我希望我们能在非极端情况下找到转化钻石的方法。）

斯坦还致力于激活他内心的照料者（详见第五章和第八章）。他意识到父亲的去世带给他许多感受，包括对他们关系疏远的愧疚："父亲弥留之际，我太忙了，没能抽出时间陪他，我多希望自己当时能有更多的时间好好陪他。"斯坦和我们其他人没什么不同——当我们的生活已经一地鸡毛时，悔恨、懊恼、羞愧和不公的声音往往会变得越发刺耳。帮助斯坦好转的不会只是单一的技巧，而是一套综合方法，包括本书中许多经过实战检验的心理健康治疗方法。

不过，还有一些其他的行为习惯已经被证明对预防和治疗抑郁症有效，它们可以单独培养，也可以和治疗结合使用。在轻度和中度抑郁症患者中，有些行为习惯和药物治疗一样有益。它们对我们应对21世纪的生活大有裨益。我们在其他章节中也提到过类似观点，但这些习惯是将这些经验之谈进行提纯研炼后得到的精华。如果让我说一个我希望每个人都能在生活中做出的改变，那就是心理健康的4M。

心理健康的4M是自然的、免费的，而且得到大量的证据支持，它们对人的益处是指数级的。此外，4M还能带来其他的好习惯。甚至它们本身就能为我们带来巨大的满足感。

在新冠肺炎疫情期间，我在社交媒体和主流媒体上发布了心理健康的4M。我还在联合国主办的"全球公民"国际电视直播活动中分享了这一重要信息，我很荣幸能与我敬佩的人一同出席那次活动，并应邀发表一条一分钟的心理健康信息。让我感到惊讶和欣慰的是，有很多人对这条信息做出了回应。我相信，这是因为4M给我们带来了希望和勇气，同时也有助于应对我们面临的重大生活和健康挑战，包括职业倦怠、久坐不动的生活方式、在注重独立自主的文化中无孔不入的孤独感以及科技的干扰。具体而言，4M就是：

掌控（Mastery）

通过致力于精进，塑造我们的意义感和目标感。

运动（Movement）

通过运动可以提升我们的情绪，使我们的头脑变得敏锐而平静,并为身体健康的各个方面提供支持。

有意义的接触(Meaningful Engagement)

通过我们独特的存在、行动和话语,我们与他人联系在一起。

正念(Mindfulness)

通过温和引导我们的注意力,我们为自己打开了一扇通往关怀自己和他人的大门,感激生命的大门。

4M能帮助我们延长寿命,提高生活质量。它们是实用乐观主义的核心要点。如果你希望通过本书从我这里获得一个"处方",我希望你优先想到的是4M,它能在生活中激励你。

掌控

学习、精进或提高某方面的能力吧!最好是对你的能力提升和你所关心的事物有帮助。它可以是工作方面的,也可以是个人生活方面的。尝试、重新培养或深入一项爱好或者技能:烹饪、园艺或是学习一门新语言。

什么事情能让你感到快乐、有成效、有创造力、有挑战性呢?赶紧去做吧!你不需要成为专家来体验掌控感。更重要的是不断提高你在某方面的技能,满足你的成就感。不断学习,投资自己。看到自己的进步就能建立自我效能感(又称胜任力,它与自主性、归属感一起被认为是人类三大基本需求之一)。研究表明,对老年人来说,积极主动地使用电脑一小时、看电视(但不超过两小时）以及参加体育锻炼，可以降低痴呆风险。

要做到掌控其实很简单，每天给自己 15 分钟的学习时间，进行有目的的阅读、练习一项新技能、开启一门课程、培养一项爱好或者恢复一项旧爱好。不知道从哪里开始吗？探索一下第二章中的"目标行动"计划，以及进入心流状态。将状态与心流联系在一起有助于增强我们的信心，还能帮我们在运用某项技能或者爱好时提升掌控感。想知道怎样能让你达到心流状态吗？选择一项你喜欢的任务——也许是你已经很擅长的，或者是你正在学习、喜欢的并且希望自己做得更好的任务。留出时间和空间给自己……然后，让自己沉浸其中。

心流不需要花太长时间，也不需要产生实质性的结果。你可以写一页纸，也可以写一本大部头巨著；你可以种一盆花，也可以打造一座花园——重要的是体验心流的感觉。许多人在烹饪、园艺、音乐演奏、舞蹈、有价值的工作、支持他们的信仰的事业或在帮助他人中找到了心流状态。

对患有抑郁症的人来说，掌控可能是一个很难实现的目标。抑郁症最棘手的问题之一是，它会降低我们对曾经热爱的事物的乐趣——这种现象被称为"快感缺失"。我要求斯坦集中精力从事一项刺激性和略带挑战性的活动，并在活动中享受乐趣。他把和朋友们一起运动纳入了他的这项活动计划。我还要求他尝试通过行为激活来激发动机：首先参与某种行动，往往会产生相关的动机和愉悦感。我经常让我的病人把能给他们带来快乐的事情按从 1 到 10 的等级排序，并建议他们优先考虑这些活动，因为与这些活动相关的行为激活保证有效。

学习会改变大脑，引发新的神经元活动。短时间、有规律的学习比马拉松式的学习效果更好，因为这样可以给大脑时间来巩固和检索信息。如果你想在某个领域出类拔萃，请参阅第六章，了解提高自我效能感的信息和策略。

运动

> 动起来吧！锻炼身体或者到户外散散步。保持活力可以缓解压力、抑郁和焦虑症状。利用10~15分钟的休息空当来锻炼，享受短途散步、骑自行车、做瑜伽或者伸展运动的乐趣。

我们的身体不适合整天坐着。我们的身体会奖励我们动起来。运动除了能让你容光焕发，还能减少炎症，而炎症被认为是无数疾病背后的罪魁祸首。它还能：

● 释放内啡肽。内啡肽能降低疼痛感，激活大脑的奖励中心，循环更高水平的多巴胺、血清素和内源性大麻素（我们身体自身的大麻样物质）。总的来说，运动能让我们感到快乐和活力满满。

● 增加脑供血量，调节自律神经系统和下丘脑－垂体－肾上腺（HPA）轴，这些调节都被认为可以改善抑郁症状。

● 支持海马神经细胞的生长，海马是大脑中负责情绪、学习和记忆的部分。

● 可以通过调节/提高大脑中一种名为脑源性神经营养因子（BDNF）的重要蛋白质的水平，促进大脑的健康成长和学习，从而帮助我们克服焦虑、情绪障碍、老年痴呆和创伤后应激障碍等遗传倾向。

需要做多少运动才能获得这些健脑益处呢？2018年《柳叶刀·精神病学》一项基于120万人的横断面研究显示，最好能每周进行3~5次、每次45分钟左右的锻炼。[①]不过即使是只进行一次运动，也能对情绪、反刍和注意力等认知情感过程产生积极的影响，并能增加脑源性神经营养因子。少量运动，即使每天只运动20分钟（最好拆分成两小节，每一小节10分钟），也能对我们的身心健康产生重大影响。根据《柳叶刀》的研究，经常锻炼能将精神不佳的天数减少43.2%。

我建议每天至少运动15~30分钟，做任何你喜欢做的事情。爬山、散步、游泳、园艺、边洗碗边跳舞也行，只要能动起来！虽然《柳叶刀》的研究发现，团队运动（主要是因为其社交成分）的好处很大，但最重要的是找到自己喜欢的运动并坚持下去。在运动量方面，2017年的一项研究发现，比起剧烈运动，像散步这样的轻度运动实际上更有益于心理健康。[②]另外，根据2014年斯坦福大学的一项研究，与久坐相比，步行能将创造力提高60%。

[①] 根据美国卫生与公众服务部的指南，建议美国人的体育锻炼时间为每周150分钟（中等强度的有氧运动与力量训练相结合）。根据美国疾病控制与预防中心（CDC）的数据，只有不到30%的美国人达到了这一建议指标。

[②] 有没有想过，为什么我们有时会在冥思苦想时踱步，或者散步能让我们头脑清醒？我们的认知能力和直立行走能力是同步进化的。行走速度似乎与我们的内心状态有关：当我们兴奋或者沮丧时，行走速度会加快。走得慢一些实际上可以缓解紧张。光流是指走路时眼睛的自然定向运动，是EMDR（眼动脱敏与再加工）发展的基础，EMDR是一种治疗创伤后应激障碍和焦虑症的方法，是由心理学家弗朗辛·夏皮罗开发的。

如何别出心裁地在一天中挤出 15~30 分钟的活动时间呢？打电话时在工位附近走一走，遛狗时轻轻慢跑。再加上外出采购的时候、做家务的时候、在院子里干活的时候。点点滴滴，积少成多！

有意义的接触

人类需要联系。想想你的社区，想想你的朋友、同事和家人。成为志愿者，向朋友伸出援手，分享你的笑话。

有意义的接触并不在于我们有多少朋友，也不在于我们的社交能力有多强。它能确保我们的生活中能有和他人联系而产生的活力火花。在我们无意识之地，我们是彼此的锚。

我们和谁在一起很重要。朋友比我们的父母、基因甚至配偶更有助于培养我们的健康习惯。我们的大脑在进化过程中对他人如何看待我们的行为高度敏感——事实上，我们的镜像神经元使我们倾向于模仿"圈内人"的行为，这主要是为了被接纳和生存。让你被拥有良好习惯的人士包围吧，因为他们真的会影响你。真正的社会支持是，当我们朝着健康目标和习惯努力迈进时，我们受到或给予鼓励。

培养有意义的接触对独居人士（在西方国家占 1/3）来说尤为重要。独居会增加社交孤立的风险，而社交孤立会增加我们罹患多种疾病的风险，包括心血管疾病、脑卒中和过早死亡。最近的一项研究表明，独居会使患抑郁症的风险增加 42%。

和他人一起吃饭是一件很微妙的事。一般来说，我们会和我们看重的人一同吃饭。而且，至少对家庭聚餐者来说，这种习惯对健康的益处让人匪夷所思。① 不过，如果你不能经常进行家庭聚餐，也不要感到内疚。试着每天花 20~30 分钟的时间与孩子们待在一起。有意识的关注才是最重要的，大人也不例外。如果你独自生活，可以定期和朋友们聚会，或者邀请他们来家里喝杯咖啡、吃点东西，一起边吃外卖边看比赛。这不需要多复杂。这样做的目的是建立联系，有意识地和大家聚在一起。

斯坦最喜欢的消遣方式包括家庭烧烤，和孩子们一起骑自行车，以及安排一个与妻子的约会之夜。去定义什么对你来说是有意义的吧。也许是一段安静的散步或是和朋友们肩并肩坐在一起，也许是和孩子们一同看一场电影，也许是教孩子们运动，也许是给养老院的老人讲故事。与他人接触不需要费很大劲，点个头，问个好，询问一下别人的近况，并认真倾听他们的回答，分享你认为别人会喜欢的文章或照片。使用本章中的习惯养成策略，结合第八章中的观点，养成与人接触的习惯。

正念

你可以在任何日常活动中练习与心灵同在，比如缝纫、洗手、演奏、修剪草坪、烹饪、清洁等。练习 10~15 分钟的

---

① 定期的家庭聚餐可以降低抑郁、焦虑、药物滥用（包括大麻、烟草和酒精）、饮食失调和青少年早孕的发生概率；提高抗压能力、自我价值感和自我效能感；改善情绪处理、问题解决、成绩和读写能力；加深对话，改善家庭关系，加强与他人的信任——从本质上说，家庭聚餐是一种实用乐观主义从娃娃抓起的有效方式。

深呼吸，表达感激之情，欣赏大自然。

慢慢地吸气，然后缓缓地呼气。

练习正念就是要培养对现实世界从容的、关怀的、接纳的、当下的觉知。你可以将注意力放在呼吸、想法（即使是不那么美好的想法）、观察或者行动上（一心一意且专注地做事）。

斯坦对冥想很感兴趣，于是我根据研究结果简要介绍了正念冥想的好处。经常冥想会使大脑结构发生变化，减少杏仁核（大脑中负责压力、恐惧和焦虑等情绪的部分）的体积，同时增加海马的皮质厚度（灰质浓度），海马是记忆和调节情绪的区域。冥想能提高注意力和集中力，减少思想游离。特别是基于正念的冥想，可以单独或与药物治疗等更传统的治疗方法相结合，帮助缓解抑郁症状。冥想可以减缓或阻止与衰老相关的认知能力下降。许多人报告说，冥想可以减轻压力，全面提升幸福感——增强对情绪和生活的控制感。

斯坦决定在感到压力的时候进行正念练习，而不是求助于食物。幸运的是，有丰富的资源可以帮助我们培养正念练习，而且很多都是免费的。你可以下载应用程序到手机或平板电脑上试着练习看看。或者每天花 1~10 分钟静坐，深呼吸，和自己交流，进行身体扫描冥想（尝试第三章中的"与呼吸做朋友"和"与身体做朋友"练习）。

有些人通过参加团体、培训和闭关来正式练习冥想，许多传统的灵修活动也包含冥想实践。这些活动也需要与他人共同参与。但你也可以在家里或任何地方练习——毕竟，你在哪里，你的心就在哪里！

我希望你能经常将正念融入你的生活。在一天中服下小剂量的正念一次——早上在后院或安静的房间里，午休时间在公园的长椅上，或者在进入梦乡前，都可以进行几分钟的正念冥想。

高能量状态

我是在表姐表哥们的咯咯笑声中醒来的,他们比我大不了多少,正拿着蜡烛在我腿上挠痒痒。

"起来!"我的一个堂兄对我说。

当时是凌晨 4:30。在我们一家逗留印度的两年时间里,我有过许多新奇的经历,但从来没有这么早起床过。

"快走!我们想给你看点东西。"

在雾蒙蒙的晨曦中,露珠点缀着月下之花。一种肃穆和天堂般的馥郁香气笼罩着我们。我的表妹说:"Raat ki rani。"我后来才知道,这是"夜之女王"或"晚香茉莉"的意思。很贴切的名字。

附近已经开始熙熙攘攘,街上的行人推着大车滚滚而来。我们七八十岁的老邻居们纷纷走出家门,身着印度不同地区的传统服饰。有的裹着头巾,有的拄着拐杖。

"你好,早上好。"

当我们走在一起时,我能听到他们用印地语、英语、乌尔都语和旁遮普语打招呼——印度教徒、锡克教徒、穆斯林、基督教徒——大家都在聊着天,显然都朝着同一个方向走去。"Guten Tag"(你好)——甚至还有德国人。我在这里住了几个月,但谁知道有这么多人在这个时间开始一天的生活呢?显然,每个人每天早上或多或少都会这么做。

我们为什么要去公园?是有什么节日吗?当我们转过街角,经过奶牛、山羊和路边的狗,我看到了,一排排形色各异的人,在太阳升起时做着向太阳朝拜的动作。

我的表兄弟们把我拉进人群。"等等，我做不了那些姿势。"我说，我看到有人在做倒立，好像在黎明时的公园里，在上千个陌生人的包围下做倒立是很正常的事。"我没有垫子。"

"这儿又没人，来吧!"

于是我做了。我甚至尝试了椒盐卷饼的姿势。扭到一半，我听到有人说："很好，做得好，孩子!"我祖母最好的朋友过来鼓励我，她说，她在我这个年纪就开始练习瑜伽了。"待会儿来我家吧，我有很多好吃的给你。"

"吉阿姨，您好。"我说，"我一定来。"

回到祖母家，我们闻到了豆蔻和肉桂的香味。家里的空气中弥漫着印度茶和印度煎饼的香气。

姨妈问我："能来帮我一下吗?"

"好的，来了!"说着，我就拿起新的擀面杖开始干活，他们让我做烙饼。

我笑着，感动着，我和家人在一起做饭。当我回首往事时，这些日常的正念练习、与家庭和社区有意义的接触以及掌握的新技能，为我的心理健康的4M奠定了早期基础，并成为我终生的习惯和一切行为的基石。这些都是我每天在家中观察到的日常。我从小就看到父亲在冥想、写学术论文、带医科学生、做志愿者、主持精神病学研讨会小组讨论。现在，他已经80多岁了，但仍然如饥似渴地阅读。他随身携带瑜伽垫。做伸展运动、力量训练和步行五六千米是他的每日必修课。每天早上，他都会和我聊天，也许只是非常简洁的对话，但这是一个不可改变的习惯。我确信，我父亲的日常习惯是他健康长寿的主要原因，更不用说他时刻挂在脸上的笑容了。

斯坦的故事有一个圆满的结局。经过一整年的坚持,包括与朋友一起打篮球、与家人一起骑自行车、与妻子共度约会之夜、坚持写日记和使用冥想应用程序,以及定期去看主治医生和营养师,还有与我进行的治疗,斯坦减掉了10余千克脂肪,增加了肌肉,降低了血压。他的空腹血糖水平、总胆固醇和低密度脂蛋白胆固醇都达到了历史最好水平。他成功地扭转了许多心脏病的危险因素(久坐不动的生活方式,吃加工食品,不良的睡眠习惯,过大的压力),并在主治医生的观察和监督下戒掉了无数种药物。

在我们的最后一次治疗中,我对他在一年的时间里所做的一切感到敬佩,他在极度紧张的情况下,通过打破负反馈回路,创造并坚持了更好的习惯。通过治疗,斯坦深入了解了他的情绪是如何影响他的选择、习惯、人际关系和思维过程的,以及这一切是如何影响他重新建立健康基线的自我效能感和能力的。无论你是重新恢复自己曾经养成的健康习惯,还是尝试培养新习惯,重要的是要知道,我们的情绪和思维模式是如何帮助或者阻碍我们的。在我们治疗结束时,斯坦告诉我他不再抑郁了,这让他非常感激。但他为自己所做的一切似乎也带来了一些意想不到的结果。

他告诉我:"瓦尔玛医生,我的积极乐观……又回来了,我以为它消失了,真是谢天谢地。"

我对斯坦说:"随着时间的推移,杯子是半满的还是半空的越来越不重要了,我认为更重要的是,你知道它总是可以重新装满的。你努力装满了你的杯子。"

我们想要的不仅仅是修补破损的事物，或替代失去的事物——我们想要的远不止这些。难道只有艰难困苦以及磨砺带来的谦卑、冷静和脆弱才能成为成长机会吗？也许不是。

　　长久以来，我为自己和病人设定的目标不仅仅是对抗逆境，更要在逆境中茁壮成长。我的梦想是创造一种文化，促进所有人的情绪健康并达到高能量状态。在这一天到来之前——事实上，我们也希望为这一天的到来尽自己的一份力——我们可以通过我们所追求的习惯来创造我们自己的健康文化。我们不能总是控制所处的环境，但我们可以控制我们的态度和行为——我们为自己的身心以及这个世界所做的事。愿我们的习惯成为善待自己和他人的行为方式。愿实用乐观主义和4M成为我们为自己写下的人生处方，让我们受益终生。

后 记

即使全世界毁灭，我也要种下我的苹果树。

——佚名

妈妈去世以后，我们决定全家去印度旅行。这是我第一次带上自己的家人去印度。我和丈夫在后面看着父亲牵着我正在上学的儿子的手，一同仰望泰姬陵。

我儿子崇拜地看着我的父亲，说道："外祖父。"

"孩子，怎么了？"

"我想念外祖母。"

我父亲看着我儿子说："我也想她。她非常爱你们。"他转过头对我和丈夫说。

"我也想她。"我对儿子说。

我上一次来到泰姬陵，是牵着母亲的手。我多么想念那双美丽、温暖而有力的手。她的手柔软而有质感，她紧紧地握着我，体现了她清晰的目标感和自信。即使在最后的日子里无法讲话，她也依然散发着智慧、深邃的光芒。让我最怀念的是她那标志性的笑声和她像救世主一般春风化雨、化险为夷的能力。还有，她为我做的香喷喷的马铃薯饼、炸肉饼和全麦烤饼——即使她几乎站立不住的时候,她都能做出美味佳肴,让我吃得心满意足。当她无法站立的时候,她会拉过一把椅子然后在旁一步一步指导我父亲怎么做,这样就能让我回到家后吃到我最喜欢的食物。

"做黑暗中的明灯"是母亲对我说的第一句教诲,也是她最后时刻对我说的话。我的名字 Sudeepta 在印地语中是"美丽之光"的意思。对于我、我的家人以及她毕生致力于帮助的社区中的许多人来说,她是一盏明灯。她会对我说:"做黑暗房间里的一盏灯。"

我们为自己所珍视的人和原则竖立纪念碑,就像沙·贾汗在建造泰姬陵时为他的爱妻所做的那样。我意识到,我母亲给我的东西有可能通过我的孩子、我的病人、我的社区和媒体工作以及我的激情延续下去。为什么我不能用自己的方式继承母亲的遗产呢?

我们每个人都会留下自己的遗产。过去几年,全球性事件对我们所有人提出了挑战。现在,我们比以往任何时候都更希望摆脱压力,保护和捍卫我们的健康、幸福和复原力。实用乐观主义不仅能帮助我们培养承受和抵御压力的能力,还能将我们所面临的挑战融入不断发展的自我中,使我们变得复杂、美丽而鼓舞人心,就像我父亲家和 L 博士办公室里的那些金缮花瓶一样。

保持身心健康并不是件自私的事。这是一项重要的关乎个人和公共服务的行为。随着我们的世界越来越紧密地联系在一起，我们相互之间的影响也会越来越深远，我们的福祉和世界的福祉也会越来越紧密地相连。当我们的杯子空空如也时（由于身体/情绪衰竭），或者当我们认为自己的杯子是空空如也的时候（由于悲观的思维），我们就无法为自己或他人做到最好。我们每个人越能茁壮成长，我们的世界就越能繁荣昌盛，因为我们每个人都在尽己所能地生活、爱、工作和奉献。实用乐观主义不是神奇的思维或华丽的语言，而是一种植根于最佳实践和科学证据的切实且具体的哲学。它在实践中不断完善，日复一日地满足你的需求。给自己一些时间和宽容，让自己适应这些支柱。试着把它们应用到具体的目标或挑战中。如果你不喜欢在日常事务中自我照顾，或者根本没有时间为自己创造一个实践的机会，你可以使用实用乐观主义来帮助你融入一种不同的心态，以及那些你一直想融入生活的日常习惯。或者，它可以帮助你对是否进行心理治疗做出决定。

在生活中练习实用乐观主义帮助我抓住机遇，让我面对困难时坚持不懈，并享受到我认为不可能的成功。因此，我有幸能够与更多的人分享实用乐观主义的原则，这是我之前不敢奢望的。

20多年来，我一直在思考某种形式的实用乐观主义，尽管我并不总是为它命名。虽然我在成长过程中并不知晓，但这些概念的朦胧雏形早已存在。它们是我在沙地上留下的脚印，是我人生旅途中无处不在的支持和信念体系。

我儿子看着我父亲,说道:"外祖父?"

"怎么了,孩子?"

我儿子问道:"你们搬到印度来的时候,妈妈多大了?"他指的是我们在我父母老家生活的那两年。

"她和你差不多大。"

儿子兴奋地说:"真的吗?"回头冲我笑了笑。

我父亲说:"是啊。"他好奇地看着我儿子,毕竟,他是一名儿童精神科医生。

"外祖父?"

"嗯?孩子。"

"那你能和我多说说妈妈和蟑螂的故事吗?"

我和父亲相视一笑,我很难相信自己真的又来到了这里,这么多年过去了,而这一次是我和我的孩子一起回想我们到这片土地不久后的那个季风吹过的清晨,我们杀死了成千上万只入侵的蟑螂,我因此也上了实用乐观主义的第一课:接受现状,坚持不懈,尽你所能。

接受也许是实用乐观主义实践中最难的部分,至少有时对我来说是这样。我们如何在"我们能做"与接受"我们无法改变,并满怀感恩"之间取得平衡呢?就我而言,这种二元对立的拉扯也体现于我在西方成长过程中学到的文化理念和我在家中吸收的

东方文化理念中。但是，在任何人的生活中，都可能发生情感、观念、目标和人际关系的冲突和拉扯：我的情况和你的不一样。不过，美好生活和心理健康的关键在于拥有灵活多样的应对机制，同时知道根据生活中遇到的不同情况使用不同的机制。偶尔弯曲自己能防止我们崩坏。但是，当我们真的到了崩坏的那一天，实用乐观主义的金色胶水也能帮助我们变得更加坚强而美丽。

我的内心斗争最终帮助我理解了人的复杂性，理解了人类是多么微妙而独特的存在，理解了很少有非黑即白的答案。我们可以有挣扎的时刻。我们都会这样——当你想成为一个好父母、好员工、好伙伴的时候，总是觉得自己做得不够好。我们希望被看见、被认可、被重视、被欣赏。我们想要爱、学习和成长。最重要的是，我们都想留下遗产，传承一些积极的东西。这是人类的基本需求。

实用乐观主义归根结底是要通过周到、善意和有效的行为，在世界上留下你的专属印记。实用乐观主义帮助你即使在面临挑战的情况下或选择有限的情况下提升自己并帮助身边的人。作为实用乐观主义者，我们的旅程就是要擦亮我们看待生活的镜头，看到生活中的美好，认识到我们所经历的磨难和创伤是我们旅程中的一部分，从我们的内心深处汲取我们本来就有的能力，并在世界上展现我们最好的一面。

虽然我们可能永远不会见面，但我希望通过这本书，你能感受到我是一个友好的存在，就在你身边实践着实用乐观主义。虽然人生在世，失望在所难免，即使最乐观的人也会时不时地经历失望，但我希望实用乐观主义能给你力量和信念，让你相信自己值得为自己的身心投入和奋斗，让你在需要的时候得到支持，让美好的时光更加无与伦比。

做一个实用乐观主义者的本质是什么？这与我对你们的愿望是一致的。那就是每一天，无论多么不完美，你都要：

充满活力和热情地面对这一天。
深思熟虑、积极主动、坚持不懈地应对挑战。
通过追求激情来培养使命感。
在日常的喜怒哀乐中寻找意义。
与人类、自然和整个宇宙万物建立归属感。
能够看到自己不完美的美，并向自己施恩。
期待最好的结果，从而得到最好的结果。
在悲伤中寻找感恩。
与他人分享爱、欢笑、善意和同情，让你的酒杯满溢。
深刻地认识到，从根本上说，我们每个人都相互联系——我们每个人都是各自的心安之所，在我们的身体中，在心灵里，我们被赋予了家的意义。我们一直都是"家"的存在。

这就是我对你的希望——实现蕴藏在你身上的所有奇迹，并期待你向这个世界表达出来。这就是真实生活的意义，我的朋友——实用乐观主义者。

我的儿子满怀期待地仰望着我的父亲。对我来说，我的父亲是体现实用乐观主义的活生生的例子，他是我每天的动力源泉，他在生活中富有同情心却不屈不挠，并孜孜不倦地帮助他人实现同样的目标。他总是带着睿智的微笑。他的信条是：我们无法阻挡生活中的波浪，但我们可以学会冲浪。

我和父亲又对视了一眼。然后他拉着我儿子的手说："当然可以，跟我来，我再给你讲一遍蟑螂的故事。"

———————

谢谢你与我一起分享我的旅程，也谢谢你让我陪伴你的旅程。